FINANCING

CORPORATE

企业融资

从创业私募
到IPO上市

马瑞清
[澳] 安迪·莫（Andy Mo）
◎
著

电子工业出版社.
Publishing House of Electronics Industry
北京·BEIJING

内 容 简 介

本书详细讲述了四大私募股权融资方式，即天使投资、风险投资、私募股权投资和新三板挂牌融资；三大IPO上市方式，即中国境内上市、境外直接上市、境外造壳间接上市；三大买壳上市方式，即境内买壳上市、境外买壳上市和特殊目的收购公司上市。

本书提供了详细的融资操作指导，包括融资前的业务知识准备、心理准备、最优股权分配法，介绍了14种企业估值方法，以及如何研究、制定商业计划书，如何寻找投资人，如何设计投资协议核心条款，如何掌握企业控制权等。这些内容能够帮助创业者成功获得融资。

本书为创业者提供了企业融资的全套流程和可操作的方法，为重要节点和关键问题提供了合规的解决方案，并通过典型案例为创业者提供了参考和借鉴。

版权贸易合同登记号　图字：01-2022-4445

图书在版编目（CIP）数据

企业融资：从创业私募到IPO上市 / 马瑞清，（澳）安迪·莫（Andy Mo）著．—北京：电子工业出版社，2023.2

ISBN 978-7-121-44391-6

Ⅰ．①企… Ⅱ．①马… ②安… Ⅲ．①企业融资—基本知识 Ⅳ．①F275.1

中国版本图书馆 CIP 数据核字（2022）第 185867 号

责任编辑：黄益聪　　　　特约编辑：田学清
印　　刷：三河市鑫金马印装有限公司
装　　订：三河市鑫金马印装有限公司
出版发行：电子工业出版社
　　　　　北京市海淀区万寿路 173 信箱　　　邮编：100036
开　　本：720×1000　　1/16　　印张：20.25　　字数：386 千字
版　　次：2023 年 2 月第 1 版
印　　次：2023 年 2 月第 1 次印刷
定　　价：88.00 元

躬身入局"最好的时代"

改革开放 40 多年来，中国经济取得了巨大的成就，成为全球第二大经济体，从"高速增长"步入"高质量发展"新时代。科技创新以前所未有的速度席卷而来，人工智能、生命科学、大数据、物联网、新材料等领域的突破和新能源革命，推动各行各业发生深刻的变革。以传统基建、房地产、中低端制造业和企业间接融资为代表的旧经济时代，已经迈向以科技创新、高端制造业和企业直接融资为代表的新经济时代。

与此同时，中国资本市场不断发展壮大。注册制的全面实施和多层次资本市场体系的日趋完善，不仅为企业全生命周期的发展提供了更大的空间，注入了更强的动力，也进一步拓宽了投资机构的退出通道。时代的巨轮破浪前行，没有人甘当站在岸上的旁观者。无论是对创业企业还是对投资机构而言，这都是一个"最好的时代"！身处这一时代，如何更好地躬身入局，是每一个亲历者都应该思考的问题。

一位名人曾经说过："现代的探险家当属企业家们，他们高瞻远瞩，勇于冒险，拥有探索未知领域的坚定信念。"将"企业家"比作"探险家"，是一个非常恰当的比喻。我从事创业投资工作 22 年，看过的企业有成千上万家，打交道打得最多的就是企业家群体。在他们之中，既有成功者，也有失败者。我深知，企业家在带领企业"探险"的过程中会遇到各种各样的难题，既有技术、业务、资金、市场等方面的挑战，又面临宏观政策、国内外环境等方面的风险。近几年，新冠肺炎疫情形势严峻，国际局势变化莫测，加之少数企业融资"路断"所引发的"黑天鹅"事件，将一些过去发展得不错的企业打得措手不及。这些现象印证了一句话："时代的一粒沙，落在企业或个人头上就是一座山。"

创业是一种常人无法承受的修炼之旅。之所以这样说，是因为创业中最难的

IV 企业融资：从创业私募到 IPO 上市

一点是不能有畏难情绪。然而，人性的弱点就是天生带有畏难情绪。在遇到困难、挫折、未知时，企业家和其他人一样，也会畏惧不前。没有人天生就是创业者，每一个优秀的创业者都要在这种修炼之旅中不停地"打怪升级"、进化成长。在创业发展的道路上，有数不清的艰难险阻等着企业家披荆斩棘。"成功"是一个小概率事件，创业很容易失败，甚至是九死一生。从这个角度来看，企业家的创业过程可以说是"一念天堂，一念地狱"。

国家要发展，社会要进步，既离不开创业过程中不断涌现的创新成果，也离不开创业投资的鼎力相助，这是我国经济创新发展的不竭动力。我深刻地体会到企业家是重要的社会资源、经济转型的主力军和提振经济的顶梁柱，应得到全社会的呵护和尊重。早在"达晨 2017 年经济论坛"上，我就发表过上述观点。在改革开放 40 周年的前夕，中共中央　国务院发布了《关于营造企业家健康成长环境弘扬优秀企业家精神更好发挥企业家作用的意见》。在这份中央文件里，企业家的地位和作用得到了明确肯定，企业家的私有产权得到了明确保护，企业家进行公平竞争的市场环境得到了明确保障，企业家的精神价值得到了高度评价。站在新的历史起点，重温这份重要文件，激活企业家精神，促进资本加速流入创新创业领域，中国经济必将开启全新的未来，必将涌现更多的世界级企业家。

我很荣幸应邀为本书作序。本书全面系统地介绍了企业融资的全套流程和可操作的方法，为重要节点和关键问题提供了合规的解决方案，并通过典型案例为创业者提供了参考和借鉴。本书作者主持、参与过多家企业私募融资和境内外上市的全过程，包括港口、保险、电信、银行、证券、矿业、新能源、石油化工、网络科技、医疗健康、制造业和大消费等领域，以及数十家国内外企业的风险投资或私募股权投资，在投融资领域具有非常丰富的经验。通过本书，读者可以感受到作者对创业融资、IPO 上市的独到见解和深度思考。本书值得创业者仔细研读。当然，每一家企业都是独一无二的，"只有独立思考，才真正具有真理和生命"。创业者应结合融资操作方法和企业实际，找到契合自身的融资之道。未来，在创业和融资的道路上，希望有更多的创业者和企业家取得成功，与时代共舞。

刘　昼

清科集团"2020 年中国创业投资家 10 强"

达晨财智创业投资管理有限公司董事长、创始合伙人

前　言

成千上万名疲惫不堪却仍充满斗志的创业者在创业的道路上前行，有人倒在路旁，有人走向成功。

或许大家看过荒野生存挑战类的纪录片。挑战者们往往需要在出发前学习一段时间的生存指导课，掌握正确的生存知识和技能，学习打猎和采集食物的方法。出发后最重要的问题，就是寻找"食物"这一生存的必备要素。

踏上创业之路的创业者就像荒野生存挑战者，首先要解决企业生存的"食物"，即资金的问题。只有做好充分准备的人，才有可能获得融资，在创业的道路上生存下来并取得成功。

在融资前，创业者要充分了解对手，即投资人。他们是谁？他们何时会出现？他们为什么要参与投资？他们是如何对企业进行投资操作的？他们选择企业有什么标准？他们坚决不投哪些项目？企业需要达到什么状态和标准才能获得各轮融资？创业者应做好哪些业务知识准备和心理准备？创业者应怎样回答投资人的提问？怎样分配创业团队的股权才能被投资人认为是安全合理的？如同与高手过招，只有了解对方的"套路"，才能让自己立于不败之地。本书前三章对上述内容进行了详细的介绍。

在与创业者见面时，投资人的高频问题之一是"你想要多少钱，可以出让多少股份"。要想回答好这道必答题，创业者需要提前对自己的企业估值。对于有没有利润、营业收入或产品的企业，估值方法有很大的差异。本书第4章说明了企业处于不同融资阶段的14种估值方法，帮助创业者确定融资谈判的价格底线。

近几年，国内发生了多起投资人"断供"导致创业者陷入危局的事件，如摩拜单车和饿了么被投资人逼迫"卖身"，衣二三和学霸君倒闭，柔宇科技爆发财务危机等。究其原因，往往是找不到或未能实现盈利模式，没有打开市场，无法创造足够的营业收入和利润，导致融资"路断"，D轮"死"、F轮"死"等。鉴于这种情况，本书第5章在研究、制定商业计划书的同时讲述了20种盈利模式，供创业者选择，帮助创业者在将研发成果转化为商机的过程中尽快创造营业收入和利润。

近年来，创业者与投资人"相爱相杀"的故事屡见不鲜，如创业大赛冠军、兆弗电子创始人许正和波波网创始人史良瑞等人接连被投资人"套路"，知名网红李子柒状告投资人侵权。创业者与资本博弈，甚至诉诸公堂的案件不断升级。为了帮助创业者避开各种融资陷阱，少走弯路，顺利融资，并在融资后保持企业控制权，本书第 6～9 章详细讲述了创业者在哪里和怎样找到投资人，如何筛选合适的投资人，如何避免被投资人"套路"，如何制定投资协议条款，与投资人谈判应该采取什么策略，以及如何掌握企业控制权等一系列创业知识和技能。

自 2019 年以来，中国科创板开市、实施注册制、新三板分层、精选层转板、北交所横空出世，允许还没有产生利润的创业企业采用营业收入和市值的测试指标实现 IPO 上市，以及红筹架构企业回国上市。中国境内资本市场接连打通了多条上市渠道，上市规则变化巨大。本书第 10 章和第 11 章详细介绍了上述内容。

在近几年的国际资本市场中，美国股市大幅提高了外国公司的上市条件，更严格地审查外国公司；中国香港为了迎接中概股，接连修改上市规则，放宽了中国内地企业双重主要上市和二次上市的条件，于 2022 年 1 月 1 日起实施新规；新加坡于 2021 年 9 月开始允许特殊目的收购公司上市，中国香港也紧随其后，融资渠道继续拓宽。本书第 12 章详细介绍了上述内容。

想让创业梦想在资本的助推下成为现实，创业者不妨静下心来，学习并掌握企业融资的系统知识和操作方法。本书将在上述几个方面为创业者提供有效的帮助。

本书特色

1．内容更全面，系统性更强

本书提供了企业融资的全套流程和可操作的方法，包括天使投资、风险投资、私募股权投资、新三板融资、IPO 融资、买壳上市和特殊目的收购公司上市等方式，以及最优股权分配法、企业估值方法、如何寻找投资人、如何制定投资协议条款、如何掌握企业控制权，并为融资实战的重要节点和关键问题提供了合规的解决方案。

2．补齐知识，内容独到

首先，本书提出了创业企业处于不同融资阶段的 14 种估值方法，深入分析其原理和内在联系，阐明各种方法的使用条件，并根据作者的实践经验提炼、编写了多个计算分析案例和大型实战案例，对创业者具有较高的应用价值。

其次，本书介绍了创业者在什么条件下能够获得各轮融资，以及各轮融资的作用和划分标准，对创业者具有较强的指导作用。

最后，本书详细描述了 20 种盈利模式和 19 种营销策略，其中包括 9 种创新盈利模式和 9 种创新营销策略，供创业者选择。

3．揭秘真相，消除误传

本书力求采用第一手资料，对网络媒体和相关图书中流传较广的失实报道、误传误导等进行纠偏，如对阿里巴巴的融资经历和谈判策略的误传，对摩拜单车"卖身"的根源和创始人、投资人最终清算分配结局的谣传等。

4．消除分歧，找准对策

本书肯定了估值调整条款的合理性，有助于刷新大众对"对赌协议"的固有认知，消除投融资双方的分歧和对谈判策略的误导；对投资协议的 12 项核心条款给出了详细的专业解读，逐条制定谈判策略，帮助创业者争取对自己有利的协议条款，保持融资后的企业控制权。

5．紧跟形势，时效性强

本书详细介绍了注册制和新三板、北交所、科创板、创业板的最新上市规则，对中国香港、美国、新加坡等国家和地区的最新上市条件，以及特殊目的收购公司上市方式进行了介绍，尽可能更正相关网站和图书中由于未查阅境外资本市场发布的最新上市规则原件而导致的抄录错误。

6．剖析案例，借鉴性强

本书在讲述理论知识和操作方法的同时编写了许多典型案例，这些案例具有很强的时代特征，能够让读者加深对本书内容的理解，破解投资人的"套路"，具有很强的参考和借鉴作用。同时，讲述最新案例也增添了本书的趣味性。

本书内容及体系结构

第 1～2 章：讲述创业融资渠道，不同类型的投资人，各轮融资的作用，融资轮次的划分标准，以及企业在什么状态下能够获得各轮融资；四大私募股权融资方式，风险投资机构筛选企业的 6 项标准，私募股权投资机构青睐的 4 类企业，以及投资机构的运作模式和操作方法。

第 3 章：讲述创业者在融资前的业务知识准备和心理准备，如何应对投资人的提问，以及创业团队的股本设计和最优股权分配法。

第 4 章：讲述创业企业处于不同融资阶段的 14 种估值方法和实战案例，帮助创业者确定企业价值，回答投资人"用多少股权换多少资金"的问题。

第 5 章：讲述如何研究、制定商业计划书，以及商业计划书的编制和撰写要点，包括 20 种盈利模式和 19 种营销策略，供创业者选择。

第 6～7 章：讲述如何找到并筛选合适的投资人，如何识别假冒的投资人，如何配合投资人的尽职调查，以及创业者为何会被投资人"套路"。

第 8～9 章：讲述如何制定投资协议的 12 项核心条款和相应的融资谈判策略、方法、技巧，如何避开投资人的"套路"和陷阱，以及如何掌握企业控制权。

第 10～11 章：讲述中国境内资本市场五大层级架构，新三板定位、挂牌条件、4 种融资方式及其操作流程，北交所、科创板、创业板、主板四大 IPO 上市途径的最新定位、上市条件、操作流程，以及境内买壳上市方式和操作方法。

第 12 章：讲述三大境外上市方式，中国香港、美国、新加坡等国家和地区的上市条件和程序，红筹架构和 VIE 架构的造壳搭建、运作流程、操作方法，境外买壳上市和特殊目的收购公司上市的路径、架构、步骤、操作方法，以及关键问题的解决方案。

本书读者对象

本书可供创业者和融资人群，中小型企业家和企业管理人员，投资机构从业人员，高校金融、财经相关专业师生，投融资研究学者，以及对企业融资感兴趣的其他人阅读。

本书第 2 章、第 4 章、第 5 章、第 8 章、第 9 章、第 12 章由安迪·莫（Andy Mo）执笔，第 1 章、第 3 章、第 6 章、第 7 章、第 10 章、第 11 章由马瑞清执笔，全书由马瑞清总纂和定稿。

非常荣幸地邀请到中国投资协会股权和创业投资专业委员会副会长，中国股权投资基金协会副会长，国家科技成果转化引导基金理事，深交所第五届中小企业培育发展委员会委员，清科集团"2020 年中国创业投资家 10 强"的达晨财智创业投资管理有限公司董事长、创始合伙人刘昼先生为本书作序，在此表示衷心感谢。

马瑞清　安迪·莫（Andy Mo）

2022 年 8 月

目　录

第 1 章

创业发展不同阶段的融资渠道

几乎每家企业都要经历从创业起步到成长壮大，再到持续经营的发展历程。创业发展没有资金是万万不能的，成功的创业往往与融资相伴。本章从创业发展不同阶段的融资渠道和不同类型的投资人讲起，重点讲述各轮融资的作用、融资轮次的划分标准，以及企业在什么状态下能够获得各轮融资。

1.1 创业发展不同阶段的融资特征和融资渠道

1.1.1 种子期

1. 创业的 3 个必要条件

几乎所有成功的企业都是从梦想出发，在达到一定条件后开始创业的。Paltalk 公司首席执行官詹森·卡茨在接受电视采访时说："我认为创业必须具备 3 个条件。第一，应该具备比较成熟的想法，对创业企业经营什么业务有比较成熟的概念；第二，应该具备资金，无论企业经营何种业务，都需要资金支持，这样才能顺利运转；第三，应该聘用人才，创业者应借助人才完成自己力不能及的工作。"

卡茨还说："在任何情况下，这 3 个条件都是创业的必要条件。有些人只具备部分条件就开始创业，我认为这正是很多创业企业失败的原因。"

事实上，资金是除人的要素（如技术、经验、社会资源）以外最重要的创业条件，成功的融资是将梦想蓝图、研发成果转化为生产能力、运营能力的桥梁。

2. 种子期的融资特征和融资渠道

不同的创业企业在不同的发展阶段有不同的融资特征和融资规模。这决定了创业者需要在不同的创业阶段，通过不同的融资渠道，从不同类型的投资人那里获得融资。

种子期是创业梦想开始转化为现实的阶段，是技术酝酿和新产品、新业务的早期试验开发阶段，种子期的最终研发成果是样品和完整的生产方案。处于种子期的企业往往只有模糊的创业概念或正在研发的样品，而没有具体的产品或服务。

种子期的融资特征是创业者只拥有技术上的新发明、新设想、生产方案或未来企业的蓝图，甚至专利技术还没有达到申请注册的标准，主要问题是缺乏用于研发和项目前期启动的初始资金。

处于该阶段的企业存在两种风险，一是研发失败的技术风险，二是产品没有销路的市场风险。种子期的资金来源主要是创业者自掏腰包或亲朋好友的资助，投资人对种子期创业企业的投资往往比较谨慎，除了极少数天使投资人，很少有投资人会在该阶段介入。

1.1.2 起步期或创立期

起步期或创立期是初期产品或服务初步开发成功，开始试生产或试运转，进入技术创新或经营模式创新后的产品或服务的试销运行阶段。

起步期或创立期的融资特征是产品批量生产规模较小，生产或运行成本较高，试销产品或服务还没有达到用户广泛认知和高度认可的程度。该阶段的主要问题是资金需求量较大，主要用于购买生产、运营设备和市场推广。

该阶段的风险主要是技术不成熟、产品性能不稳定、市场启动缓慢、订单较少，企业还没有现金流量或现金流量较少，经营亏损较多，管理风险开始凸现。在该阶段，由于没有过往业绩，几乎不可能从银行贷款，很多企业会惨遭失败。

不过，该阶段是一些偏好早期投资的天使投资（Angel Investment，AI）和风险资本投资（Venture Capital Investment，VCI）愿意介入的阶段。对企业而言，这些投资犹如雪中送炭。其中，风险资本投资已经被约定俗成地简称为风险投资（Venture Capital，VC）。

1.1.3 成长期或扩张期

成长期或扩张期是初期产品已经销售成功、实现批量生产且有了一定的市场基础，需要扩大生产规模，开发更具竞争力的核心产品，提高市场占有率，使企业实现快速成长和规模扩张的阶段。

该阶段的融资特征是资金需求量大幅增加，一方面是为了扩大生产，另一方面是为了开拓市场、增加营销投入，以达到一定的经济规模。在该阶段，私募股权投资（Private Equity Investment，PEI）是主要的资金来源，已经被约定俗成地简称为私募股权（Private Equity，PE）；之前投资过的风险投资会继续增资，专门投资成长期创业企业的风险投资也会介入；随着企业的成长，战略投资者可能会以私募股权投资的方式择机介入，银行也可能会提供项目贷款和流动资金贷款；此外，现金流量中的营业收入也可提供一部分资金。

该阶段同样存在产品性能不稳定的风险，不过技术已经接近成熟，主要风险是市场启动慢、成长能力弱和竞争者可能仿效产品并夺走一部分市场，管理风险会明显提高，某些领域内的企业还可能面临宏观调控的政策风险。不过，总体来看，与前两个阶段相比，该阶段的风险大大降低，有些企业已经产生利润了。

在该阶段，风险投资机构和私募股权投资机构会积极参与投资，投资比例大的投资机构将派员进入董事会，参与重大事件的决策等，这会使企业的股权结构和治理结构发生明显变化。

1.1.4 成熟期

成熟期是指技术成熟、市场稳定、经营状况良好、产品或服务进入大工业化生产和运营的阶段。处于该阶段的企业已经进入规模经营期，资金需求量较大，风险投资机构的资金已不能满足企业的需求，它们大多不再增加投资。

该阶段的融资特征是产品销售已经能够产生相当规模的现金流量，技术成熟，市场稳定，企业已经有足够的资信能力吸引资金实力雄厚的私募股权投资和投资银行介入，借助于投资银行的专业运作，企业可以吸引实力强大的财务投资者和战略投资者。

在该阶段，虽然存在市场竞争风险，但是随着各种不确定性风险的降低，投资收益率逐渐趋于平稳，不再有前几个阶段诱人的高额资本增值，不再对风险投资具有足够的吸引力，私募股权投资成为主要投资者。有些风险投资家与创业者同甘共苦，在拿到丰厚的回报后退出，也有很多风险投资机构一直持股到企业上市后才退出。

在进入成熟期之后，具备条件的企业通过首次公开发行（Initial Public Offering，IPO）成为上市企业。这标志着企业已经完成从私募市场向公开资本市场的历史性跨越，并且利用股票市场增发、配售，继续融资，扩张发展。

1.1.5 各轮融资的作用和融资轮次的划分标准

1. 各轮融资的作用

企业在不同的创业发展阶段需要进行多轮融资，作用各不相同。融资轮次是根据融资在创业发展阶段发挥的不同作用和需要达到的不同标准而划分的。

天使轮融资通常是在起步期或创立期从天使投资人那里融资，主要作用是帮助创业项目启动，使初期产品或服务进入试销运行阶段。其中，早期天使轮融资的主要作用是在种子期帮助创业者研发产品，成功试制出样品，并制定完整的生产或运营方案。

A 轮融资通常是在创业起步后第一次向风险投资机构融资，主要作用是帮助创业企业推出产品或服务，扩大用户范围，并且找到可以实现盈利的路径和最初的商业模式。

B 轮融资的作用是推出具有核心竞争力的产品或服务，并且在运营中确立商业模式，创造稳定增长的营业收入，推动企业迅速成长。

C 轮融资的作用是在 B 轮融资的基础上加速企业的发展，充分验证商业模式，创造规模化的营业收入，在市场中占据领先地位，推动企业加速进入成熟期。有些创业企业在 C 轮融资后就上市了。

在 D 轮融资时，风险投资和私募股权投资大规模入场，主要作用是抢占更大的市场份额，创造更多的营业收入，争取获得更多的利润，为 IPO 创造条件。

E 轮、F 轮、G 轮融资与 D 轮融资类似，不过只有需要持续"烧钱"的大型和巨型项目才会进行 D 轮以后的融资，助推企业进入成熟期（如滴滴出行、KK 集团等），以及研发和推广需要较长时间的科技类企业（如柔宇科技等）。

IPO 融资是指步入资本市场公开上市，主要作用是推动企业继续扩张发展。

2. 各轮融资的划分标准

天使轮融资：在创业者刚开始策划创业，只有概念想法，项目即将启动，或者研发已经开始时的融资属于天使轮融资，早期天使轮融资也被称为种子轮融资。在研发成功后试制新产品、试运行新服务，不过还没有正式推出产品或服务时的融资属于 Pre-A 轮融资。

A 轮融资：项目已经成功启动，有了初期产品或服务，不过还没有确立成熟的商业模式，此时的融资属于 A 轮融资，再次追加投资属于 A+轮融资。

B 轮融资：在有了产品或服务，不过还没有推出具有核心竞争力的产品或服务，没有创造稳定的营业收入、现金流量之前的融资属于 B 轮融资，再次追加投资属于 B+轮融资。

C 轮融资：已经推出了具有核心竞争力的产品或服务，确立了商业模式，希望通过加大投资来创造规模化营业收入的融资属于 C 轮融资。

D 轮融资：营业收入尚未达到上市标准，需要持续扩大市场份额，增加市值和营业收入，产生更多的利润，并且为 IPO 创造条件的大规模融资属于 D 轮融资。

E 轮、F 轮、G 轮融资：从严格意义上讲，它们属于 D+轮融资。在 D 轮融资后一段时间内（如一年或更长的时间）仍然没有达到上市条件的企业，需要通过持续投入扩大市场，增加市值和营业收入，这些企业往往会进行多次 D+轮融资，也就是 E 轮、F 轮、G 轮融资。

创业企业进行不同轮次的融资需要达到的状态和融资规模将在 1.2 节中进一步介绍。

不同融资轮次的融资渠道、划分标准和融资作用如图 1-1 所示。

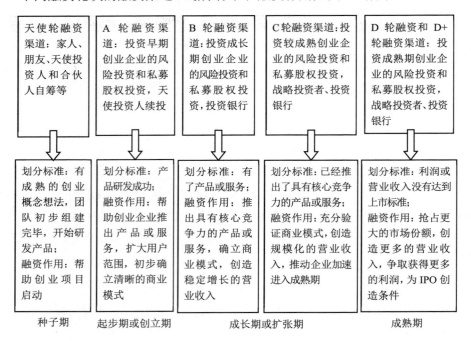

图 1-1　不同融资轮次的融资渠道、划分标准和融资作用

1.2　创业企业在什么状态下能够获得各轮融资

1.2.1　种子轮融资

国际资本市场通常将种子轮融资归为早期天使轮融资。在种子轮投资风险较大，因此投资机构的参与力度较小。有人将种子轮投资人戏称为"3F"，即 Family

（家人）、Friend（朋友）和 Fool（傻瓜），其实在种子轮融资中也有天使投资人介入。

处于种子期的创业企业要想获得外部融资，通常需要达到以下状态：不但有 PPT（PowerPoint，演示文稿），而且技术研发已经取得了阶段性成果，有足够的理由向投资人证明产品研发或商业模式很可能获得成功，并且研发技术的知识产权和企业股权结构已经明确。

在这种状态下，少数天使投资人会认为创业团队比较可靠，出于对创业者的信任，向创业者提供一次性前期投资，成为早期天使投资人。

种子轮的投资量级一般比较小，通常是 10 万～100 万元，少数创业企业可以获得几百万元，只有极少数特别有发展前景的创业企业可以获得上千万元甚至更多的融资。

1.2.2　天使轮融资

想获得天使轮融资的企业需要达到以下状态：已经有了比较成熟的开发设计成果和初期试制产品，商业模式或盈利模式已见雏形，并且开始积累一些核心用户。天使投资人和天使投资机构可能会对达到上述状态的企业进行天使投资。

对于知识产权归属明确、股权结构合理，并且有市场前景和盈利预期的创业企业，在合理估值的基础上，投资早期创业企业的风险投资机构也有可能进行风险投资。

天使轮的投资量级一般是 100 万～1000 万元甚至更多。

案例：链芯科技获得 600 万元天使轮融资，瞄准芯片封装测试国产化替代

2021 年 12 月，提供半导体封装解决方案的东莞链芯半导体科技有限公司（简称"链芯科技"）获得 600 万元天使轮融资，该轮融资的资金主要用于半导体蚀刻引线框架的研发和生产。

链芯科技成立于 2018 年 12 月，是一家为行业客户提供芯片封装技术、材料和解决方案的企业，其目标是实现芯片封装引线框架中高端产品的国产化替代。

受智能汽车和消费电子行业热度持续升高的影响，轻、薄、小的芯片需求量上涨，超薄多芯片高密度封装的需求量也同步上涨，使用蚀刻技术制造的多功能、多个半导体器件在无铅封装内连接的产品技术平台正逐渐成为高性能、低成本应用的封装主流。在封装材料中，引线框架不仅是重要材料，还是芯片载体。

链芯科技在创新技术和生产方面具备消费电子、智能汽车应用和超薄多芯片封装的研发能力，并且在原来的制造工序中加入了激光雕刻、烧结技术和双面腐蚀技术等加工技术，以实现自动化、智能化的创新生产。

在天使轮融资之前，链芯科技已经在设备生产线上有所投入，预计 2022 年的营业收入可达到 2400 万～4800 万元，并且计划在 2022 年启动 A 轮融资，引进更高端的研发和生产设备，满足更高端客户的需求。[①]

该轮投资方松山湖天使基金相关负责人杜达朗表示："我们看好链芯科技的团队优势，创始人杨志强博士及其创业团队成员在 TI（美国德州仪器）、ASE（中国台湾日月光）、Unisem（马来西亚集成电路）等多家国际一线半导体企业从业多年，在引线框架和芯片封装测试领域拥有丰富的实践经验，具备超薄多芯片封装的研发能力，团队核心成员涵盖技术研发、生产、销售和运营等方面，能力互补，配置完备。目前，市场上蚀刻引线框架产能紧张，链芯科技的团队与产业链上的封装厂客户长期保持紧密合作关系，产品技术和生产工艺已基本成形，只要产能顺利释放，解决市场问题将水到渠成。"

1.2.3 A 轮融资

想获得 A 轮融资的企业需要达到以下状态：产品有了一定的规模，企业已经正常运作了一段时间，有了初步的商业模式或盈利模式，产品或服务已经推向市场，在行业内或区域内拥有了一定的地位和口碑，开始进入成长期，不过企业可能依然处于亏损状态。

A 轮融资的资金来源一般是专业的风险投资机构，投资早期创业企业的私募股权投资机构也会少量参与，投资量级一般是 1000 万～1 亿元甚至更多。

案例：睿帆科技获得 5000 万元 A 轮融资，发展大数据处理核心技术

2021 年 7 月，大数据产品及解决方案供应商广州睿帆科技有限公司（简称"睿帆科技"）宣布获得 5000 万元 A 轮融资。该轮融资由东方通领投，沣扬资本等跟投。获得该轮融资后，睿帆科技将在海量计算和存储能力、数据中台、数据集成、数据治理和数据分析等领域加大技术和产品的研发投入。

睿帆科技是一家"拥有 PB 级数据处理核心技术的大数据产品及解决方案供应商"，自 2015 年成立以来，在大数据核心技术、海量计算和存储能力方面形成

---

① 《瞄准半导体芯片封装国产替代》，财经头条，2021.12.14。

了优势。睿帆科技最初从信息化建设完善的通信行业切入，已经开发了处理海量数据的通用型平台产品。

目前，睿帆科技正在从创立期向成长期迅速迈进，已经与中国电信、中国移动、中国联通、佳都科技、东软、诺基亚和北大软件等著名企业建立了合作伙伴关系，实施产业生态战略，在数字城市、轨道交通、政务和金融等领域形成了合作共赢的良好局面。

在获得该轮战略投资之后，睿帆科技将与东方通拓展国产基础软件方面的布局，在大数据计算方面加强合作，实现跨越性成长；与沣扬资本等投资合作伙伴在消费、智能营销、金融等方面开展合作，在这些领域内继续完善生态链。

1.2.4　B 轮融资

能够获得 B 轮融资的企业通常已经历了一轮"烧钱"的过程，获得了较大发展，营业收入快速增长，已经有了成形的商业模式和盈利模式，开始从成长期向成熟期过渡，不过仍然需要扩大市场、增加产量或业务量，甚至推出新产品或新服务，拓展新领域。

B 轮融资的资金来源一般是 A 轮融资的风险投资、私募股权投资继续跟投和新加入的风险投资、私募股权投资，投资量级一般在 1 亿元甚至 2 亿元以上，符合产业政策的快速发展企业的投资量级可能会达到 10 亿元以上。

案例：星星充电获得 15 亿元 B 轮融资，高瓴资本领投新能源开放网络

2021 年 5 月，隶属于万帮数字能源股份有限公司的星星充电宣布获得近 15 亿元 B 轮融资，投后估值达 155 亿元。该轮融资由高瓴资本领投，IDG 资本、泰康投资、禹达投资、宝龙地产和远洋地产等跟投。

星星充电成立于 2014 年 9 月，是整合全国中小型充电桩运营群体，为其提供统一支付、交易管理、运营维护和增值服务的互联网平台，如今已形成"软件 + 服务 + 硬件"的业务模型，是全国第三大充电桩运营商。数据显示，截至 2021 年 3 月，星星充电运营充电桩共计 17.6 万台，仅次于特来电和国家电网。

在业务端，星星充电提出了"云管端"的服务模式，可为不同客户提供一站式云（软件）、管（服务）、端（硬件）等不同组合的解决方案。据介绍，星星充电与约 200 家客户进行数据合作，同时服务包括大众、奔驰、保时捷、雷克萨斯在内的 59 家车企。除了聚焦充电基础设施，星星充电还将根据电动车车主的多场景需求，通过基于通信应用场景 V2X（Vehicle to Everything，车联万物智能交通支撑技术）的能源生产、存储、传输、管理和交易平台技术等，打造数字化能源网络，既可以提升车主的充电体验，也有助于星星充电打造移动能源网生态。

据领投方高瓴资本合伙人黄立明介绍："星星充电已快速发展为国内充电解决方案的先行者，更有机会成为全球最大的数字化新能源开放网络。通过推动创新和智能的新能源运维和共享生态，星星充电有效助力全球碳减排，令绿色低碳的未来成为可能。"

1.2.5　C 轮融资

获得 C 轮融资的企业已经比较成熟，实现了一定的规模化经营，甚至产生了一定规模的盈利，在行业内或区域内基本能坐上"前三把交椅"，距离达到上市的基本条件也不远了。除了用于拓展新业务，C 轮融资也有补全商业闭环、写好故事准备上市的意图。

C 轮融资的资金来源主要是私募股权投资和一些财务投资者、战略投资者，前几轮的风险投资也会选择跟投，投资量级一般是 5 亿～10 亿元，几十亿元以上也是有可能的。

有些企业需要继续进行 D 轮融资，还有些企业在 C 轮融资后差不多就能进行上市融资了。不过，也有一些企业在获得 F 轮、G 轮融资后仍然不能获利，投资人因看不到企业的盈利前景而"断供"，企业难以独立生存，被迫转让"卖身"，如摩拜单车和饿了么。

需要指出的是，投资人在不同阶段的投资规模是根据企业估值和出让股份数量来决定的，而且投资规模不是一成不变的。随着时代的发展，高科技领域的研发和投产需要更多的资金投入，种子轮、天使轮和后期各轮的融资需求也会随之增大。

尤其是近年来兴起的"硬科技"，其具备大规模商业化的潜力，拥有较高的科学门槛和技术壁垒，需要长期研发投入，研发的产品对产业发展具有较强的引领和支撑作用，涵盖领域包括光电芯片、人工智能、新材料、新能源、生物技术和智能制造等，有些产品可能需要 5～10 年的周期，以及 5000 万～1 亿美元甚至更多的投资才能面市。

一些前期需要"烧钱"的行业（如互联网平台），可能融资几十亿元甚至几百亿元仍然无法实现盈利，如抖音和快手。

案例：普诺飞思获得数千万美元 C 轮融资，创新工场助力"神经拟态机器眼"

2021 年 7 月，世界领先的神经拟态视觉系统发明者普诺飞思宣布获得数千万美元 C 轮融资，由中国著名早期风险投资机构创新工场领投，小米和韦豪创芯跟投，数家 A 轮和 B 轮投资机构加码继续投资。普诺飞思是首家获得中国风险投资机构创新工场投资的欧洲企业。

普诺飞思是世界领先的神经拟态视觉解决方案企业，获得 C 轮融资的优势在于其研发的原视觉传感器专利和人工智能算法，它们已经在市场上得到推广应用。这项核心技术可以被理解为"神经拟态机器眼"，它模仿了人眼和大脑的工作原理。其原视觉传感器专利和人工智能算法引入了一种基于人眼和大脑工作原理的全新计算机视觉范例，不但能让每个像素独立展现场景的动态和生命力，而且能让机器捕捉隐藏的场景运动信息，进一步模拟人类的双眼，"看到"行云流水般的世界。通过独特的神经拟态传感器技术，不但能为消费者带来使用体验的升级，而且能为企业客户创造巨大的新价值。目前，普诺飞思的多个业务场景已经步入实质落地阶段，跻身该领域的世界前三名。

普诺飞思总部位于巴黎，中国总部设在上海。此前，普诺飞思已获北美、欧洲、日本等国家和地区知名投资人的支持。C 轮融资吸引了中国的行业顶级投资人参与，助力普诺飞思扩展全球布局，深耕中国市场。李开复及其创新工场也由此开创了中国本土创投的"国际范儿"。

创新工场董事长兼 CEO（Chief Executive Officer，首席执行官）李开复表示："普诺飞思的'神经拟态机器眼'技术在多个领域具备巨大潜力，包括计算摄影、自动驾驶、工业自动化、物联网、医疗保健等，为行业已逐渐普及的机器视觉应用带来更令人振奋的前沿技术突破。普诺飞思在神经拟态视觉领域的先进技术，将为人工智能、机器视觉技术的发展开创更多的可能性和机会，帮助更多行业实现自动化和安全、效率方面的提升。"

韦豪创芯合伙人梁龙表示："通过 10 年的技术和产业演进，视觉形象识别已经广泛渗透到手机和智能汽车等产业，深刻影响着人们的日常生活。我们希望与普诺飞思一起推动神经拟态传感器技术的发展，并将先进技术尽快落地产品化，让手机、自动驾驶乃至城市生活的'眼睛'，可以'看'得更快、更准、更智能。"

1.2.6　D 轮融资与 Pre-IPO 融资

D 轮融资和之后的 E 轮、F 轮、G 轮融资等 D+轮融资是在为 IPO 创造条件，助推企业达到营业收入、市值或利润标准。上市前的最后一轮 D+轮融资通常被称为 Pre-IPO 融资。

Pre-IPO 融资是企业已经进入成熟期且预计短期内将要 IPO 上市的融资，Pre-IPO 的投资人一般会在企业上市后从股票市场退出。

与在种子期和创立期投资的风险投资不同，Pre-IPO 融资是在企业的营业收入、净利润规模已达到或接近上市条件，即企业已经站在股市门口时踢出"临门一脚"。Pre-IPO 的投资人跳过企业的创立期和发展初期，追求低风险、快速和高额的投资回报。

进行 Pre-IPO 投资的 3 类投资者如下。

第一类是投资银行型私募股权投资机构，如在世界五大投行（高盛集团、摩根大通、摩根士丹利、野村和瑞银集团）的投资组合中，Pre-IPO 投资是重要的组成部分。这类投资机构具有双重身份，既是私募股权投资者，又是投资银行。它们提供与 IPO 上市相关的高质量投资银行服务，同时在投资之前对企业的经营业务、法律、财务、管理团队和上市的可能性等进行详尽的尽职调查（Due Diligence，DD）。它们的投资会对资本市场中的普通投资者起到引领示范的作用，可以利用其良好的声誉提升企业在资本市场中的形象，增强资本市场中投资者的信心，有助于企业股票成功发行上市。

第二类是战略投资者，它们通常与被投资企业属于同一行业或相近产业，或者处于同一产业链上下游的不同环节。它们是从产业整合角度进行的投资，更注重长期战略和彼此合作，获取财务回报往往是第二位的。如果企业希望在获得资金支持的同时得到管理或技术方面的支持，那么可以考虑战略投资者，这样既有利于提高企业的行业地位，又可以形成技术、产品、上下游业务或其他方面的互补优势，从而提高企业的盈利和增长能力。不过，创业企业要小心行业巨头的收购兼并。

第三类是财务投资者，主要是指出于财务盈利目的进行投资的投资者，独立的私募股权投资机构和基金一般属于这一类投资者。财务投资者比较看重投资的中短期回报，以上市为主要退出途径。多数财务投资者除了在董事会层面参与企业重大战略的决策，一般不参与企业的日常管理和经营，不会成为企业潜在的竞争对手。即使财务投资者在投资后获得了控制权，也不准备长期控制企业，在企业公开上市后，企业的控制权仍会回到创业团队手中。例如，孙正义创立的日本软银在投资阿里巴巴后成为其第一大股东，不过并不控制阿里巴巴的运营。如果创业者希望保持独立性，那么财务投资者是最佳的选择。

第 4 章将详细讲述从 A 轮融资到 Pre-IPO 融资的大型融资案例。

第 2 章

私募股权融资的四大方式

在融资前，创业者需要了解融资对手，即投资人。他们是谁？他们何时会出现？在哪里找到他们？他们为什么要参与投资？他们如何对企业投资？本章讲述四大私募股权融资方式，风险投资机构筛选企业的 6 项标准，私募股权投资机构青睐的 4 类企业，什么样的企业能够获得融资，以及企业创始人应该具备哪些素质等，帮助创业者了解投资机构的运作模式、操作流程和操作方法。

2.1 6 种股权融资方式

2.1.1 6 种股权融资方式介绍

股权融资是一种融资人通过增资扩股的方式出售企业的股份（股票），从而获得创业资金或发展扩张资金的融资方式，根据参与增资扩股的投资人数量多少分为私募股权融资和首次公开发行两种方式。最新修订并于 2020 年 3 月开始施行的《中华人民共和国证券法》（简称《证券法》）规定，有下列情形之一的，为公开发行：向不特定对象发行证券的；向特定对象发行证券累计超过 200 人，但依法实施员工持股计划的员工人数不计算在内。

根据资金来源和融资渠道，股权融资分为天使投资、风险投资、私募股权投资和挂牌融资、IPO 上市融资、买壳上市融资 6 种融资方式。至于股权众筹平台的融资方式，由于近年来多次发生圈钱跑路的庞氏骗局，已受到国家法规的严格监管限制。

私募股权融资是指融资人通过协商或招标等非社会公开方式，向人数有限的特定投资人出售股份的融资方式，包括股票发行以外的各种组建企业时的股权筹资和随后的增资扩股。

由于股票市场对 IPO 上市融资设置了较高的门槛，创业企业一般不具备公开发行的条件，因此私募股权融资成为企业进入成熟期前的主要融资方式。

2.1.2 四大私募股权融资方式和操作流程

根据上述私募股权融资的定义，以及资本市场对私募和公开发行的划分惯例，天使投资、风险投资、私募股权投资、新三板挂牌融资 4 种具体的融资方式，均属于私募股权融资。

私募股权融资通常在各方的共同参与下运作，其主要流程为"编制商业计划书或融资计划书及其摘要—寻找投资人并进行首次会面洽谈—投资人或投资机构对企业进行尽职调查和估值—协商并谈判投资入股条件—确定投资入股价格—签订股权投资协议—办理政府商务部门和市场监督部门的审批手续—资金注入企业"。私募股权融资的流程如图 2-1 所示。

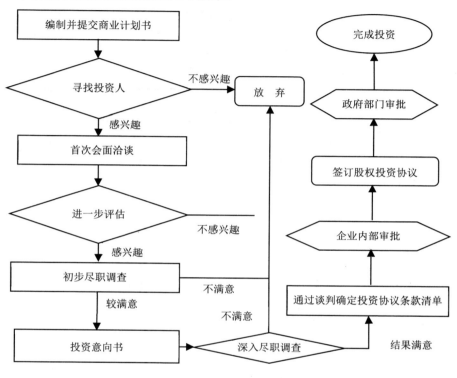

图 2-1 私募股权融资的流程

2.2 天使投资的 4 种类型

天使投资是指自由投资者或天使投资机构对处于起步阶段的创业企业和原创项目进行的一次性前期投资。许多国家明文规定，天使投资是指除被投资企业职员及其家庭成员和直系亲属以外的个人或少数早期投资机构以其自有资金直接开展的创业投资活动，也就是说天使投资属于风险投资的范畴，投资人主要是个人和少数早期投资机构。

天使投资的对象一般是处于种子期、创立期的小型高新技术创新企业或经营模式创新企业，投资期限是 3～7 年甚至更长的时间。由于在早期进行投资，因此天使投资往往面临创业团队不稳定、技术研发失败和市场不确定等巨大风险。

根据不同的行为主体，天使投资可以分为天使投资人、天使投资联盟、天使投资基金和创业孵化器 4 种类型。

2.2.1　天使投资人

天使投资人也被称为早期投资人或投资天使，多指富裕的、拥有一定资本金、投资于创业企业的个人投资者和专业投资家。天使投资人一般是自己投资，或者组成天使投资人联盟和天使投资人团体，向相应的联盟或团体投放天使资本，并彼此分享投资成果。

天使投资人包括两类。一类是以拥有一定财富的企业家和成功创业者为主的个人投资者，他们出于对创业者的信任，在企业创立之初进行投资，给予创业企业一定的帮助，为它们提供一些增值服务，如公关、人才引进、战略规划、人脉资源和后续融资等，是创业者早期的重要支柱；另一类是专业投资家，如律师、会计师、大型企业高管、相关行业的专家，以及演艺明星或网红，或者只是对早期创业者想实现的目标充满信心的人。天使投资人不一定拥有较多的创业经验和投资经验，不过要有闲置资金和相关行业的资源，许多成功企业在天使投资人的帮助下完成了从起步期向成长期的过渡。

我国的天使投资人队伍逐渐发展壮大，如 360 创始人周鸿祎、小米创始人雷军和新东方出身的徐小平等大腕儿级的天使投资人。周鸿祎主要投资自己熟悉的、与互联网相关的创业企业，雷军也倾向于投资比较熟悉的产业，徐小平则坚信"投人"的投资哲学，不过分看重商业模式和商业计划书（Business Plan，BP），他表示"追求做中国最伟大的天使投资人，帮助中国青年创业"，因此创立了真格天使投资基金（简称"真格基金"）。

曾担任谷歌全球副总裁兼中国区总裁的李开复，于 2009 年 9 月宣布离职，成为天使投资人，创办创新工场，并成为"2020 年中国早期投资家 10 强"之一。嘉道私人资本创始人龚虹嘉独自进行天使投资，曾荣获"2020 年中国最活跃天使投资人"称号。在周鸿祎、雷军、徐小平、李开复、腾讯的曾李青、达晨财智的刘昼和肖冰等人的带动下，国内比较成功的民营企业家和 CEO 正在逐渐成为天使投资的主力军，一批活跃在南方的"富二代"投资人也是我国天使投资人群体的重要组成部分。

2.2.2　天使投资联盟

个体天使投资人的投资运作往往具有较大的局限性，许多天使投资人除了需要兼顾本身的在职工作，还会遇到很多问题。例如，项目渠道来源少，项目数量有限；资金实力不足，难以进行多项目分散投资；时间有限，难以承担尽职调查等专业工作；缺乏投资经验和知识，投资失败率较高等。

因此，一些天使投资人组成了天使投资联盟、天使投资俱乐部或天使投资协会。其优势在于可以汇集项目渠道来源，评估投资对象，分享行业经验和投资经验，对于合适的项目，也可以根据行业经验分配尽职调查工作，还可以多人联合投资，提高投资额度，降低投资风险。目前，国内比较典型的天使投资联盟有上海天使投资俱乐部、深圳天使投资人俱乐部、中关村合众天使投资联盟和中关村企业家天使投资联盟等。

2.2.3　天使投资基金

近几年，随着天使投资的发展，投资基金形式的天使投资开始在国内出现并活跃起来，一些活跃在创业投资领域且资金充足的天使投资人设立了天使投资基金，进行专业化、机构化运作的天使投资。与在早期投资的风险投资基金相似，天使投资基金是正规、有组织、有基金管理人的基金。天使投资基金作为独立的合法实体，负责寻找机会、项目估值、尽职调查和开展投资的整个投资过程。天使投资基金的资金来源除了天使投资人，还包括企业、机构和个人。

与天使投资人及其联盟相比，天使投资基金更具规模优势，其投资量级一般在几千万元到上亿元，单笔投资的额度可达到数百万元的级别，而且经常与风险投资机构联手投资。

2020 年 10 月 12—15 日，清科集团、投资界联合华发集团在珠海国际会展中心举办了第二十届中国股权投资年度论坛，《财富》杂志继续与清科研究中心合作，评选出"2020 年中国早期投资机构 30 强"，它们是非常活跃的天使投资基金。其中，排在前 5 名的分别是蓝驰创投、明势资本、真格基金、联想之星和创新工场。

2.2.4　创业孵化器

广义的创业孵化器是指设立在大中型城市的科技园区、创业中心和创业大街的各种创业服务机构，包括地方政府设立的机构和民间设立的机构。

地方政府高新技术园区的科技孵化器可以为科技创业人员提供创业培训辅导和咨询，为获选创业项目提供价格低廉的办公场地、创业启动资金和政策、法律、财务、企业管理、人力资源、市场推广等方面的服务，以此降低创业成本和创业风险，提高创业企业的成活率和成长性，培养成功的科技企业和企业家。

例如，近年来，大连市高新技术产业园区科技产业孵化器陆续为多家创业企业提供了从几十万元到几百万元不等的天使轮融资和价格低廉的办公、研发、试制场地。2016 年，大连晓辉医药科技有限公司参加中国"海创周"，即大连市海外学子尖端人才归国创业工程活动，其用于癌症早期筛查的研发项目获得一等奖，并得到 200 万元的创业研发资金，分两年到位。

近几年，我国民间创业孵化器取得了长足发展，典型代表是中关村创业大街。《人民日报海外版》报道，截至 2019 年 6 月，中关村创业大街自开街以来，累计孵化 3451 家创业团队，其中外籍和海归团队 409 家，总融资 731 亿元，成为和美国硅谷一样具有吸引力的"创新创业圣地"。值得一提的是，一辆由奔驰卡车改造的"移动孵化器"从中关村创业大街出发，开赴杭州、上海、成都和深圳等城市，对接各地创业者，开启了两万五千公里的"双创中国行"。

狭义的创业孵化器是指某个机构围绕一个或几个项目进行孵化，以使其实现产品化。例如，招商启航作为招商局集团旗下的国家级科技企业孵化器和天使投资平台，具备"孵化+投资+基金管理"3 种业务能力。2019 年，首期 3 亿元天使基金定向投资于招商局集团与金融服务、交通物流、城市园区 3 个产业板块相关的上下游科技创新项目和其他高成长性创新行业。

案例：孵化器培育清泰科获得数百万元天使轮融资和数千万元 A 轮融资

2021 年 6 月，新能源汽车动力总成系统解决方案服务商清泰科宣布获得华强资本领投，坚木投资和海贝投资跟投的数千万元 A 轮融资，由一苇资本担任该轮融资的独家财务顾问。

2020 年，在该轮融资之前，清泰科的营业收入是 2000 万元，利润率达 30%以上。其中，60%以上的营业收入来自环卫车辆、无人驾驶车辆和工程机械一类特种车辆，20%以上的营业收入来自轻型卡车和物流车等商用车辆。在进行该轮融资时，清泰科预测 2021 年的营业收入将达到 4000 万元。[①]

清泰科曾于 2018 年 2 月获得英诺天使基金、清华 DNA 基金、常见投资和泰有基金投资的数百万元天使轮融资，之后又获得由海贝投资领投的上千万元 Pre-A 轮融资。A 轮融资资金将主要用于车载电力电子设备的产品开发、技术推广和团队扩张。

清泰科成立于 2017 年，孵化于清华大学电机系的平台。目前，清泰科已拥有包括电机、驱动器、车载电力电子设备等在内的众多核心产品。在市场选择上，清泰科以特种车和商用车为主要细分市场，阶段性避开了乘务车市场。

据悉，清泰科在分布式驱动技术路线方面已实现了轮边/轮毂驱动系统的装车应用，并且正在研发更先进的电子换挡电机，利用"电子"换挡技术，使单台电机具备多种特性，满足车辆不同行驶工况的动力需求，深化多电机/多挡化的技术路线。在分布式驱动技术上，清泰科已推出轮毂电机和控制系统产品，该产品集成度高（电机+减速器+制动器）、扭矩密度大（50Nm/kg），目前已开始实车应用，并与 3 家企业达成合作。

2.3　风险投资

2.3.1　风险投资的投资对象、投资阶段、投资期限和退出方式

风险投资也被称为创业投资，美国风险投资协会（National Venture Capital Association，NVCA）将其定义为"由职业金融家投入到新兴的、迅速发展的、具有巨大竞争潜力的企业中的一种权益资本"。

中国国务院于 2016 年 9 月印发了《关于促进创业投资持续健康发展的若干意见》，将创业投资或风险投资定义为"向处于创建或重建过程中的未上市成长性创业企业进行股权投资，以期所投资创业企业发育成熟或相对成熟后，主要通过股权转让获取资本增值收益的投资方式"。

风险投资起源于美国。1946 年，被誉为"风险投资之父"的美国哈佛大学教授乔治·多里奥特和一批新英格兰地区的企业家成立了世界上第一家风险投资公司 AR&D，开创了风险投资业的先河。不过，由于受到条件限制，当时的风险投

---

① 《新能源汽车电驱动系统供应商清泰科获数千万元 A 轮融资》，唯科网，2021.06.16。

资业发展缓慢。直到 1973 年，大量的小型合伙制风险投资公司才开始出现。

20 世纪 70 年代，风险投资在美国硅谷迅速崛起，几乎成为技术型创业融资的代名词，风险投资业也在美国得到蓬勃发展。受到风险投资机构青睐的仙童公司被称为"硅谷的黄埔军校"，其研发的硅晶体管曾在冷战时期被用于制造导弹，苹果创始人之一迈克尔·马库拉、AMD 创始人杰瑞·桑德斯、红杉资本创始人唐·瓦伦丁、英特尔创始人罗伯特·诺伊斯和戈登·摩尔都曾就职于仙童公司。

第一个投资仙童公司的阿瑟·洛克对硅谷功不可没。在洛克的投资下，一家伟大的企业在硅谷诞生了，这就是英特尔。1978 年，洛克对史蒂夫·乔布斯的苹果电脑投资 5.76 万美元，这笔投资在 1980 年 12 月苹果电脑 IPO 上市后的价值达到 1400 万美元，相当于 1 美元的投资获得了 243 美元的回报。正是由于这些伟大的投资，阿瑟·洛克被业界称为"硅谷风险投资之父"。阿瑟·洛克开启了对科技与资本结合的新探索，从此，风险投资家形成一个群体，风险投资也成为一个新的行业。

风险投资的投资对象主要是中小型高科技创业企业和经营模式创新企业。例如，1972 年创立于美国硅谷的著名风险投资机构红杉资本，其投资领域包括网络产业、网络服务、通信产业、数字娱乐和 IT 产业等，曾投资创业早期的苹果、谷歌、雅虎、思科、领英、甲骨文和 YouTube 等众多引领科技新潮流的创新型企业。

风险投资的投资阶段主要是起步期和成长期。风险投资通常会避开种子期技术研发失败的风险，不过同样面临着产品性能不稳定、用户认可度低和市场不确定等风险；由于投资期限较长，因此存在宏观经济调控政策的风险。风险投资的风险比天使投资的风险小很多，不过仍然比私募股权投资的风险大得多。

风险投资的投资期限一般是 3～7 年，某些新兴科技（"硬科技"）企业可能需要 5～10 年。

风险投资的退出方式有 4 种，分别是企业 IPO 上市后退出，企业被并购，创始股东和管理层回购股权，以及清算。关于风险投资的退出方式，2.4.6 节将进行详细介绍。

2.3.2　风险投资的 4 种类型

1. 风险资本家

风险资本家是指从事风险投资，主要对 5～7 年内有较大回报机会的创业企业投资的个人金融家。风险资本家的投资活动起源于 20 世纪 50 年代，个人投资是风险资本家最初的投资方式。半个多世纪以来，风险资本家的个人投资一直存在。近 20 年来，一部分风险资本家成立了现代风险投资企业，采用有限合伙企业的组织形式，将其作为风险投资资金的主要载体，如马云和虞锋成立的云锋基金，雷军和许达来成立的顺为资本。

与其他投资人一样，风险资本家通过对企业进行股权投资来获取利润，不过有两点不同。①风险资本家投出的资本属于个人所有，不是受托管的他人资本；②风险资本家不是被动投资的金融家或有限合伙人，他们通过参与被投资企业的管理、确定市场战略和帮助制订业务计划等促进企业的成长。

需要特别指出的是，上文提到的在种子期为企业提供资金的天使投资人，他们可能会在后续的发展阶段中继续对企业投资，并且投资规模迅速扩大，此时他们的身份已经转变为风险资本家。也就是说，风险资本家可以由天使投资人演变而来，不过不是每个天使投资人都能成为风险资本家。

2. 风险投资公司

风险投资公司的种类有很多，大部分风险投资公司是通过设立并募集风险投资基金进行投资的。风险投资基金一般以有限合伙制为组织形式，风险投资公司是风险投资基金的管理者，如投资滴滴出行、京东、阿里巴巴和蚂蚁集团的红杉资本，投资宁德时代和 KK 集团的深创投等。

3. 产业投资公司

产业投资公司大多是大型实业公司或上市公司下属的独立风险投资机构，它们的资金来源于母公司，代表母公司的利益进行投资。产业投资公司通常将资金投向母公司战略发展布局中的特定产业，如腾讯产业共赢基金、阿里巴巴影业文化产业基金属于产业附属的投资机构，它们会将一部分资金用于特定产业的风险投资。

4. 创业投资家

创业投资家也称为风险投资家、风险投资人，是风险投资公司和旗下风险投资基金的管理者。创业投资家是专业的投资管理人，不过在他们管理的资金中只有极少部分属于个人所有，大部分资金是投资公司股东和基金投资者的资金。创业投资家实际上是风险资本的运作者，其职能包括辨认和发现投资机会，筛选投资项目，决定对企业投资，促进企业迅速成长，在获得收益后退出再投资，以及到期后让资金经风险投资公司回流至基金投资者手中。创业投资家经常以个人跟投的方式，与风险投资基金一起对某家企业进行风险投资。

在全球，每年都有各种顶尖创业投资家评选榜单。例如，《福布斯》杂志于 2022

年 4 月发布了"2022 年度全球最佳创投人榜"，中国创投人上榜 16 人，进入前 20 名的有 5 人。其中，红杉中国创始合伙人沈南鹏排在第 3 位，五源资本创始合伙人刘芹排在第 4 位，真格基金创始合伙人兼 CEO 方爱之排在第 12 位。

2021 年 10 月，清科研究中心与投资界评选出"2021 年中国创业投资家 10 强"，他们分别是红杉中国创始合伙人沈南鹏、深创投董事长倪泽望、IDG 资本合伙人李骁军、五源资本创始合伙人刘芹、经纬创投创始管理合伙人张颖、君联资本总裁兼董事总经理李家庆、启明创投主管合伙人梁颖宇、纪源资本管理合伙人符绩勋、达晨财智执行合伙人兼总裁肖冰、高榕资本创始合伙人张震。

天使投资人或风险资本家与创业投资家的对比如表 2-1 所示。

表 2-1　天使投资人或风险资本家与创业投资家的对比

对比对象	天使投资人或风险资本家	创业投资家
定义	拥有较多净资产的个人、成功企业家	风险投资公司或风险投资基金的合伙人和高级管理者
资金来源	全部属于个人所有	极少部分属于个人所有，大部分是第三者资金（投资公司股东和基金投资者的资金）
投资阶段	种子期和创立期，即获得收入前的阶段	创立期和成长期，即获得利润前的阶段
投资规模	较小，几十万元到几百万元的级别	较大，几百万元到上千万元的级别
投资合同	在符合风险控制要求的前提下，出于对创业者的信任，合同条款比较宽松、灵活	非常严谨，合同条款比较严格，通常载有预期条件下的对赌协议条款
投资过程	基于个人的知识和经验进行筛选，更倾向于选择自己了解和信任的人，主要是选人，而不是选择赛道	由行业专家、律师、会计师和估值师等组成团队，或者委托专门从事相关方面工作的外部公司进行筛选，在选定市场的前提下选择人或企业，即先选赛道再选人
扮演角色	在被投资企业中主要扮演增值指导的角色	在被投资企业中主要扮演增值战略的角色

2.3.3　境内外 17 万亿元风险投资基金和私募股权投资基金为创业企业提供资金来源

1. 境内风险投资和私募股权投资的发展历程、资金规模

中国于 1988 年实施"火炬"计划，中国台湾李宗南博士协助中国大陆成立了第一家风险投资公司，即中国新技术创业投资公司，之后中国大陆陆续成立了其

他几家风险投资公司，一些大学也建立了产学研创业扶持机构，不过均因为过于保守而沦为普通投资公司。因此，这一时期只能算作中国风险投资行业的启蒙时期，而非真正的起步时期。

1999 年，网络科技股热潮带动"5·19"行情之后，中国的风险投资行业开始真正崛起。创业板即将推出的利好消息，让深圳在一年内诞生了近 200 家风投机构，如深创投于 1999 年成立，中国风投、达晨财智和同创伟业等本土创投机构于 2000 年相继创立。同一时期，境外投资机构（如 IDG 资本、华平资本、高盛集团和摩根士丹利等）也开始进入中国，IDG 资本投资了百度、腾讯、携程等知名度较高的科技和互联网企业，红杉资本投资了百度，后来又投资了京东和蚂蚁集团等，高盛集团投资了阿里巴巴、海普瑞和西部矿业等。

2006 年，同洲电子在深圳证券交易所（简称"深交所"）中小板挂牌上市，中国资本市场诞生了第一个本土风投机构成功退出的案例。

2009 年，深交所创业板开市，退出机制推动风险投资行业步入"黄金十年"，并走上正轨。

2019 年，上海证券交易所（简称"上交所"）科创板开市，2021 年北京证券交易所（简称"北交所"）开市，中国的多层次资本市场又增加了两条退出通道，风投产业规模迅速扩大，从成长期迈向成熟期。

2022 年 1 月，中国证券投资基金业协会（简称"中基协"）公布了私募基金月报。数据显示，截至 2021 年年底，中国存续私募股权、创业投资基金管理人 15 012 家，存续私募股权投资基金 30 801 只，存续规模 10.51 万亿元；存续创业投资基金 14 510 只，存续规模 2.27 万亿元；两类基金合计 45 311 只，基金规模 12.78 万亿元，与 2016 年年底相比增长 2 倍，位居世界第二。

中基协资料显示，截至 2021 年上半年，存续私募股权投资和风险投资累计投资了超过 13 万个境内未上市企业的股权项目，投资本金为 7.6 万亿元，其中超过 60% 为近 5 年内的投资，投向中小型企业、高新技术企业、创业早期企业的本金占比分别为 28%、26%、33%。自 2019 年以来，超过八成的科创板上市企业和近七成的创业板上市企业曾获得过私募股权投资基金和风险投资基金的支持。在港股和美股 IPO 上市的中国企业中，超过 70% 是在私募股权投资基金或风险投资基金的推动下上市的。

2. 大中华区 4 万亿元人民币境外基金为中国创业企业提供资金支持

全球领先的另类资产领域数据和市场洞察平台 Preqin 数据显示，截至 2020 年

9 月，国际资本在大中华区的风险投资基金和私募股权投资基金规模超过 1.04 万亿美元，其中约 60%（6240 亿美元，约合 4 万亿元人民币）重仓于中国。也就是说，即使上述境内外基金规模不随中国的 GDP 同步增长，也会有近 17 万亿元人民币的风险投资基金和私募股权投资基金助推中国创业企业成长壮大。

按照风险投资的投资期限是 3～7 年，私募股权投资的投资期限是 3～5 年来计算，平均投资期限约为 4.5 年。业内人士推断，在 17 万亿元人民币的存续基金中，每年约有 3.78 万亿元人民币从被投资企业退出，同时由投资机构再次投向新的创业企业，周而复始，约 4.5 年完成一次大循环。

按照 3.78 万亿元人民币的规模来计算，平均每年可为中国境内 1 万家创业企业提供 3.78 亿元人民币的资金支持。

随着鼓励"投早、投小、投科技"等政策的出台，一方面，投入创业早期企业的资金会越来越多，另一方面，创业早期企业需要的资金相对较少，加之动辄需要几百亿元的互联网企业越来越少，同样的资金规模可以扶持更多的创业企业。

2.3.4 风险投资"按倍数数钱"的特殊商业模式

风险投资和私募股权投资不但造就了许多著名企业，而且经常出现退出时获利几十倍的成功案例。这到底是"投资"还是"投机"呢？被投资企业的创业者应该如何理解并接受投资机构如此高的回报呢？

由于技术、市场和政策的不确定性，对创业企业或创新项目投资失败的案例时有发生。例如，2015—2017 年，被愉悦资本、创新工场、红杉中国、高瓴资本、华平投资、腾讯和启明创投等投资机构火热投资的摩拜单车，在连续几年亏损几十亿元的情况下，遭投资人"断供"，无法独立生存，于 2018 年被迫"卖身"给美团；得到阿里巴巴、IDG 资本和软银等多家巨头数亿元投资的"共享经济明星企业"衣二三，于 2021 年 7 月宣布关停；奔跑 8 年，累计进行 6 轮融资，估值达 10 亿美元的"独角兽企业"学霸君失去最后一个风险投资人，在 2020 年的冬天倒下了；K12 教育领域内总融资额达 1500 亿元的 2300 多家培训教育机构，也于 2021 年 7 月集体遭遇"政策滑铁卢"。投资于上述企业的投资机构无疑将面临巨额亏损。

处于产业赛道中的创业企业，在产业政策和资本的推动下，其兴也勃焉；在市场竞争、行业监管和宏观政策的调控下，其亡也忽焉！

正是由于种种不确定性，导致投资机构的总体投资成功率较低，投资失败的风险较高。不过，在创立期急需启动资金的创业企业一旦运作成功，早期投资该企业的投资机构就能获得丰厚的回报。

由此可见，风险投资的实质是投资高风险、高回报的项目群，从出售成功项目的股权中获利，以弥补失败项目的损失，并获得高额投资回报。

据统计，风险投资的总体投资成功率约为 20%（天使投资和在早期投资的风险投资成功率仅为 5%～10%）。也就是说，如果投资 5 个项目，那么可能 1 个项目成功，2 个项目失败，血本无归，还有 2 个项目不赔不赚，但是资金被套牢，所以 1 个成功项目只有获得 5 个项目的回报总和才能实现总体获利。

我们可以把资本市场中数钱的人分为两类，有人"数百分比"，有人"数倍数"。

公募证券投资基金作为股票市场中的主流基金，其投资人属于"数百分比"这一类，这类投资人把价值投资、理性投资和"数百分比"的商业模式带入了人们的生活。

风险投资和私募股权投资改变了人们数钱的习惯，这类投资人是"数倍数"的，这样才能弥补多个失败项目的损失，确保总体投资成功率。在 10 个投资项目中，2 个成功项目可以让全世界知道，但是 8 个失败项目必须秘而不宣。风险投资和私募股权投资基于"按倍数数钱"的方式创造了一种新的商业模式，进而诞生了一个产业。

然而，无论是"按百分比数钱"还是"按倍数数钱"，最终的收益水平差距并不是太大。例如，在排名比较靠前的著名投资机构中，巴菲特的投资机构多年的平均年收益是 20% 左右；新加坡淡马锡截至 2021 年 3 月 31 日的财报显示，其全球投资组合净值达 1.86 万亿元人民币，1 年期股东总回报率为 24.53%；中国本土著名创投机构达晨财智 360 亿元人民币基金的总体投资年收益也是 20% 左右，已经达到投资机构较高的收益水平线。

2.3.5　著名创业投资机构的投资领域和投资案例

经过 20 多年的发展，与 10 年前相比，国内资本市场中投资案例较多的创业投资机构已经增加了许多。其中，比较著名的创业投资机构的投资领域和投资案例如表 2-2 所示。

表 2-2　比较著名的创业投资机构的投资领域和投资案例

创业投资机构	投资领域	投资案例
红杉中国	网络、通信、软件、数字娱乐、IT、传媒、资源、快消、医疗健康、环保、新能源、保险、动漫、餐饮旅游、生物科技	红杉中国是红杉资本与中资的合资机构，投资过新浪、京东、阿里巴巴、蚂蚁集团、今日头条、爱奇艺、唯品会、高德地图、摩拜单车、饿了么、蔚来汽车、360、博纳影视、开封药业、拼多多、快手、中通快递、滴滴出行
IDG 资本	软件产业、信息电子、半导体芯片、IT 服务、网络设施、生物科技、医疗健康、新型消费	IDG 资本隶属于美国国际数据集团，投资过腾讯、搜狐、百度、携程、美图、金融界、如家酒店、当当网、传奇影业、暴风科技、美团、小米
深创投	医药、信息科技、智能制造、互联网、消费品/现代服务、生物技术/健康、新材料、新能源、节能环保、高端连锁服务	深创投的前身是深圳市创新科技投资有限公司，投资过美国点评、宁德时代、华大基因、正海生物、有方科技、瑞芯微、金丹科技、康方生物、金现代、长源东谷、KK 集团
达晨财智	信息技术、智能制造、节能环保、医疗健康、大消费和企业服务、文化传媒、军工	达晨财智属于上市企业旗下的控股子公司，投资过爱尔眼科、亿纬锂能、网宿科技、康希诺、道通科技、明源云、尚品宅配、华友钴业、和而泰、吉比特、蓝色光标、圣农发展、天味食品、叮咚买菜、华康医疗
经纬中国	互联网和软件、移动互联网、环保技术、教育、能源、金融服务、医疗健康、新文化	经纬中国拥有美国创投背景，投资过分众传媒、易趣、百度、小鹏汽车、猿辅导、饿了么、瓜子二手车、链家地产、太美医疗、KK 集团、滴滴出行
同创伟业	IT 服务、软件产业、网络产业、电子信息、半导体芯片	同创伟业属于中国本土创投，投资过达安基因、海优新材、欧菲光、贝达药业、科达利、华大基因、电声股份、三利谱、格林美、澜起科技、联合光电、震有科技、易天股份、久日新材
启明创投	通信、新媒体、科技、医疗健康	启明创投属于中国本土创投，投资过小米、美团、哔哩哔哩、石头科技、甘李药业、泰格医药、再鼎医药、启明医疗、康希诺生物、惠泰医疗、三友医疗、艾德生物、贝瑞基因、神州细胞
纪源资本	互联网/数字媒体、云计算/软件服务、中国城市化发展推动的消费领域	纪源资本是拥有美国硅谷背景的创投机构，投资过阿里巴巴、触控科技、豆果美食、亿航、去哪儿、智米、途家、小红书、优酷土豆、欢聚时代、泽普、紫米、万魔声学、世纪互联、51 信用卡管家、滴滴出行

续表

创业投资机构	投 资 领 域	投 资 案 例
高盛集团	养老、电信、食品、电商、新科技、新技术、互联网、金融服务、医疗保健、旅游休闲、文化娱乐	高盛集团是美国著名投资银行，引领世界IPO潮流，投资过阿里巴巴、双汇发展、中国网通、盛大文学、爱康国宾、西部矿业、海普瑞、新东方、百胜中国、好未来、拼多多、前程无忧、小鹏汽车、蔚来汽车、理想汽车、腾讯音乐、中芯国际

2.3.6　筛选企业的 6 项标准、8 步投资流程和投资策略——"创投10 强"达晨财智的运作模式

一花一世界，一叶一菩提。

虽然不同创业投资机构的投资风格、投资领域和运作模式不尽相同，但是典型的创投机构可以作为整个创投行业的代表。从某个典型的创投机构中，我们可以见微知著，悟出整个创投行业的投资真谛，这是创业者及其团队在融资前需要了解和掌握的信息。

下面以达晨财智为例，介绍其筛选企业的标准、投资流程、投资策略和投资理念，希望正在寻找创投机构的创业者从中获得有价值的信息和启迪。

1. 达晨财智概况

达晨财智是我国最具影响力的创投机构之一。凭借优异的业绩表现，达晨财智在中国创投委、清科集团、投中集团、融资中国等权威机构评选中连续多年名列前茅，连续 21 年荣获清科集团"中国最佳创业投资机构 50 强"，2012 年和 2015年排名第一，近 10 年基本稳居本土创投前三名。董事长刘昼荣获清科集团"2020年中国创业投资家 10 强"称号，总裁肖冰荣获清科集团 2019 年和 2021 年"中国创业投资家 10 强"称号。

2000 年 4 月，达晨财智由董事长刘昼在深圳创立。截至 2022 年 1 月末，达晨财智管理基金规模超过 360 亿元，投资企业达 654 家。目前，达晨财智成功退出 232 家企业，其中有 125 家企业上市，累计 96 家企业在新三板挂牌。上市企业中包括爱尔眼科、亿纬锂能、网宿科技、康希诺、道通科技、瑞芯微、明源云、尚品宅配、华友钴业、和而泰、新洁能、中望软件、吉比特、蓝色光标、圣农发展、天味食品、叮咚买菜和华康医疗等众多明星企业。近年来，达晨财智投资了锐石创芯、超材信息、铖昌科技、中微半导体、鸿之微、优集工业、达美盛、华

昊中天、艾棣维欣、海昶生物等多家"硬科技"创业企业，覆盖了芯片和半导体、工业软件、创新药物和生物技术等细分赛道。

达晨财智秉持长线、专业、价值投资理念，通过多年积淀形成了"行业+区域"双轮驱动布局。以行业引领投资，聚焦信息技术、智能制造、节能环保、医疗健康、大消费和企业服务、文化传媒、军工等领域，投资阶段覆盖初创期、成长期和成熟期；以区域实现项目覆盖，深圳总部、北京总部、华东总部"三足鼎立"，并在 16 个经济中心城市设立分支机构，形成了覆盖全国的投资和服务网络。

达晨财智坚持"投资就是服务"和"赋能投资"理念，搭建达晨企业家俱乐部、达晨投资人俱乐部、各地达晨汇和各类战略合作联盟，汇聚高端资源，通过"平台+生态"的良性互动，为创业企业提供专业、务实、有效的增值服务，实现赋能、合作、共赢的目标。

2. 筛选企业的 6 项标准

达晨财智曾在资本市场中遇到过很多困难和挑战，经过 20 多年的摸爬滚打和风雨历练，达晨财智找到了创造优良投资业绩的方法，形成了一套独有的核心打法，广受业界称道，其中包括"六看标准"，即在创投行业极具代表性的筛选企业的 6 项标准。

① 看创业团队有没有创新能力和诚信，这项标准占是否投资的比重高达50%。创始人的品行一定要端正，既要有战略眼光，能够带领企业朝着正确的方向前进，又要有创业激情，热爱自己的事业。在选定行业赛道时，达晨财智"宁投一流团队、二流项目，不投一流项目、二流团队"。

② 看行业市场是不是足够大，成长性高不高，是否属于政策鼓励支持的领域。只有具有持续成长性，企业或项目才有投资价值，风险投资才可能获得高额回报。高成长性是核心，具体表现在市场份额、增长速度和利润空间 3 个方面。

③ 看技术水平是否领先。一方面，技术门槛可以提高进入壁垒，保护企业的独创性，这是吸引风险投资的重要因素，尤其是在大国博弈的大背景下，科技领域企业在不同程度上面临"卡脖子"问题，国内对科技创新，特别是自主可控、进口替代方面的"硬科技"越来越重视。另一方面，政策和商业模式也能提高进入壁垒，如享受政策优惠，在行业内处于垄断地位，采用连锁经营模式，以及较高的品牌知名度等。

④ 看商业模式是否创新。创新是企业的生命，只有不断创新的企业才能获得持续发展。创新的商业模式类型包括以下 3 种：整合型，整合不同行业的优势，形成创新，如整合产业链上下游、机电一体化等；连接型，起到连接、沟通不同

行业的作用，如软件、系统集成等；改进型，从传统行业改进、演化而来，如新型消费、现代物流业等。

⑤ 看行业地位。被投资企业必须是行业或细分子行业的前三名，只有排名前三的企业，才可能顶住市场竞争和经济周期波动的压力，上市的可能性也比较大。

⑥ 看有没有法律障碍和不利于企业上市的"硬伤"。民营企业的通病之一是创业期间不重视规范性，容易犯法律上的低级错误。关于"硬伤"的问题将在 7.2.6 节中详细介绍。

3. 8 步投资流程和投资策略

"达晨模式"被许多创投机构争相研究和学习。的确，达晨财智具有许多鲜明的特点，如领导团队的"铁三角"相得益彰，董事长刘昼把握大战略和产业布局，总裁肖冰负责投资一线，高级副总裁邵红霞扛鼎募资，分工明确，各司其职，风格稳健务实，彼此配合默契，优势互补，投资老到。达晨财智的运作特点体现在以下方面。

1）投资流程

第一步，筛选企业的商业计划书；

第二步，项目立项；

第三步，尽职调查；

第四步，对企业进行估值；

第五步，就投资协议核心条款展开商务谈判；

第六步，企业投资委员会决策；

第七步，谈判、签署投资协议；

第八步，投后管理。

2）项目来源策略

达晨财智坚持"行业+区域"双轮驱动，即以行业引领投资，以区域实现项目覆盖的投资管理体系。一方面，行业研究能力是达晨财智的立身之本，在"研究驱动投资"模式下，坚持重度垂直的专业化，着力布局细分垂直赛道，通过公司中的行业专家，自上而下挖掘优质项目；另一方面，借助长期积淀、覆盖全国主要经济中心城市的区域布局网络优势，与政府部门、行业协会、地区商会、高新技术园区、商业银行、投资银行、证券公司、律师事务所、会计师事务所合作，以及企业家朋友推荐等多种渠道，实现区域优势项目的全面覆盖。最终通过"行业"和"区域"的优势互补、相辅相成，实现"自上而下"和"自下而上"的有机结合。

3）投资比例

达晨财智的 4 个投资阶段分别是种子期、创立期、成长期和成熟期。

各投资阶段的投资比例：创立期，10%～15%；成长期，70%～80%；成熟期（主要是 Pre-IPO 阶段），10%～15%；种子期少量投入，不过即使达晨财智只在种子期投入基金总额的 1%，也有 3.6 亿元，足够完成十几次甚至几十次天使轮投资。

股份比例：不控股，股份比例一般不超过 20%。在近年来的基金组合中，股份比例超过 20% 的项目有所增加，体现出对早期项目持股比例较大，对重点成长企业重仓投资、多轮加注的特点。

参与模式：不直接参与管理，主要是提供多种增值服务。

4）投资策略

以外资眼光看项目，以内资手法做项目。好项目+好价格=好投资。

坚持长线、专业、价值投资，勇抓企业成长拐点和进入良机，通过企业的成长来获利，成长性是创业投资的灵魂。

不简单追求 IPO 数量和基金规模最大化，坚持精品投资，以明星项目群打造明星基金，追求基金最佳回报。

5）退出策略

在股票上市后，以大宗平台交易和竞价交易相结合的二级市场退出方式为主，辅以企业创始人和大股东回购、其他形式的并购、通过协议转让股份等一级市场退出方式，以及新三板挂牌退出策略。正因为被投资企业的 IPO 成功率高和退出策略得当，达晨财智才能创造优良的投资业绩。

2.3.7　什么样的企业能够获得融资

红杉资本举世闻名，这家在 1972 年创立于美国硅谷的风险投资机构创造了许多真正的传奇。在大型计算机时代，它发掘了个人计算机"先锋"苹果电脑；在个人计算机大规模发展后，它培养了网络设备和语音设备企业 3Com、互联网设备和网络解决方案供应商思科；在计算机实现广泛连接，互联网时代来临时，它投资了搜索引擎谷歌、集搜索引擎和综合服务于一体的雅虎、数据库软件企业甲骨文、面向商业客户的社交网络企业领英、流媒体视频平台 YouTube 和社交平台 Meta（原 Facebook）等。如今，红杉资本投资上市的企业总市值超过纳斯达克市场总价值的 10%。

红杉资本以创始人唐·瓦伦丁的投资风格著称，这源于唐·瓦伦丁的一句话"投资于有着巨大市场需求的企业，优于投资于需要创造市场需求的企业"。后来，这句话被引申为"下注于赛道，而非赛手"，即先选定行业赛道，再选择好的赛手。

1. 在什么领域能找到伟大的企业

红杉资本第二代领导者迈克尔·莫里茨认为："在两个领域内有非常吸引人的投资机会，一是目前看起来市场还比较小的行业里的小企业，其所在行业会有很大的爆发潜力；二是目前市场还比较小的科技企业。随着市场的扩张，这些小企业在未来会有更大的机会。"

莫里茨还认为："找到有思想、渴望成功和富有想象力的人，加之一个具有成长性的、好的赛道（市场），便可能成就伟大的企业。"

2. 投资是看人还是看市场

红杉资本的投资理念是"合适的市场是第一位的，之后才是正确的人"。即使某家创业企业很优秀，如果选择了没有太大前途的市场，也不太可能成功。

一家成功的企业，即使不是科技类企业，也应该善于运用科技和技术来发展业务。科技与其他行业之间是日趋融合的，只靠单一产品或不依靠科技发展的企业很难成功。

2.3.8　企业创始人应当具备哪些素质

① 创业激情和诚信品质。创始人必须热爱自己的事业，精神饱满，诚实可信。

② 领导能力和决策能力。作为创业团队的带头人，创始人必须具有凝聚力和领导能力，在出现复杂情况和混乱场面时，能够比其他人更快、更准确地判断问题根源，果断处理，善于决策。知名投资人李开复曾表示"我所投资的创始人必须是一个富有吸引力、有人格魅力的领导者"。

③ 心胸宽广的合作能力。当今社会已经进入合伙创业时代，个体很难获得成功，这要求创始人必须具有博大的胸怀和知人善任的能力。

④ 社交能力。人脉是创业成功的必要条件，无论是了解商业信息、资金来源、行业经验、市场渠道、客户资源，还是企业内部情况，都需要创始人施展社交能力和讲演能力，以扩大社交圈子，结交更多的朋友，积累更多的社会资源，说服

并凝聚企业员工与自己一起为创业成功而奋斗拼搏。

⑤ 拥有远大目标和计划能力。只有胸怀远大目标，并且制订明确、清晰的创业计划，创始人才能带领创业团队脚踏实地朝着目标迈进。

投资人可以通过沟通交流、阅读商业计划书和尽职调查等手段，初步判断创始人是否具备上述素质。如果创始人具备这些素质，那么获得融资的概率会大得多。

红杉资本莫里茨曾说过"判断市场相对容易，判断人则需要功力"。投资人坚决不能对这样的人投资：没有诚信的人、自私贪婪的人、过于感性的人、缺乏理性的人、赌博心理强的人、不相信团队的人、信奉单枪匹马的个人英雄主义的人。对这些人投资，无疑是在冒险和浪费时间。

2.3.9　投资机构应该避开的 8 类项目和行业赛道

1. 8 类项目

新东方创始人俞敏洪和资深投资银行家盛希泰于 2014 年 11 月共同发起成立了洪泰基金。短短几年，洪泰基金迅速发展，2018 年荣获《中国证券报》"金牛早期投资机构奖"和投资中国网"中国最佳早期创业投资机构 TOP50"，2019 年荣获《证券时报》"最佳风险投资机构 TOP30"。

洪泰基金判断早期项目的标准很简单，那就是看产品、市场、营销策略、估值和团队。基于考察几千个项目积累的经验和教训，洪泰基金总结出 8 类坚决不投资的项目：不投没有商业计划书的项目，不投没有独立 IPO 可能的项目，不投没有核心竞争力的项目，不投创始人不和睦的项目，不投创业者盲目乐观或封闭的项目，不投依赖资源型创业的项目，不投为了风口而风口的项目，不投不专注的项目。

本书作者所在的投资公司也有类似的坚决不投的项目标准，其中中国作者所在的投资公司有一条标准是坚决不投"挣两民钱"的项目，即如果主营业务是挣市民或农民基本消费的钱，就坚决不投资（如摩拜单车、饿了么和美团外卖等，就是挣市民基础消费的钱）。这类企业的规模可能做得很大，都很难真正实现盈利，或者盈利空间很小，它们只有依靠大平台才可能活下来。

2. 行业赛道

如今，经历风雨后的创投行业关注的核心不只是成长性，还要求企业具有持续稳定的盈利性，通过"烧钱"可以成长，但是未必能持续盈利。

前几年，资本的推动形成了大量补贴，虚假的泡沫掩盖了真实的状况，投资风口浮现了很多并非刚性需求的创新商业模式，"需要创造市场需求的企业"大量涌现，造成了虚假的繁荣。在激烈的市场竞争中，违背商业规律的企业终究收不抵支，在投资人"断供"后失去资金来源，一个个"巨无霸"消亡，一批批"独角兽"倒下。

投资摩拜单车和饿了么的机构还算幸运，因为有美团和阿里巴巴来收购接盘，这些机构有幸在收回本钱后退出，而投资衣二三和学霸君的机构可能会血本无归。

2021 年，在"教育双减"和"防止未成年人沉迷网络游戏"等调控政策出台后，相关企业面临倒闭或转型的艰难选择。广东省甚至将校外培训机构纳入平安广东建设社会矛盾治理考核、扫黑除恶专项、文明城市创建等考核评比项目，其他省份也纷纷效仿。

自 2021 年年中以来，除了在机器人等领域仍然热潮涌动，大部分投资人浮躁过热的头脑已经冷静下来，更倾向于投资本身存在巨大市场需求的企业。对于目前受到政策明确鼓励的行业，投资机构会继续投资；政策不明确鼓励或已鼓励太久，行业市场趋于饱和的行业赛道，将遭到市场竞争和宏观调控的双重打击，对其进行投资很可能遭遇失败。

2.4　私募股权投资

2.4.1　私募股权投资及其与风险投资的区别

1. 私募股权投资介绍

私募股权投资是指通过私募形式募集资金，对已经形成一定规模，具有成熟的商业模式并产生稳定现金流量的未上市企业进行的股权投资。

私募股权投资的投资对象，通常是具有较大发展潜力，处于发展扩张期甚至成熟期的非上市企业。私募股权投资通常将基金作为募集资金的载体，由专业的基金管理公司或投资公司运作投资，因此投融资界经常将私募股权投资基金或私募股权投资机构称为"私募股权投资"。

私募股权投资基金是指通过非公开方式，面向少数机构投资者或个人募集资金而设立的基金。私募方式的含义包括两点，一是不可以做广告，只能向拥有充足资金且具有一定风险承受能力的机构或个人募集；二是募集对象的数量一般比较少，如不能超过 50 人。

私募股权投资基金起源于美国。1976 年，华尔街著名投资银行贝尔斯登的 3 名投资银行家合伙成立了一家投资公司 KKR，公司名称是 3 人姓氏的首字母，这是最早的专门从事私募股权投资的公司。经过近半个世纪的发展，美国的私募股权投资基金达到 1.2 万多只，基金规模为 3.5 万亿美元，是中国（10.51 万亿元人民币）的两倍多。KKR 自 2020 年以来成功募集 3 支大额亚洲基金，其中最大的亚洲四期基金达 150 亿美元（约合 970 亿元人民币），这些基金将重仓亚洲，特别是中国。

2. 私募股权投资与风险投资的区别

区别一：风险投资专注于投资种子期、创立期和成长期企业，旨在发掘有发展潜力和高成长性的初创型企业，通过强大的赋能体系，帮助企业度过创立期和成长期，促进企业成长壮大；风险投资的投资风险和收益较高。私募股权投资则专注于投资相对成熟的高成长性企业，旨在发现未来极具价值的企业，以"投行+投资"为核心理念，发掘在短期内具有上市潜能的优质企业，不但为企业提供资金，而且提供先进的管理手段和各种资源，助力企业以 IPO 方式登陆国内外资本市场；与风险投资相比，私募股权投资的投资风险和收益稍低一些。

区别二：私募股权投资的投资期限通常是 3～5 年，风险投资的投资期限通常是 3～7 年甚至更长时间。

2.4.2　私募股权投资青睐的 4 类企业

私募股权投资比较青睐以下 4 类企业。

第一类：具有广阔市场前景和巨大发展空间的企业。这类企业通常具有两个特点，一是其创新产品或创新服务处于市场导入期和成长期，二是拥有广阔的市场前景和巨大的发展空间，并且占据领先或领导地位，如苹果、微软、Meta、腾讯、阿里巴巴、宁德时代等。

第二类：商业模式先进的企业。这类企业通常具备清晰的战略定位、标准的业务系统、具有竞争优势的创新服务和稳定的盈利模式。例如，采用 B2B（Business to Business，商家对商家）电子商务模式的阿里巴巴、慧聪、环球资源、网盛科技；

采用 C2C（Customer to Customer，客户对客户）电子商务模式的淘宝网；采用虚拟经营模式的美特斯·邦威；采用连锁模式的沃尔玛、如家酒店、链家地产；采用网络游戏模式的盛大、网易；采用网络搜索模式的百度、谷歌；采用 O2O（Online to Offline，线上交易、线下体验）模式，即通过线上（网店）、线下（实体店）进行商品展示和服务、在线支付、预约消费的模式，如 2.0 阶段的滴滴出行，以及增加了线下实体店体验服务的 3.0 阶段的 O2O 升级模式，如 KK 集团等。

第三类：技术领先的企业。这类企业通常是在行业中具有先进、复杂、难以模仿的较大核心技术优势的企业。核心技术指的是能够形成全新产品或全新操作的一整套平台技术，而非单一、分散的技术发明，主要表现在可批量生产具有核心竞争力的全新产品、产品性能大幅提升、生产成本大幅下降和用户操作效率大幅提高等方面，如比亚迪的新能源汽车刀片电池技术，宁德时代的新能源汽车动力电池系统和储能电池制造技术，谷歌的搜索算法核心技术，微软的计算机操作系统软件核心技术等。

第四类：拥有高素质、高水平管理团队的企业。在管理团队中，创始人或企业家可以只拥有有限的智慧和勇气，不过要有无限的胸襟，整个管理团队应专业、诚信、专注、团结，如位于"2021 年度亚洲最佳企业管理团队榜单"前列的台积电、腾讯控股、中通快递等。

2.4.3 私募股权投资机构的 3 种类型

1. 专业的私募股权投资机构和私募股权投资基金

根据资金来源，可以把国内比较活跃的专业私募股权投资机构分为以下 3 类。

第一类：境外私募股权投资机构。这类机构设立在境外，在境外募集资本和基金，通过境外基金或特殊目的收购公司对中国境内企业进行投资，属于离岸管理模式。它们通常在中国境内设立办事处等机构，熟知国内外资本市场，拥有丰富的运作经验，如美国高盛集团、摩根士丹利、IDG 资本、纪源资本，日本软银，新加坡淡马锡等。

第二类：境外投资机构与中国合伙人在中国境内设立的私募股权投资或风险投资机构。这类机构在中国境内募集基金，它们熟知国内市场，同时精通国外市场的投资运作模式，如高瓴资本、红杉中国、经纬创投、软银中国资本等。

第三类：中国本土的投资机构。这类机构的注册资本金来源于国内，在国内募集基金，包括国有背景和民营背景的投资机构，均已实现市场化运作，通过投资公司或投资基金运作投资，如著名的风险投资机构深创投、启明创投、达晨财智等，私募股权投资机构中金资本、金石投资等。

近年来，越来越多的国内上市企业在旗下设立投资机构，如小米在 2021 年成立了小米私募股权投资公司海南极目创投和瀚星创投，京东、字节跳动和 360 也成立了多家风险投资机构和私募股权投资机构。

2. 产业投资机构和产业投资基金

产业投资机构和产业投资基金属于私募股权投资的范畴，这种投资机构和投资基金一般为企业或集团的发展战略和投资组合服务。

产业投资机构通常是企业的前五大股东之一，要求参与企业管理或进入董事会，参与重大决策，协助企业制定中长期发展战略和营销战略，审查投资计划和经营计划等。

产业投资方向一般定位于同行业或产业链上下游的高成长性企业、高新技术产业、战略性发展产业和高效率基础产业。产业投资可以发生在企业的任何发展阶段。

根据资金来源和运作模式，产业资本可以分为以下 3 类。

第一类：产业资本来源于企业或集团内部（某些企业或集团也会通过募集方式筹集资金），通过成立产业投资基金来运作投资，如腾讯产业共赢基金投资过酷我音乐、酷狗音乐等。

第二类：产业资本来源于企业或集团内部，不过不成立产业投资基金，而是由企业的投资发展部或战略投资部等机构负责运作投资，如百度战略投资部投资KK 集团等。

第三类：国家产业投资基金，结合了政府补贴和金融资本的优势，是扶持产业发展的重要投资方式。其投资方向集中在国家战略发展领域和资金技术密集型产业，基金规模可达上百亿元，如国家集成电路产业投资基金等。

3. 投资银行的私募股权投资机构和券商直接投资公司

投资银行是为企业提供私募融资、保荐上市、承销股票和债券等业务服务的中介机构，同时为专业的风险投资机构和私募股权投资机构提供专业服务。一些规模较大的投资银行（如高盛集团、摩根士丹利等）在很多国家和地区设立了自己的投资机构，这已成为比较普遍的投资银行业务。

券商直投业务是指证券公司对非上市企业进行股权投资的行为。大多数券商直投业务以投资子公司的模式来运作，本质上属于私募股权投资和风险投资，如中信证券下属的金石投资。目前，中国证券监督管理委员会（简称"证监会"）将券商直投业务的范围限定在企业上市前的 Pre-IPO 阶段，规定投资期限不超过 3年，这是券商直投与普通私募股权投资最大的不同。

此外，商业银行所属的投资子公司也可以进行股权投资。2016 年 4 月，中国银行业监督管理委员会（简称"银监会"）、科技部、人民银行联合发布《关于支持银行业金融机构加大创新力度　开展科创企业投贷联动试点的指导意见》，放宽银行直投政策，支持有条件的银行设立投资子公司，与信贷联动从事科技创新创业股权投资。未来，银行所属的投资子公司将成为私募股权投资队伍中的"生力军"。

2.4.4　私募股权投资基金和风险投资基金的组织形式

私募股权投资基金和风险投资基金主要有以下 3 种组织形式。

1.　契约型

基金持有人和基金管理人之间按照所签订契约处置基金资产，由基金管理人行使基金财产权，并承担相应的民事责任。基金持有人以其持有的基金份额为限对基金承担责任，也可在基金契约中约定基金管理人承担无限责任。由于契约的法律约束力有限，因此国际私募股权投资基金较少采用这种组织形式。

2.　公司法人型

公司法人型基金的投资者是公司股东，并以其出资额为限对基金承担责任。这种类型的基金公司以其全部资产对基金公司的债务承担责任。基金公司享有由股东投资形成的全部法人财产权，依法享有民事权利和承担民事义务。基金公司与基金管理人之间遵循所签订的委托资产管理协议来处置基金资产。

3.　有限合伙型

有限合伙企业由两类合伙人组成，即普通合伙人（General Partner，GP）和有限合伙人（Limited Partner，LP）。普通合伙人负责经营管理有限合伙企业的投资，同时提供一部分的合伙资金；有限合伙人主要是基金的机构投资者，是投资资金的主要提供者，以其出资限额承担责任，一般不参与事务管理。国际上大多数风险投资基金和私募股权投资基金采用这种组织形式。

私募的公司风险投资基金通常由风险投资公司发起，并出资 1% 左右，作为普通合伙人；其余的 99% 吸收企业、金融保险机构和个人出资，作为有限合伙人，只承担有限责任。普通合伙人的责权利如下：全权负责基金的使用、经营和管理；每年从基金经营收入中提取基金总额 2%左右的管理费；基金经营的基本期限一般为 15～20 年，在期满解散且收益倍增的情况下，普通合伙人可以从收益中分得 20%，其余出资者分得 80%。

各国税法通常规定合伙企业免征企业所得税，只有在向合伙人分派红利时才稽征所得税，因此有限合伙企业可避免双重征税。随着修订后的《中华人民共和国合伙企业法》正式施行，我国风险投资基金和私募股权投资基金绝大部分采用有限合伙型的组织形式。

2.4.5　私募股权投资与天使投资、风险投资的差异

虽然风险投资属于私募股权投资的一种，但是两者有很大差别。私募股权投资与天使投资、风险投资的差异如表 2-3 所示。

表 2-3　私募股权投资与天使投资、风险投资的差异

	融资方式		
	天使投资	风险投资	私募股权投资
简称	AI	VC	PE
投资对象	中小型高新技术创业企业或经营模式创新型创业企业	中小型高新技术企业，前景广阔的经营模式创新型企业	已经形成规模并产生稳定现金流量的相对成熟企业
投资阶段	种子期和创立期	创立期和成长期	成长期和成熟期
财务特征	有成熟概念，无产品，正在研发技术，无收入，缺乏启动资金	有初步产品，尚未形成规模和稳定的现金流量，可能尚未实现盈利，具有较大发展潜力	盈利模式成熟，现金流量稳定，具有较大发展潜力，有望达到 IPO 上市条件
投资风险	团队不稳定，技术研发失败，经营模式失败，产品无市场，属于高风险	产品性能不稳定、市场启动慢、成长性低、竞争者仿效等市场风险，以及宏观经济政策变化风险，属于中风险	同行业市场竞争、技术进步、产品升级、产业升级和多元化扩张风险，属于低风险
投资期限	3～7 年，甚至更长时间	3～7 年，具有引领作用的新兴"硬科技"企业可能需要 5～10 年	3～5 年，其中产业投资者的时间较长
投资合同	在符合风险控制要求的前提下，出于对创业者的信任，合同条款比较宽松、灵活	非常严谨，合同条款比较严格，通常载有预期条件下的对赌协议条款	非常严谨，合同条款清单相对规范，不一定载有对赌协议条款

续表

	融资方式		
	天使投资	风险投资	私募股权投资
参与管理	参与被投资企业创立期的管理,提供技术指导、行业资源和其他增值服务	向被投资企业委派董事,享有表决权,参与决策,提供多种增值服务	持股比例较大的私募股权投资基金可以向被投资企业委派董事,提供增值服务,如协助 IPO 上市等
退出方式	IPO 上市后在二级市场退出;创业团队按照投资协议回购;企业被收购;清算退出	与天使投资相同	与天使投资相同
著名机构	创新工场、蓝驰创投、真格基金、云启资本、梅花创投、明势资本、启赋资本、峰瑞资本、九合创投、青松基金、清流资本、澳银资本	红杉中国、深创投、IDG 资本、经纬创投、启明创投、纪源资本、达晨财智、高榕资本、元禾控股、同创伟业、盈科资本、顺为资本	高瓴资本、腾讯投资、中金资本、华平投资、鼎晖投资、复兴投资、金石投资、新加坡淡马锡、KKR、基石资本、软银愿景、高盛集团

需要指出的是,随着时代的发展和政策鼓励投资前移,许多在传统意义上被认为专做私募股权投资业务的机构,开始拿出一定比例的资金参与风险投资项目;风险投资机构为了提高成功率,也会拿出相当大比例的资金介入普通的私募股权投资业务。也就是说,私募股权投资与风险投资只有概念上的区别,在实际业务中,两者的投资边界越来越模糊。天使投资同样如此,李开复的创新工场会在天使轮投资后的企业成长期参与风险投资或私募股权投资,如对"硬科技"企业普诺飞思进行 C 轮投资。这种趋势有利于创业企业在不同发展阶段,从风险投资机构和私募股权投资机构中获得多轮融资。

2.4.6　投资人的 4 种退出方式

1. IPO 上市

在投后若干年,企业达到某一级资本市场的条件,各轮投资人可以选择是否在该级资本市场退出。例如,在企业达到原新三板精选层条件时,是否去北交所上市退出,或者在达到科创板、创业板、中小板甚至其他国家更高的上市条件时,通过 IPO 实现资本获利退出等。

2. 被收购或并购

如果投资人问创业者"假如腾讯和阿里巴巴要做同样的项目,你该怎么办",创业者可以这样回答:"如果我不幸踏入巨头的赛道,就做好准备让它们参股,实在不行还可以被它们收购。"

当创业企业获得融资并发展到一定规模，却难以达到 IPO 上市条件，或者投资人看不到企业的盈利希望，不愿意继续持股等待时，投资人可以选择让第三方整体收购企业。例如，摩拜单车和饿了么曾经过多轮融资，依然难以获利，亏损严重，于是投资人主动选择让第三方收购企业而自己退出，并要求创始人接受第三方的收购。在这种情况下，企业有可能得不到合理的估值，创始人将失去企业的控制权，投资人的投资回报率远低于 IPO 上市。不过，这也是无奈的选择，毕竟投资人还可以把企业"卖"出去。

3. 回购

回购通常在企业没有实现预期发展目标（如无法盈利、无法上市、业绩持续下降等），触发投资协议回购条款的情况下发生，投资人可以通过创始股东或管理层回购其股权的方式退出。这是一种在投融资双方都不得已的情况下选择的退出方式，虽然价格不理想，但是投资人尚可保本甚至获利退出。

4. 清算

由于创业、经营失败，并且创始股东或管理层没有能力回购投资人的股权，或者由于其他原因导致股权无法转让，或者企业在被收购时触发清算条款，投资人可以通过行使优先清算权的方式退出。这是投融资双方最不希望发生的情况，因为一旦进入清算程序，就意味着投资人，尤其是早期投资人的投资回报率可能很低，甚至损失惨重，而企业创始人的清算顺序排在最后，可能颗粒无收。

投资人的退出方式通常会在投资协议条款中详细表述，详见第 8 章的内容和案例。

2.4.7 "80 后"潮流零售企业 KK 集团获得 7 轮融资并启动上市流程

2021 年 7 月，潮流零售企业 KK 集团完成 Pre-IPO 融资，即上市前最后一轮 3 亿美元（约合 20 亿元人民币）的融资。该轮融资由京东领投，一些新机构和前几轮投资过的其他机构跟投，共获得 KK 集团约 10% 的股份，KK 集团的投后估值达 200 亿元人民币。

2021 年 11 月初，KK 集团向香港交易及结算所有限公司（简称"港交所"）递交上市申请，正式启动上市流程，有望成为港股市场的"潮流零售第一股"。

KK 集团发布的招股说明书显示，KK 集团成立于 2015 年，专注于潮流零售店的运营，是中国主打进口品集合的连锁精选品牌，所售品类包括进口美妆、环球零食、海外文具、潮流饰品、良品家居和实用日杂等。其收入主要来自两个方面，一是货品销售，主要包括自有门店零售销售和向加盟店销售，二是基于销售的管理和咨询服务收入，如门店管理费、物流费用和向加盟商收取的 POS 费用。

在短短 7 年多的时间内，KK 集团旗下拥有了 4 个零售品牌。其中，首个连锁主力精品集合店品牌 KKV 的收入占比超过 60%，其他 3 个品牌分别是国内首个彩妆集合连锁品牌 THE COLORIST 调色师、全球潮玩集合品牌 X11、国内进口品连锁集合品牌 KK 馆。这 4 个零售品牌已向消费者提供了 18 个主要品类中超过 2 万个 SKU（Stock Keeping Unit，存货单位）的各种潮流产品，全球门店数量达 680 家。

KK 集团的一系列品牌在各大购物中心尤为显眼，无论是在线上还是在线下，都有较高的热度和较大的流量，成为颇受年轻消费者追捧的"网红店"。然而，门店租金使 KK 集团的成本居高不下。

KK 集团发布的招股说明书显示，2018 年、2019 年、2020 年和 2021 年上半年，KK 集团的营业收入分别为 1.55 亿元、4.64 亿元、16.46 亿元和 16.83 亿元。不过，KK 集团仍然处于亏损状态。2018 年、2019 年和 2020 年，KK 集团的净亏损额分别为 0.79 亿元、5.15 亿元和 20.17 亿元；2021 年上半年，KK 集团的净亏损额高达 43.97 亿元，仍处于"烧钱"阶段。

在上市前，KK 集团已经获得了 7 轮融资，融资总额超过 42 亿元，共有 15 家投资机构参与投资。KK 集团的各轮融资情况如表 2-4 所示。

表 2-4　KK 集团的各轮融资情况

融资轮次	融资时间（年）	融资金额（万元）	投资机构
Pre-A 轮融资	2016	1500	深创投
A 轮融资	2017	10 000	深创投、璀璨资本
B 轮融资	2018	7000	经纬创投、璀璨资本
C 轮融资	2019	40 000	eWTP 生态基金、洪泰基金、经纬创投、五岳资本、璀璨资本、黑藻资本、深创投
D 轮融资	2019	68 000	黑藻资本、eWTP 生态基金、五岳资本、经纬创投
E 轮融资	2020	100 000	CMC 资本、洪泰基金、Kamet Capital、黑蚁资本、渶策资本、经纬创投
Pre-IPO 融资	2021	200 000	京东、新天域资本、CMC 资本、洪泰基金、中信证券、嘉实基金、渶策资本
合计		426 500	

1. "80 后"创造超级创新模式"独角兽"——一只"零售新物种"

现在的 KK 集团已成为潮流零售领域的现象级企业，其创始人却是一位低调的"80 后"小伙子。他叫吴悦宁，出生于 1984 年，毕业于东莞理工学院，学习计算机专业。

2014 年，从未接触过零售业的吴悦宁"嗅"到了进口商品爆发性需求的商机。于是，KK 集团的故事开始了。起初在社区周边销售零食、美妆和个护等进口品的集合店 KK 馆，在 2015 年升级为集进口品、餐饮、咖啡厅和书吧于一体的综合休闲娱乐空间。

随着新一代消费主体的变迁，以"95 后""00 后"为代表的"Z 世代"和新中产阶级正在成为消费市场的主力。

吴悦宁意识到，高 ARPU（Average Revenue Per User，每用户平均收入）值的消费人群呈现出追求颜值、乐于试新、个性鲜明和需求社交等特点。在消费行为上，他们更热爱表达、容易"种草"，追求自我和身份认同，更愿意为品质、颜值和情感体验买单。

于是，吴悦宁再次谋求转型升级，制定了新的战略，即"打造一个潮流零售生活方式的社交空间"，并且根据相应的商业计划运作私募融资。

2016 年，作为一个融合"线上商城+线下门店"优势的 O2O 全品类跨境电商平台，KK 馆得到深创投的青睐，获得 1500 万元 Pre-A 轮融资。该轮融资深创投获得 15%的股份，KK 集团的估值达 1 亿元。

2017 年，KK 集团获得约 1 亿元 A 轮融资，由深创投等投资机构共同投资，帮助 KK 集团推出更多的产品和服务，扩大受众范围，并寻找可以实现盈利的路径和模式。

2018 年和 2019 年，KK 集团连续获得 B 轮、C 轮、D 轮融资，融资规模超过 11 亿元。在资本的助推下，KK 馆于 2019 年升级为 KK 集团，推出了具有核心竞争力的产品和服务，即主打"精致生活方式集合"的 KKV，并且在运营中确立了商业模式，开始创造稳定增长的营业收入。随后，KK 集团又推出主打"平价+轻奢"新彩妆的 THE COLORIST 调色师，X11 也于 2020 年对外亮相。

2020 年，KK 集团获得 10 亿元 E 轮融资，在资本的助力下加速迈向成熟期。

2021 年，KK 集团进入成熟期，获得约 20 亿元 Pre-IPO 融资，助推企业达到 IPO 上市条件。

2. KK 集团为何能够迅速崛起？"Z 世代"撑起一只只"创新独角兽"

KK 集团的崛起得益于其对"Z 世代"的巨大吸引力。

　　KK 集团联合创始人郭惠波在接受采访时表示:"一些传统的零售品牌已经不太能捕捉到新消费人群的需求,而 KKV 和 THE COLORIST 调色师的主力消费人群的年龄基本为 14~35 岁,占我们整体消费人群的 80%。"

　　新消费人群具有 3 个特点,分别是颜值即正义、社交即货币、个性即动力。在 KK 集团看来,新消费人群是高 ARPU 值人群,能够创造比上一代消费人群更大的消费规模。

　　参与投资的某投资机构负责人表示:"我们投资 KK 集团,是看好其对'Z 世代'年轻人的专注和理解,以及运营团队持续孵化新型线下零售集合品牌的能力,加之看好消费领域的投资机会。"这可以帮助我们理解 KK 集团备受资本青睐的原因。

第 3 章

企业融资前的基本准备工作

要想获得创业初期的第一笔融资，创业者会面临很多困难和挑战。在这个过程中，创业者能够与所处行业的投资人进行深入交流，这是非常宝贵的机会。作为创业者，首先要做好准备，经历并享受这个既煎熬又能帮助自己快速成长的过程。本章讲述融资前的业务知识准备和心理准备，创业者应该如何应对投资人的提问，以及创业团队的股权结构设计和最优股权分配法。

3.1　业务知识层面和心理层面的准备

3.1.1　业务知识层面的准备

或许大家看过荒野生存挑战类的纪录片。当孤身来到荒原林莽之地，面对饥饿、寒冷、野兽袭击和疾病伤痛等重重危险时，只有准备充分、意志坚定、身体健康的挑战者，才能坚持到最后。

挑战者需要在出发前学习一段时间的生存指导课，掌握正确的生存知识和技能，学习打猎和采集食物的方法，带上行装和必备工具，才能正式出发，选择一片安全的区域，搭建房屋或帐篷。接下来最重要的问题，就是寻找"食物"这一生存的必备要素。

踏上创业之路的创业者就像荒野生存挑战者，首先要解决企业生存的"食物"，即资金的问题。拥有闲置资金的投资人往往有自己的投资流程和方法，创业者只有熟知融资业务知识，才有可能获得融资，在创业的道路上生存下来并取得成功。

企业融资是一项专业性非常强的资本运营业务，其中充满各种复杂的问题，存在许多困难甚至陷阱。因此，创业者在融资前需要全面准备各种知识和技能，为融资活动"热身"，了解融资对手，即投资人投入、退出的常用手法和运作模式。如同与高手过招，只有了解对方的"套路"，才能让自己立于不败之地。创业者需要了解企业不同发展阶段的融资渠道和资本层次，怎样寻找投资人，选择什么样的投资人，怎样对企业估值，以及在与投资人谈判投资协议条款时应采取哪些具体策略。

此外，创业者还要了解、研究所处行业的发展现状和发展趋势，经济技术政策和行业法规，行业内其他上市企业和竞争对手的情况，自身的产品或服务如何进入市场，如何在竞争中扩大市场，采用什么样的商业模式和盈利模式来获利，企业在未来能够达到什么样的规模、营业收入和净利润，将来通过哪个资本市场上市并让投资人退出，以及相应资本市场的上市条件是什么，等等。

以上都是创业者必须面对、回答、解决或与投资人交流的问题。在与投资人见面之前，创业者必须全面了解、充分学习、认真考虑、深入研究，做好融资前的业务知识准备。第 1 章和第 2 章已经讲述了关于这些问题的部分内容，后续章节将进一步详细介绍。

3.1.2　心理层面的准备

1. 做好股权稀释的心理准备

企业融资是一个不断出让、稀释股权的过程。经过天使轮融资，创业者的股份可能会被稀释 20%，经过 A 轮、B 轮、C 轮、D 轮融资，创业者的股份可能会被稀释到 20%～30%，甚至更少。例如，2014 年，阿里巴巴在美国上市前，马云仅持股 8.9%。早在 2007 年，阿里巴巴的 B2B 公司赴中国香港上市前，软银的持股就已远超马云，成为第一大股东。

股权出让也被称为股权转让，是指公司股东依法将自己的股份让渡给他人，使他人成为公司股东的民事法律行为，同时也是公司利益和表决权的让渡。原来是创始人自己说了算，现在投资人也作为股东参与决策。在投融资领域，处理创始人股权被稀释后的企业控制权可能会遇到比较棘手的问题。

在融资的过程中，如果创业者和投资人对同一件事情的理解不同，可能也会影响创业者的心理，进而影响融资进程。创业者应该了解并掌握一些融资常识和成功、失败案例，正确理解、看待和处理融资过程中出现的问题，进行合理的融资规划，做好心理层面的准备，做到心中有数、胸有成竹。

2. 做好多次融资失败的心理准备

不是每个投资人都会看好创业者或创业者的项目，即使创业者的创业团队很优秀或创业项目、概念似乎很有发展前途，找不到投资人，或者虽然找到了投资人，但是在后续的尽职调查和投资谈判过程中遭遇失败，也是常有的事情。对此，创业者要有充分的心理准备，不能一遇到困难就消沉、放弃，只有坚持下去，才有可能获得融资。

为了避免融资失败，创业者可以带领团队，先把项目做出一定的成绩，让项目看起来有模有样，再加上吸引人的商业计划书和高效的谈判技能，相信创业者能够找到合适的投资人。

3. 做好让步和妥协的心理准备

创业者和投资人在大方向的目标上是一致的，即希望企业在获得资金后迅速成长壮大。不过，在某些具体问题上，双方的意见往往是不一致的。尤其是在谈判投资协议的过程中，创业者往往由于缺乏资金而处于弱势地位；投资人以资为本，不怕找不到好项目，经常处于强势地位。

在这种情况下，创业者应在谈判的过程中把握坚持与妥协之间的平衡，在事先做好准备的前提下，设定融资目标和底线，做到心中有数，对于一些不是特别重要的利益问题，可以适当地让步和妥协，以免因小失大，阻碍甚至失去创业早期的融资机会。

在融资谈判的过程中，创业者应利用业务知识、良好的心态和恰当的谈判技巧，与投资人诚恳地沟通交流，避免对抗情绪、沮丧心理和拒绝妥协等消极因素，否则可能导致谈判陷入僵局甚至破裂。

在投资人提出苛刻要求或希望创业者在某些方面做出让步时，创业者既可以适当妥协，并在相关方面提出一些补充要求，也可以在其他方面请投资人做出一些让步。谈判是对等的，只要创业者提出的要求合理且符合惯例，投资人就应考虑让步。关于谈判策略，将在第 8 章和第 9 章结合投资协议条款清单（Term Sheet of Equity Investment）的内容进行具体介绍。

4. 正确理解投资人的高风险和高回报

创业投资是高风险投资行为，投资人某个成功项目的投资回报率应被理解为"资本增值率+风险收益率"。创业者应在心理上正确理解并接受这一点。

事实上，如果企业创始人获得了几轮私募融资，那么其持有的股权已经在增资扩股的过程中获得了溢价出让的一级增值；如果能以 IPO 方式上市，那么其又获得了溢价发行的二级增值；在股票上市后，按照二级市场的价格减持，还可以获得三级增值。计算原始股东资本净增值倍数的公式如下。

原始股东资本净增值倍数＝投资入股价格倍数×投资人的投资增值倍数-1

例如，天使投资人的投资入股价格为 3.5 元/股，创始人原始股价格为 1 元/股，那么投资入股价格倍数为 3.5 倍；IPO 上市后股价达到 43.5 元/股，天使投资人的投资增值倍数约为 12.43 倍，原始股东资本净增值倍数=3.5 倍×12.43 倍-1≈42.5 倍。

可见，一旦创业成功，原始股东的资本净增值和获利比投资人大得多。创业者应正确理解投资人的高回报，只要能达到自己的融资目的，并且投资人对企业的估值和入股价格是合理的，就不必与投资人发生过多争执，这样才能实现多赢并获得融资。关于企业估值的方法将在第 4 章详细介绍。

3.1.3　"硬科技"创业企业的特殊融资准备

截至 2022 年春节，科创板"扬帆启航"已有两年半的时间，登陆科创板的高新技术企业已近 400 家，主要集中在半导体和芯片、生物医药、先进装备制造等领域，彰显了科创板大力支持"硬科技"创业企业成长发展的示范效应。

与互联网、消费领域相比，由技术驱动且处于先进制造业的"硬科技"创业企业，无论是从产品研发、技术落地、产品成熟的角度来看，还是从商业发展的角度来看，其从投入到获利的完整周期都会更加漫长（通常是 5～8 年）。对"硬科技"创业企业的生存和长远发展而言，能否获得产业链上下游的鼎力支持，与核心技术竞争力同等重要。因为，"硬科技"工业品如果不经过反复迭代，就难以实现"稳定""完善"的目标。

所以，创业者应充分预估在技术产品转化为商机的过程中存在的各种风险，不但要让创业合伙人做好充足的心理准备，而且要引进足够多的技术研发人才，建立新型盈利模式，制定创新营销策略，同时寻找长期投资科技创新企业的风险投资机构，以及尊重"硬科技"产业的客观规律，拥有足够的时间和陪跑决心的"硬科技"投资人。投融资双方切忌"弯道加速、急于求成"的浮躁心态，尤其是在国产化基础相对薄弱的领域。关于如何寻找投资人、建立盈利模式、制定营销策略等内容，将在第 5 章和第 6 章详细介绍。

3.1.4　如何应对创业早期投资人的提问和质疑

创业早期投资人作为出资人，无法确定创业者最终能否成功，在投资时将承担巨大的投资风险。因此，创业早期投资人可能会在投资前对创业者提出以下问题。

① 创业团队的背景是什么？如何围绕创业点子进行合作？

提出这个问题，是为了了解创业团队的经验、专业知识和过往业绩，测试团队的执行能力，拥有高度相关背景的团队可以增加投资人的信任。如果创始人拥有创业经验和创新精神，同样会引起投资人的兴趣。

投资人通常会询问团队有没有创业经验和彼此之间的合作历史，并且评估团队内部的兼容性、互补性，以及创业概念。德国早期风险投资公司 Visionaries Club 的创始合伙人塞巴斯蒂安·波洛克表示："我们投资有想法的人，所以想确保我们能理解创始人的点子和动力来自哪里，是哪些决定和关键转折点让创始人决定创业的，以及团队对创业点子的共识和合作程度。"

② 为什么你的创业团队是合适的？他们能通过什么独特见解或特殊技能胜出？

"这个问题有助于测试是什么让团队拥有了独特的见解和视角。创业者过去的经历，往往能够反映出其通过团队建设、产品建设、企业建设进行销售、建设、执行的能力，包括相关的工作经验、兼职项目、对项目的独特贡献和在原企业中的快速进步等。"英国风险投资公司 LocalGlobe 合伙人艾玛·菲利普斯表示。

③ 你如何解决创始人之间的分歧？如果创始人和合伙人即将分道扬镳，那么最有可能的原因是什么？

"我们寻找的是具有强大凝聚力，同时能够建设性地挑战彼此的创业团队。询问他们分手的潜在原因，往往能揭示出在创业团队中有异议的话题。我们也会关注创始人之间的股权分配，如果这方面存在不平衡，那么可能会影响团队状态，甚至在未来引发冲突。"英国早期风险投资公司 Firstminute Capital 合伙人莉娜·文娜表示。

④ 你接下来想招聘的关键职位是什么？如何吸引并留住顶尖人才？

创业者必须承认自己的优势和劣势，并且明白需要由谁来填补团队中的空白，采用什么策略吸引顶尖人才，这一点很重要，创业者吸引顶尖人才的能力可以增加投资人的信心。

德国创业投资家波洛克认为："这个问题有助于我们围绕当前的团队设置和未来的招聘需求展开建设性讨论，了解创始人如何看待企业和员工。"英国创业投资家文娜也说："我们希望看到招聘门槛比较高，而且创始人有能力吸引一流人才，因为这往往是预测企业未来能否成功的重要指标，尤其在企业尚未找到适合市场的产品的情况下。"

⑤ 你对企业的愿景是什么？你创业的真正动力是什么？

这个问题能让投资人了解创始人有多大的雄心。波洛克有一句名言："你真的想在宇宙中留下印记吗？如果是，我们就加入；如果只是想快速致富，那么我们可能不是适合彼此的合作伙伴。"英国创业投资家菲利普斯也表达了同样的想法："我们希望帮助雄心勃勃的创始人建立全球业务，我们希望了解他们的愿景。我喜欢的创始人往往是受使命驱动的，我可以想象到他们 10 年后仍在同样的领域创业发展。"

⑥ 你的目标市场是什么？它有多大？能变成多大？

投资人想充分了解企业所处市场的现状和未来的潜力，以及如果创业者成功颠覆或创造了一个市场，那么企业能发展到多大的规模。奥地利科技创业企业风险投资基金 SpeedInvest 合伙人、英国天使投资协会"2021 年度天使投资人"迪帕利·南吉亚表示："我希望看到一些关于市场规模的自上而下和自下而上的分析，而不是像这样的简单回答——这是一个巨大的市场，每年增长 $X\%$。"市场规模不能太模糊，应当精确细分，准确定位客户群体和数量。

⑦ 为什么现在是通过创业进入市场的好时机？如果其他人尝试失败了，你的方法有何不同？

投资人见过很多创业企业，对于在某些领域曾经失败过的创业企业非常熟悉。如果创始人能够清楚地说明，现在的市场环境与过去相比发生了哪些变化，是否即将迎来新的市场增长拐点，以及如何处理一些可能影响企业的问题，将会让投资人动心。

英国专门投资女性创始人的创投公司 Sie Ventures 联合创始人特里因·利纳马吉表示："这常常归结为时机——为什么现在是你创业的最佳时机？是什么触发了新需求？我想了解是什么和为什么触发了特定领域的创新。"

⑧ 企业所处的竞争环境如何？目前潜在客户是如何解决问题或满足自身需求的？

投资人希望创业者对所选择的市场和企业在市场中的角色有深入的了解，包括市场构成和市场动态。例如，市场的主要参与者是谁？主要的直接竞争对手和间接竞争对手是谁？市场是分散的还是整合的？客户选择创业者的产品需要付出的转换成本有多高？

⑨ 你的核心产品和价值主张是什么？它们与竞争对手的区别是什么？它们有壁垒吗？

投资人想了解企业的产品性质，企业是想解决客户痛点还是打开新的市场，以及创始人是如何考虑产品路线的。如果创始人想颠覆某个庞大的现有市场，那么其策略至少应包括研发出一个对客户来说非常重要、创新的好产品，从而赢得市场份额或进一步提高市场占有率。如果创业者想创造某个新市场，那么应注意对客户的引导教育成本。

创业者应思考自己的商业模式、盈利模式与竞争对手相比有何不同，能否建立商业壁垒（其他企业要想追上来会有多困难），以及利用什么优势来获得并保持在竞争中的领先地位，如技术、营销、品牌、网络效应、战略合作伙伴关系等。

⑩ 你的客户是谁？如何验证其对企业产品的需求？

投资东南亚和北美的预种子基金 Hustle Fund 合伙人伊丽莎白·尹表示："我认为创业者要真正地明白企业在向谁销售产品和服务，对方为什么会购买它们，企业为什么会有市场机会。许多创业者经常只是在敷衍的层面上讨论问题，并把客户统计数据考虑得非常泛泛，而没有真正深入了解并具体列举喜欢自身产品的特定客户和客户使用产品的可量化收益。"

英国著名天使投资人南吉亚称："我总是问创业者们是否在客户面前测试过产品。我发现创业者经常根据自己的痛点来构建产品和解决方案，但是在开始构建之前，他们的痛点没有得到客户的充分验证。我还问创业者是否测试过定价和支付意愿，这些信息可以很容易地通过登录页面测试出来，但在大多数情况下他们没有这样做。"

⑪ 你目前最关注的是什么？如何让客户找到企业的产品？如何实现盈利？如何创收？

要想获得融资，创业者必须开发出潜在客户想要的产品，找到将产品转化为收入的方法是很重要的。在与投资人接触时，创业者的产品不一定已经创造了收益，不过创业者需要展示自己已经考虑了营业收入、盈利、销售周期和客户等问题。如果还没有产生营业收入，那么创业者要说明企业距离产生营业收入还有多久，企业的市场策略中采用了哪些获取客户的方式、分销渠道和盈利模式；如果已经产生了营业收入，那么销售的性质是什么？是试点项目还是长期合同？是一次性的还是经常性的？投资人希望更深入地了解购买模式、客户支出、客户黏性和留存率，并且可能会询问创业者在销售产品时遇到的最大阻力是什么。

⑫ 假如苹果、谷歌、腾讯和阿里巴巴等巨头也要做类似的项目，你该怎么办？

某科技企业 CEO 在被问及与巨头"撞车"的问题时回答得很坦然："如果我不幸踏入巨头的赛道，就做好企业被并购的准备。"这也许是对这个问题最好的回答，因为创业者考虑了投资人退出的渠道。

除了上述问题，投资人可能还会询问一些问题，创业者也要做好准备，如"你需要多少钱""你可以出让多少股份""你是如何对企业估值的""企业失利触发投资协议条款，遭遇融资失策或失败怎么办"等。

对于以上问题，创业者应提前进行思考和研究，这是能否顺利获得融资的关键。回答这些问题需要创业者做很多功课，包括市场调研、客户分析、团队优势、研发进展、发展规划、资源需求、品牌价值、企业估值、投资回报，以及投资人权益和退出等。

面对投资人的提问甚至带有否定性的质疑，创业者应冷静对待，可以参考以下建议。

① 投资人的提问并不可怕，这说明投资人对创业者感兴趣，可怕的是创业者对自己的项目没有把握或没有做好充分的准备。创业者只有在做好融资准备后，才能与投资人见面，避免打无准备之仗。

② 如果创业者有产品或产品原型，就应该多展示、少说教。图表和数字比话语更有表现力，尤其是在对投资人进行演说时。

③ 如果创业者的产品只有概念或想法，无法展示，创业者如何阐述就显得至关重要。以概念为主的演说应更侧重于未来预测数据，而不是当前数据。

④ 创业者在投资人面前要充满自信。融资是一个漫长而艰难的过程，创业者在这个过程中难免会产生自我怀疑、过分担忧等负面情绪。在与投资人交流时，创业者千万不能流露负面情绪。如果创业者不自信，那么恐怕没人敢对创业者投资。

⑤ 创业者在投资人面前要保持谦虚，表现出充分的尊重，自信但不傲慢。如果投资人提出带有否定性的质疑，那么创业者应基于提前准备的项目信息冷静回应，不要反应过度，给投资人留下过于激进、很难听取不同意见的印象，导致失去融资机会。

关于企业估值、产品研发、盈利模式、投资人权益和退出、投资回报、谈判的让步和妥协、掌握企业控制权等内容，将在后续章节逐一讲述。

3.1.5　推介路演文件的准备

在与投资人初次见面或参加创业融资路演（Road Show）活动前，创业者需要准备推介路演文件。

路演是针对潜在投资人的推介活动，其作用是通过面对面的直接互动形式，向投资人详细介绍企业的产品、业绩、发展方向和未来前景等信息，解答投资人提出的相关问题，以便让投资人准确判断企业的投资价值。一次优秀的路演有助于创业企业成功获得融资。

路演通常需要准备商业计划书的摘要和全文，推介路演文件主要采用 PPT 的形式，有条件的创业者可以准备一份推介视频文件。在正式路演时，创业者还应准备一份总裁、CEO 或董事长的简要致辞，并且提前准备投资人模拟问卷和答案等材料。

路演 PPT 文件的主要内容包括企业是做什么的，为什么要做，是怎么做的，现在做到哪一步，未来能做到什么规模和主要由谁来做等，这些内容应基于企业的商业计划书。关于商业计划书及其摘要的撰写方法，将在第 5 章详细讲述。

3.2　融资前的股本设计和最优股权分配法

许多案例证明，创业企业的合伙人、管理层和核心员工的股权分配会直接影响企业的效能，甚至决定企业的成败。正因如此，投资人往往非常重视创业团队的股权结构。合理、健康、不存在潜在纠纷和内部争斗风险的股权结构，可以使合伙人的利益最大化，创业团队更有凝聚力，企业更有竞争力，从而让投资人看到企业的未来，创业者也更容易获得融资。否则，创业者可能无法获得融资，甚至遭遇创业失败。

3.2.1　创业合伙人"四要素股权分配法"

创业难，一个人创业更难。当今社会已经进入合伙创业时代，合伙创业更容易成功，马云等 18 位合伙人共同创业就是非常成功的案例。近年来，如何在创始人与合伙人之间分配股权成为热点话题，这也是创业合伙人经常纠结的难题。

多年来，人们习惯于传统的股权分配方法，即按照出资额度分配股权。这种分配方法的优点是简单易行、易于接受；缺点是无法体现创业初期个人对企业生存和发展的贡献，没有体现"按劳分配"的原则，难以发挥激励作用，限制创业团队的积极性，直接影响企业的效能，甚至可能导致团队分道扬镳，创业失败。

比较糟糕的股权结构是五五分配，典型案例是真功夫。从表面上看，真功夫的问题是家族企业的内部纷争，创始人互相夺权。实际上，真功夫最大的问题是股权结构不合理，两个创始人平分秋色，没有控股股东，轮流执政，最终引发矛盾和冲突。

究竟谁是企业的创始人？创始人应该持有多少股份？在创业企业中，至少要确立一个创始人为领头人，这个创始人应该是主持创建企业，帮助企业迈出第一步，出资最多且承担最大创业风险的人，通常由该创始人担任创业企业的 CEO，主持全面工作；第二个是主管运营和市场开发的 COO（Chief Operating Officer，首席运营官）；还要有一个主管技术和研发的 CTO（Chief Technology Officer，首席技术官）。这样可以优势互补，各有分工。在创业之初，企业往往还需要几个核心员工。这些创业合伙人和核心员工决定着创业的成败，而分享企业发展成果的股权分配牵动着每一个人。

那么，什么样的股权分配方法更合理？应该如何设计股本结构呢？近年来，市面上的相关图书介绍了许多股权分配原则和分配方法，不过定性方法多，定量方法少，缺乏可操作性。下面将介绍一种可量化的"创业身份和岗位贡献股权分配法"，即"四要素股权分配法"。这种分配方法针对发起创业项目的全体参与者，按照以下四要素分配股权。

① 创始人身份。创始人身份通常就是 CEO 身份，在创业之初，CEO 往往是创意的提出者，是企业的"带头大哥"。在通常情况下，创始人身份的股权分配比例参考值为 20%～25%，可根据具体情况上下浮动。

② 合伙人身份。无论职位高低、出资多少，合伙人身份的股权分配比例一律公平均分，参考值为 5%～10%。

③ 出资额度。合伙人按照出资比例分配股权，这部分股权占总股本的比例参考值为 20%～30%。在出资额度差别较小时，可以采用较低的参考值；在出资额度差别较大时，采用较高的参考值比较合理，因为出资额度更大者承担的创业风险更大。

④ 岗位贡献。只有全职创业的创始人和合伙人才能获得岗位贡献股权，这部分股权占总股本的比例参考值为 40% 左右，既可以遵循均分原则，也可以根据职位和业务特点适当调整。

"四要素股权分配法"兼顾了资本投入和创业初期的人才贡献，避免了传统股权分配方法只按照出资额度分配股权的不合理性。

以上文中 CEO、COO、CTO 3 人合伙创业为例，各种场景中的股本设计如下。

场景一：出资 60 万元的 A 担任 CEO，各出资 20 万元的 B 和 C 分别担任 COO 和 CTO，3 人都是全职创业。出资额度股权分配表和四要素股权分配表分别如表 3-1 和表 3-2 所示。

表 3-1　出资额度股权分配表

分配要素	出资总额	创始人 A	合伙人 B	合伙人 C
担任职务	—	CEO	COO	CTO
出资额度（万元）	100	60	20	20
出资比例（%）	100	60	20	20
出资额度股权分配（%）	30	18	6	6

表 3-2　四要素股权分配表　　　　　　　　　　　　单位：%

分配要素	分配比例	创始人 A	合伙人 B	合伙人 C
创始人身份	20	20	0	0
合伙人身份	10	0	5	5
出资额度	30	18	6	6
岗位贡献	40	20	10	10
合计	100	58	21	21

采用"四要素股权分配法"分配的股权比例，与按照出资额度分配的股权比例看起来很接近，A 拥有 58% 的控股权，各方很容易接受这个结果。不过其中有很多可控变数，如场景二。

场景二： 在企业尚未从外部融资的时候，如果出资最多的 A 不参与创业和企业运营，那么 A 不适合做创始人，只能拥有合伙人身份。此时，全职创业者 B 担任 CEO，全面主持创业企业的工作，成为创始人；全职创业者 C 担任 COO，成为合伙人，也可以界定其为联合创始人，联合创始人的股权分配比例参考合伙人身份，一般为 5%～10%。

需要说明的是，创始人通常是指事件的发起人或倡导者，是第一个提出事件概念或事物缘起的人，担任职务为 CEO；联合创始人是指在初期共同创办或创建企业，并在这个过程中承担具体工作和一定任务量且有具体贡献的人。在场景二中，岗位贡献由 B 和 C 均分。出资最多的合伙人 A 不参与运营的四要素股权分配表如表 3-3 所示。

表 3-3　出资最多的合伙人 A 不参与运营的四要素股权分配表　　　单位：%

分配要素	分配比例	合伙人 A	创始人 B	联合创始人 C
创始人身份	20	0	20	0
合伙人身份	10	5	0	5
出资额度	30	18	6	6
岗位贡献	40	0	20	20
合计	100	23	46	31

在这种情况下，A 的持股比例下降到 23%，全职创业的 B 和 C 的持股比例分别提高到 46% 和 31%，共持有 77% 的股份，可分享企业成长的大部分成果，这样有利于企业长期稳定发展。B 和 C 可以签订一致行动人协议，这样不但避免了 A 联合 B 或 C 挑起内斗的可能，而且 B 可以拥有企业的实际控制权。

场景三： 在场景一的基础上，3 人合作了一段时间，后来 C 离职。C 离职后的四要素股权分配表如表 3-4 所示。

表 3-4　C 离职后的四要素股权分配表　　　　　　　　单位：%

分配要素	分配比例	创始人 A	合伙人 B	合伙人 C
创始人身份	20	20	0	0
合伙人身份	10	0	5	5
出资额度	30	18	6	6
岗位贡献	30	20	10	0
合计	90	58	21	11

C 在离职时坚持要求保留 21% 的股份，但是 A 和 B 告知 C，按照当初的分配方法，C 在离职后不应继续持有 10% 的岗位贡献股份，考虑到 C 在创业之初的贡献，保留其 5% 的合伙人身份股份和 6% 的出资额度股份，共计 11% 的股份；同时，取消 C 10% 的岗位贡献股份，留给新任 CTO 和其他核心员工。如此分配，公平合理，有效避免了股权纠纷。

场景四： 在 A、B、C 中没有明显出资更多的人，每人均出资 20 万元。

在这种情况下，需要综合考虑多方面因素，让创始人拥有比较多的控制权股份，同时兼顾其他合伙人的职务贡献和切身利益，避免股权均分，造成企业没有实际控制人的局面。

此时，可以根据五要素分配创始人身份股权。①提出创意并执行可分配 10% 的股份；②组建创业团队可分配 5% 的股份；③全职创业，担任法人代表，承担更大的创业风险可分配 5%～20% 的股份；④帮助企业迈出研发和开放市场的第一步可分配 5%～20% 的股份；⑤创始人有较高的信誉或知名度可分配 5%～10% 的股份。

根据上述分配原则，3 人按照出资额度分配股权的总比例可下调到 20%，创始人身份的分配比例可上调到 30%，对岗位贡献的分配比例稍加调整，即可得到新的股权分配方案，创始人拥有 50% 以上的控股权，有效避免内斗，确保企业的长期稳定性。如果有人在创业不久后离职，没有起到创业合伙人的实际作用，那么可以不再保留其 5% 的合伙人身份股份，只保留其 6.7% 的出资额度股份。A、B、C 出资额度相同的出资额度股权分配表和四要素股权分配表分别如表 3-5 和表 3-6 所示。

表 3-5　A、B、C 出资额度相同的出资额度股权分配表

分配要素	出资总额	创始人 A	合伙人 B	合伙人 C
担任职务	—	CEO	COO	CTO
出资额度（万元）	60	20	20	20
出资比例（%）	100	33.3	33.3	33.3
出资额度股权分配（%）	20	6.7	6.7	6.7

注：由于四舍五入的原因，表中各分项之和可能与总数不相等，下同。

表 3-6　A、B、C 出资额度相同的四要素股权分配表　　　　单位：%

分配要素	分配比例	创始人 A	合伙人 B	合伙人 C
创始人身份	30	30	0	0
合伙人身份	10	0	5	5
出资额度	20	6.7	6.7	6.7
岗位贡献	40	14	13	13
合计	100	50.7	24.7	24.7

在创业初期，"四要素股权分配法"解决了定量分配股权的问题。按照这种方法分配的股权比例更加合理，可以应对各种场景，形成境内外投资机构比较认可的健康、稳定、投资风险较小的股本结构。合理的股本结构是企业治理结构的基础，既有利于企业开展下一步私募融资，也有利于保持创业者的控股权。

需要特别指出的是，参与创业初期股权分配的人员应该是企业的创始人和合伙人，也就是紧密联系、共同创业，不可互相替代，各自承担研发、运营、资金或渠道等工作的创业团队成员。以下 5 类人员不应参与创业初期的股权分配：无法持续提供创业资源的人，兼职人员，专家顾问，早期非核心员工，发展理念不同或无法长期坚持创业的人。对于前三类人员，可以给予一定的物质奖励；对于第四类人员，可以通过薪资和期权来激励；对于第五类人员，应尽早让其离开创业团队。

3.2.2　股权成熟兑现机制

股权成熟兑现机制是指创业初期企业内部股权实行分期成熟、分期兑现的机制。在创业初期，合伙人往往信誓旦旦，打算拼出一番事业。不过，在创业的过程中可能出现各种情况，导致合伙人由于主客观因素离开创业团队。针对这些情况，股权成熟兑现机制提供了解决之道。

股权成熟兑现机制有两个优点。一是公平，只有付出才有收获，持股人员在离职后仍然坐享其成是无法被持续创业者接受的；二是有利于引进接任人才，在3.2.1 节的例子中，C 离职后，企业可以利用股权吸引更优秀的 CTO。股权成熟兑现机制具体可以分为以下 4 种模式。

1. 按年成熟

创始人和合伙人可以事先约定，一起工作满 4 年，使企业达到成熟状态，无论今后如何，每工作满 1 年按成熟 25% 的比例兑现股权。在企业的设立协议或投资协议中可载入以下股权成熟条款：企业创始人和合伙人均同意，持股人员持续全职为企业工作，其持有的企业全部股权自本协议生效之日起分 4 年成熟兑现，每工作满 1 年成熟 25%；如果持股人员在股权成熟期间离职（因不可抗力离职除外），其应将未成熟兑现的股权以 1 元人民币的象征性价格或法律允许的最低价格，转让给其他股东或股东大会指定的受让人。

仍以 3.2.1 节中的创业企业为例，合伙人 C 在工作满 1 年后离职，C 原来的分配比例为 21%，成熟兑现比例应为 21%×25%×1 年=5.25%。

2. 按项目进度成熟

例如，制造业从产品研发、试制、试销、量产到市场推广之间，需要经历几个阶段，可以按项目进度兑现成熟股权。这样兑现的好处是激励实干，避免"出工不出力"的情况。

3. 按融资进度成熟

融资进度体现了企业的产品或服务得到资本市场认可的程度。需要大规模融资的创业企业，可以按照融资进度兑现成熟股权，约定在完成一定数额的融资时，持股人员各兑现多少股权。

4. 按经营业绩成熟

例如，某些互联网创业企业的营利速度较快，创业后不久就能产生营业收入和利润，这类企业可以约定在达到一定的经营业绩时兑现一定比例的股权。

一些股权不成熟情况的处理办法如下。

① 主动离职：持股人员主动离职，必须出让未成熟股权。

② 由于自身原因无法履职：持股人员由于身体、能力，或者操守、观念、理念不一致等原因不能履职，也要出让未成熟股权。

③ 故意和重大过失：持股人员做出损害企业利益的行为，应被解职并出让未成熟股权。

④ 离婚：如果持股人员与配偶没有进行财产约定，那么股权依法属于夫妻共同财产。若持股人员离婚，则其持有的股权将被视为夫妻共同财产进行分割，这显然不利于企业的发展。例如，土豆网曾因 CEO 王微的"离婚大战"，导致 IPO 上市搁置。后来，业界诞生了"土豆条款"，即在合伙人协议中约定股权归合伙人一人所有，离婚时其配偶只能享有股权的财产权益，不能享有成为企业股东和参与企业经营等权益。

⑤ 继承：《中华人民共和国公司法》（简称《公司法》）规定，继承人有权继

承股东资格和股权财产权益。不过，由于创业企业的特殊性，如果由年龄过小或过大者继承股东资格并在企业内担任合伙人，显然是不可行的。因此，合伙人可以在公司章程里约定继承人不能继承股东资格或合伙人资格，只能继承股权财产权益。

3.2.3 "沪市珠宝第一股"莱绅通灵在家族内斗中实控人易主

莱绅通灵珠宝股份有限公司（简称"莱绅通灵"）是一家中国本土品牌企业。2016 年 11 月，莱绅通灵在上交所挂牌上市。

2017 年 4 月，在董事长沈东军的主导下，通灵珠宝股份有限公司（以下简称"通灵珠宝"）出资 435 万欧元收购了比利时王室珠宝供应商 Leysen，完成了向高端珠宝、奢侈品品牌的升级，成为国内高端珠宝行业的头部品牌。此外，沈东军深谙跨界娱乐营销策略，与大量一线明星保持良好的合作关系，孵化了《克拉恋人》《翡翠恋人》等多部影视剧，并多次赞助柏林国际电影节，扩大品牌在国际上的影响力。

然而，在 2021 年年末，莱绅通灵"变了天"。[①]

1. 起于创始人婚姻失败

2019 年 11 月，沈东军、马姼夫妇的婚姻关系彻底破裂，马姼向法院提出离婚。2019 年 12 月，沈东军作为被告，收到南京市秦淮区人民法院的《应诉通知书》。

招股说明书显示，莱绅通灵原名通灵珠宝，系由江苏通灵翠钻有限公司（以下简称"通灵翠钻"）整体改制设立的股份有限公司。通灵翠钻于 1999 年 11 月由沈东军、马峻（马姼之兄）共同出资组建，当时的注册资本为 200 万元人民币，两人各出资 100 万元人民币，各占注册资本的 50%。

经过多年发展，在公司上市时，沈东军个人与马峻、一致行动人蔺毅泽（马峻之妻）的持股比例基本接近。

在股权分配上，沈东军、马峻、蔺毅泽合计持股 64.02%，其中沈东军持股 31.16%，马峻、蔺毅泽分别持股 25.13%、5.55%（合计 30.68%）。除了每人各自的持股，沈东军、马峻还共同持有南京传世美璟投资管理有限公司（以下简称"传世美璟"）的股权，传世美璟持有莱绅通灵 2.18% 的股权。

在发生离婚纠纷时，沈东军希望以折价赔偿，而不是股权分割的方式结束婚

---

① 《莱绅通灵家族内斗始末》，《商学院》杂志，哀佳、朱耘，2022.03.01。

姻，以保持对莱绅通灵的控制权，但遭到马峭的拒绝。

2021 年 4 月 17 日，马峭出具了证明夫妻关系确已破裂的声明。2021 年 4 月 23 日，莱绅通灵公告称，马峻、蔺毅泽与沈东军在公司发展、经营方面存在重大分歧，双方解除一致行动关系。这为沈东军失去公司控制权埋下了伏笔。

随后，法院一审判决准予马峭与沈东军离婚。沈东军持有的莱绅通灵 31.16% 的股权，由马峭、沈东军各分得 15.58%；沈东军持有的传世美璟 37.3002% 的股权，由马峭、沈东军各分得 18.6501%。沈东军提起上诉，2021 年 11 月，二审依旧维持原判。

在判决执行后的股权结构中，分得 18.6501% 传世美璟股权、15.58% 莱绅通灵股权的马峭，与马峻夫妇结为一致行动人。马峻及其一致行动人合计持有莱绅通灵 48.44% 的股权。沈东军持有的股权由原来的 31.16% 降到 15.58%，沈东军自此失了对公司的相对控股权。

2. 被迫出让公司控制权

2022 年 1 月，莱绅通灵在南京召开临时股东大会，马峻、沈东军出席了会议。根据莱绅通灵披露的表决结果，在由马峻提名的 4 位董事候选人中，有 3 位候选人获得通过。由此，马峻阵营共占据 5 个董事会席位，已超过半数，沈东军阵营失去了董事会投票控制权。

会议当晚，继 2021 年 12 月辞去总裁职务后，沈东军再次向公司递交辞职报告，辞去董事长及董事会专门委员会相关职务。2022 年 2 月，沈东军辞任公司董事职务。在沈东军辞任后，由沈东军推举的总裁姜杰，曾经与沈东军并肩作战的董事成员、董事长秘书、财务负责人等陆续辞职。这场股权争斗以"沈派"的退场结束，接掌帅印的是沈东军前妻马峭的哥哥马峻。

从离婚到公司实控人转移，爱情、亲情与企业运营、股东权益、公司控制权争夺相互交织，已经不仅仅是两个人的婚姻感情问题。

莱绅通灵 2022 年上半年报告显示，公司的营业收入同比下降 31.20%，归属于上市公司股东的净利润同比下降 94.76%。莱绅通灵 2022 年 8 月发布的股东减持公告称，沈东军计划在 2022 年 9 月 8 日—2022 年 12 月 6 日期间减持 3% 的股份。失去话语权的创始人心灰意冷，已流露出彻底变现出局之意。

如今，"夫妻店"式或家族型创业企业有很多，涉及上市公司的离婚案件所引发的股权争夺战也不少见。2018 年以前的典型案例包括真功夫创始人潘宇海在姐姐离婚后，与前姐夫蔡达标之间的控制权争夺战，金溢科技董事长罗瑞发与前妻的离婚分割股权案等。自 2020 年以来，被热议的典型案例有当当网创始人李国庆、俞渝多次上演"庆渝年"争斗和抢公章事件，赛腾股份、莱绅通灵、先惠技术、康泰生物等上市公司也在实控人离婚后发生过股权的重大变更，一些创始人甚至失去了公司控制权。

从莱绅通灵创始人的离婚案中可以看出，初期的股权设置未能很好地规避后续可能出现的控制权转移风险。既没有妻子的一致行动关系，又缺少保护性的法律文件，沈东军只能被迫交出公司的实际控制权。

无论是夫妻、家族共同创业，还是同事、同学、好友共同创业，共同的利益都是保持良好合作伙伴关系的基础。如何妥善处理与合伙人、管理者的利益关系，是创始人需要思考的重要课题。如果创始人与合伙人、管理者不能合理分配股权，不能分享企业发展带来的成果，那么企业很容易出现各种问题。例如，比特大陆抢夺营业执照和公章的公司控制权之战，小雨伞围绕公章、营业执照和董事会控制权的"闪电战"等。

不同的股东或创业合伙人对企业的贡献是不同的。在股权比例完全相等或非常接近的情况下（如 50%:50%、34%:33%:33%等），个人贡献与持股比例难以完全匹配。如果这种不匹配达到了一定程度，就很容易引发矛盾冲突。

3. 防范控制权易主风险的合规解决方案

根据《公司法》的有关规定，有限责任公司在创立和修改章程时，可以设置"同股不同权"的特殊表决权机制（或称股东表决权差异安排、双层股权结构），将股票分为 A、B 两个层次，对外部投资者发行的 A 股每股有 1 票投票权，创始人持有的 B 股每股有最多 10 票投票权；股份有限公司不得通过章程规定或股东约定的方式直接改变表决权的分配，以实现"同股不同权"，如果股东之间达成合意，那么股份有限公司可通过表决权委托的方式实现"同股不同权"。

也就是说，有限责任公司章程可以规定以下条款：当创始人离婚时，配偶分割财产所获得的公司股份只享有收益权和转让权，分割股份的投票权划归创始人所有。这样，在法院判决离婚时，该条款即可生效，法院应遵循公司章程，否则判决无法执行。

2019 年 3 月发布的《上海证券交易所科创板股票上市规则》和 2020 年 6 月发布的《深圳证券交易所创业板股票上市规则》均对股东表决权差异安排进行了更加详细的规定，允许"同股不同权"的公司上市，从而突破了《公司法》对股份有限公司不能设置特殊表决权机制的限制。据此，拟在科创板或创业板上市的公司，在由有限责任公司整体改制变更为股份有限公司时，公司章程可以延续载入"同股不同权"条款。创业者应该了解这些新动态、新情况。

此外，为了保护全体股东的权益，公司章程应当规定特殊表决权股份的"日落条款"，在触发以下生效条件时转为普通股。

股东资格：股东不符合资格要求或最低持股要求（10%）；丧失相应履职能力、离任、死亡。持股主体：实际持有特殊表决权股份的股东失去对相关持股主体的实际控制。转让或委托：持有特殊表决权股份的股东向他人转让所持有的特殊表决权股份，或者委托他人行使特殊表决权股份的表决权。控制权变更：公司的控制权发生变更。

同时，创始人应该遵守《公司法》的有关规定，自觉保护其他创业合伙人、中小股东和投资人的权益不被侵害，并恪守诚信原则，增强公司的凝聚力，避免由于自身原因引发公司控制权争夺战。

关于如何掌握公司控制权的内容，将在第 9 章进一步阐述。

第 4 章

创业企业的 14 种估值方法

在与投资人接触之前，创业者需要对自己的企业估值，确定融资谈判的价格底线。本章讲述创业企业各融资阶段的 14 种估值方法，阐述各种重要估值方法的原理及其内在联系，帮助创业者确定企业的价值，合理回答投资人"需要多少钱，可以出让多少股份"的问题。

4.1　没有营业收入的创业企业如何估值

在与投资人见面时，如果创业者事先没有对自己的企业估值，或者估值方法不恰当，创业者对企业的估值与投资人对企业的估值之间就会产生较大的差别。若创业者的估值偏高，则会给谈判带来困难，甚至导致谈判失败，失去融资机会；若创业者的估值偏低，则会稀释过多的股权。

创业企业有成千上万家，投资人如何对它们估值并确定是否投资呢？没有营业收入和有营业收入的创业企业的估值方法有什么不同？没有净利润和有净利润的创业企业的估值方法又有什么不同？本章将介绍对创业企业估值的多种实用方法。

4.1.1　风险投资估值法

风险投资估值法，是站在风险投资人的角度对早期创业企业估值的常用方法之一。本节将根据最新研究报告，详细阐述这种方法的原理和具体应用。

第 2 章提到，天使投资人和投资早期创业企业的风险投资机构的投资成功率只有 5%～10%。风险投资机构的大量资金主要用于投资中后期创业企业，只有少量资金用于早期投资，一般通过提高中后期投资相对高一些的投资成功率在整体投资中的权重，把整体投资成功率提高到 20%左右。

风险投资机构在投资创业早期没有营业收入甚至没有产品的企业时，通常比较关注两点，即退出时的股权价值和投资回报倍数。基于 5%～10%的投资成功率，它们通常会要求 20～10 倍的投资回报倍数，用以弥补失败项目的损失，也就是"遍地撒种子"，看哪个能成功。于是，在风险投资机构的投资实践中，风险投资估值法应运而生。哈佛商学院教授比尔·萨尔曼在课堂和著作中，首次将其作为一种正式估值方法。

风险投资估值法根据行业内可比企业的平均销售额确定创业企业的投后估值，其计算公式如下。

$$最终价值=可比企业的平均销售额×2$$

$$投后估值=最终价值÷预期投资回报率$$
$$投前估值=投后估值-投资金额$$

上述公式中的"最终价值"是创业企业在未来某一特定日期的预期价值，通常设定预测期为 3～5 年，互联网企业的发展成熟速度较快，预测期可以短一些，制造企业的预测期会长一些。

比尔教授之所以通过预期最终价值确定投后估值，主要是因为创业企业虽然正在研发、试制产品，暂时没有收入，但是最终会产生收入（即使只是预测收入），只要有收入就有价值。

不过，比尔教授并未在其著作中详细介绍计算"最终价值"的公式中乘以倍数 2 的原理，国内外绝大多数同类图书和相关文献中也没有说明乘以倍数 2 的理由。下面将详细阐述这样计算的理由。

方法一："销售额倍数+投资回报率"法

预计未来几年能够产生营业收入，但是无法预测利润的企业，通常可以采用本方法。

第一步：收集并研究行业内可比企业的平均销售额，下文以可比企业的平均销售额是 2000 万美元为例来计算。

第二步：将可比企业的平均销售额乘以倍数 2，得到预测期结束时的最终价值。

若创业企业需要融资 50 万美元，并且预期在 5 年后达到行业内可比企业 2000 万美元的平均销售额，则最终价值如下。

$$最终价值=2000 万美元×2=4000 万美元$$

第三步：将预期投资回报率设置为 20 倍，通过倒推的方式得出投前估值。

$$投后估值=4000 万美元÷20 倍=200 万美元$$
$$投前估值=200 万美元-50 万美元=150 万美元$$

方法二："净利率+市盈率+投资回报率"法

预计未来几年能够产生营业收入且有可比市盈率的企业，通常可以采用本方法。

第一步：与方法一相同，确定可比企业的平均销售额，仍以 2000 万美元为例。

第二步：如果预期创业企业在 5 年后产生利润，净利率为 15%，那么按照 5 年后的销售额计算创业企业将获得的净利润如下。

$$净利润=2000 万美元×15%=300 万美元$$

第三步：如果确定行业内可比企业的平均市盈率为 25 倍，对创业企业打 6～7 折，设定市盈率为 15 倍，预期投资回报率仍然设置为 20 倍，那么创业企业的投前估值如下。

$$最终价值=300 万美元×15 倍=4500 万美元$$
$$投后估值=4500 万美元÷20 倍=225 万美元$$
$$投前估值=225 万美元-50 万美元=175 万美元$$

采用以上两种方法得出的投后估值的平均值如下。

$$投后估值的平均值=（200+225）万美元÷2=212.5 万美元$$

投资人可将该平均值作为投后估值，与创业企业谈判，索要 23.53% 的股份，计算公式如下。

$$投资人持股比例=投资额÷投后估值=50 万美元÷212.5 万美元≈23.53\%$$

从风险投资估值法的计算过程中可以看出，对投资人来说，投前估值没有实际意义。

风险投资估值法原理：倍数 2 实际上是市销率倍数。

$$P/S=P÷S$$

上述公式中的"P/S"是市销率（Price-to-sales），它是企业估值的重要指标参数。其中，P 是预测期结束时的最终价值（市值），S 是预期到账的销售额（营业收入）。

在方法一的公式"最终价值=可比企业的平均销售额×2"中，乘以倍数 2 的原理是大多数企业市值的平均数和中位数接近于营业收入的 2 倍。

著名投资银行高盛集团内部研究报告显示，美国标准普尔指数 500 家上市企业的市销率随着牛市和熊市的变化而波动，2000 年 1—12 月的市销率波谷最低值为 1.23 倍，2018 年突破 2.63 倍。由于新型冠状病毒肺炎疫情（简称"新冠肺炎疫情"）的影响，美国政府推行量化宽松政策，美联储巨额放水，美股连创 100 年历史新高。2020 年 9 月，标普 500 家上市企业的市销率中位数达到历史最高的 3 倍，其中市值排名前五的科技网络巨头的市销率中位数高达 6 倍。截至 2020 年 9 月 11 日，标普 500 家上市企业和市值排名前五的科技网络巨头的市销率、市盈率如表 4-1 所示。

表 4-1　标普 500 家上市企业和市值排名前五的科技网络巨头的市销率、市盈率

企业或指数名称	行　　业	市销率（倍）	市盈率（倍）
苹果	技术硬件	6	28
微软	软件	9	30
亚马逊	网络电子商务	4	74
谷歌	搜索引擎服务	5	26
脸书	软件和信息技术服务	7	27
市值排名前五企业中位数	科技网络	6	28
标普 500 家上市企业中位数	—	3	20

表 4-1 展示了市销率较高的行业巨头的水平。高盛集团报告得出的标普 500 家上市企业 22 年间的市销率月平均值依然在 2 倍以内，在 2000—2021 年间，标普 500 家上市企业的市销率月平均值和中位数为 1.7～2.0 倍。市销率随着股市行情的变化而波动，不同行业存在很大的差异，如纯电商平台为 1.5 倍左右，软件企业为 10 倍左右，少数网络互动媒体平台高达 10 倍以上。总的来看，2 倍的市销率是市场多年的整体平均值，也是风险投资机构对早期没有营业收入的企业估值时习惯采用的市销率估值倍数。

风险投资估值法的使用或限制条件如下。

投资人通常希望早期投资能够获得 10%～30% 的股份。

在方法一的例子中，如果可比企业的预期营业收入为 1 亿美元，投资回报率仍为 20 倍，那么最终价值=10 000 万美元×2＝20 000 万美元，投后估值=20 000 万美元÷20 倍=1000 万美元，投资人投资 50 万美元的持股比例=50 万美元÷1000 万美元=5%。

可见，如果仅投资 50 万美元，那么 5% 的持股比例已经低于投资人希望早期投资能够获得的持股比例的底线。创业企业未来很可能会继续融资，早期投资人的股份会很快被稀释到 2%～3%。持股比例低于 5% 的股东不能拥有董事会席位，不能参与企业决策，这是早期投资人不愿意接受的。

如果可比企业的预期营业收入仍为 1 亿美元，投资回报率为 20 倍，同时将投资金额提高到 100 万美元，那么投资人投资 100 万美元的持股比例=100 万美元÷1000 万美元=10%，经过多轮融资后被稀释到 5% 左右，投资人尚可接受。

如果可比企业的预期营业收入为 2 亿美元，投资回报率仍为 20 倍，那么最终价值=20 000 万美元×2＝40 000 万美元，投后估值=40 000 万美元÷20 倍=2000 万美元，投资人投资 100 万美元的持股比例=100 万美元÷2000 万美元=5%，同样低于投资人持股比例的底线。

在实践中，2000 万美元是许多天使投资人和风险投资机构在天使轮投资早期创业企业的投后估值上限，大多数创业企业在天使轮的投后估值仅为几百万美元。

由此可见，风险投资估值法的实质是投资人站在自己的角度，用行业平均销售额乘以 2 倍市销率，对早期创业企业估值并进行测试、调整，以达到用一定额度的投资换取一定比例的股权，争取在未来获得 20 倍投资回报的目的。

与此同时，创业者通常不会出让超过 30% 的股份，因为这会导致创业者的股权稀释得太多、太快，不利于后续轮次的融资和对企业的实际控制。所以，10%～20% 成为常见的天使轮投资人持股比例。

4.1.2 博克斯估值法

博克斯估值法由"超级天使"戴夫·博克斯提出，该方法是对创业企业估值的比较传统的方法，十分方便。首先，该方法对创业概念的质量和潜力赋予一定的基本价值，然后对早期创业企业的每一个主要风险因素赋予一定的金融估值，最后得到投前估值。

博克斯估值法同时使用质量和数量因素，并基于图 4-1 中的 5 个质量驱动因素计算估值。

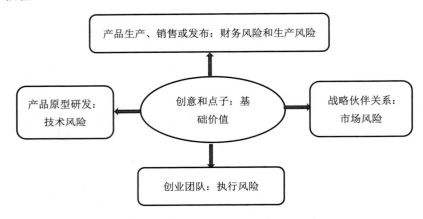

图 4-1　博克斯估值法的 5 个质量驱动因素

博克斯估值法不只停留在质量驱动因素层面，它会根据创业企业的具体情况，对每一个因素分配相应的货币价值，最高可达到 50 万美元。这是因为博克斯考虑到大多数创业企业的投前估值可能为 150 万～250 万美元，所以 50 万美元是每一个因素可以获得的最大值。

如表 4-2 所示，博克斯通过对一家无收入的虚构创业企业进行估值，来解释博克斯估值法的通用规则。

例如，创业企业的创意和点子很有潜力，不过不够完善，可以分配 30 万美元；合理的产品原型能够降低技术风险，可以分配 30 万美元；创业团队在相关行业拥有比较丰富的专业经验，同时具有长期创业的坚持精神，可以对创业团队分配较高的 35 万美元；对于战略伙伴关系有所考虑，不过尚未确立，只能分配 15 万美元；与产品生产、销售或发布的距离较远，只能分配 10 万美元。汇总 5 个因素对应的估值，创业企业最终的投前估值约为 120 万美元。

表 4-2　采用博克斯估值法对无收入的虚构创业企业进行估值的过程　单位：万美元

质量驱动因素	投前估值区间	分配估值
创意和点子	0～50	30
产品原型研发	0～50	30
创业团队	0～50	35
战略伙伴关系	0～50	15
产品生产、销售或发布	0～50	10
汇总	0～250	120

　　为了让被投资企业的价值在整个生命周期内实现 10 倍的增长，同时投资人的持股比例不能太低，否则可能会没人投资，博克斯将"2000 万美元"设置为投前估值的最高限额，这一点与风险投资估值法非常相似。

　　博克斯估值法提供了一种对没有营业收入的企业进行估值的简单方法。不过，一旦创业企业开始产生营业收入，博克斯估值法就不再适用了。

4.1.3　风险因素综合估值法

　　风险因素综合估值法是博克斯估值法的修改版，更能与当今创业企业的价值接轨。

　　美国 AngelList 估值数据显示，近年来，硅谷企业的平均投前估值为 510 万美元，纽约科技网络企业的平均投前估值为 460 万美元，互联网创业企业的估值规模扩大现象较为普遍。

　　基于此，博克斯指出："原始模型太过局限，它不应该是一种僵硬的形式。这种估值方法应该为没有被列入模型的因素留出更大的最大值的余地，通过简单的调整应对不同的情况或条件。"

　　风险因素综合估值法从风险的角度出发，将企业可能遇到的风险分为 12 种，根据风险程度对创业企业进行估值。12 种风险分别为管理风险、经营阶段风险、法律政策风险、研发和生产风险、销售和市场风险、融资风险、竞争风险、技术风险、诉讼风险、国际风险、口碑风险、退出风险。

　　具体估值方法如下：针对每一种风险，将其程度分为很高、高、正常、低和很低。每种风险的评价从高到低对初始估值的影响分别是负 50 万美元、负 25 万美元、0、25 万美元和 50 万美元，以初始估值为基础，根据对每一种风险的评价进行加减，得到最终估值。

首先将可比企业的投前估值作为初始估值，如某行业、某地区可比创业企业投前估值的中位数为 500 万美元，然后按照博克斯估值法的通用规则，计算出创业企业的投前估值为 625 万美元。采用风险因素综合估值法对无收入的虚构创业企业进行估值的过程如表 4-3 所示。

表 4-3　采用风险因素综合估值法对无收入的虚构创业企业进行估值的过程

单位：万美元

风险因素	风险程度	风险增减值	分配估值变化值
可比企业的投前估值	—	—	500
管理风险	很低	50	550
经营阶段风险	正常	0	550
法律政策风险	正常	0	550
研发和生产风险	正常	0	550
销售和市场风险	高	−25	525
融资风险	正常	0	525
竞争风险	高	−25	500
技术风险	正常	0	500
诉讼风险	很低	50	550
国际风险	很低	50	600
口碑风险	低	25	625
退出风险	正常	0	625
投前估值			625

4.1.4　记分估值法

记分估值法也被称为比尔·佩恩估值法，由美国"2009 年度最佳天使投资人"比尔·佩恩提出。记分估值法是天使投资中比较流行的方法之一，对多家获得融资的创业企业进行比较，并根据区域、市场和阶段等因素修改投前估值，具体步骤如下。

第一步：将近期本行业、本地区没有收入的创业企业的投前估值中位数作为平均投前估值（初始价值）。

美国的天使投资人组织倾向于调查跨区域创业企业的投前估值，并将其作为估值基准。例如，比尔·佩恩发布的记分估值法表格记录了他在 2010 年调查的 13 个天使投资人组织，结果显示，投前估值的范围为 100 万～200 万美元。不同区域的竞争环境有所不同，估值数据高低不等，如纽约市某行业可比创业企业的投前估值为 200 万美元。由于在调查数据中出现次数最多的数值是 150 万美元，因此他将该众数作为平均投前估值。

在美国，天使投资人通常会登录 AngelList 搜索引擎，它是一个可以搜索数千家创业企业估值数据的优秀平台，投资人可以按照地理位置、市场、季度和创始人背景等浏览估值数据。在中国，融资中国和投资界等平台也开始收集并发布类似的数据信息。

第二步：基于 7 个价值导向因素，将被估值企业与其所在行业、区域的创业企业进行比较。7 个价值导向因素的基本权重如下。

① 创业团队实力（0～30%）。

② 市场机会和规模（0～25%）。

③ 技术和产品研发（0～15%）。

④ 竞争环境（0～10%）。

⑤ 市场营销、销售渠道、合作伙伴（0～10%）。

⑥ 对额外投资的需求（0～5%）。

⑦ 其他（0～5%）。

第三步：根据被估值企业的具体情况，对比其他创业企业，赋予被估值企业每个因素对应的权重。例如，被估值企业有强大的创业团队，可以赋予 125% 的权重；有巨大的市场潜力，可以赋予 150% 的权重；正在竞争压力较大的环境中发展，可以赋予 75% 的权重；市场营销存在一定困难，可以赋予 80% 的权重。

第四步：将被估值企业每个因素的基本权重乘以赋予权重，即可得到每个因素的权重调整系数。将 7 个价值导向因素的权重调整系数相加，所得总和表示被估值企业的投前估值是平均投前估值的 1.155 倍。采用记分估值法对无收入的虚构创业企业进行估值的过程如表 4-4 所示。

表 4-4　采用记分估值法对无收入的虚构创业企业进行估值的过程

价值导向因素	基本权重最大值（%）	赋予权重（%）	权重调整系数
创业团队实力	30	125	0.375
市场机会和规模	25	150	0.375
技术和产品研发	15	100	0.150
竞争环境	10	75	0.075
市场营销、销售渠道、合作伙伴	10	80	0.080
对额外投资的需求	5	100	0.050
其他	5	100	0.050
总数	100	—	1.155

第五步：用可比企业的平均投前估值 150 万美元乘以 1.155 倍，得出被估值企业的投前估值约为 173 万美元。

记分估值法考虑了天使投资人承担的风险，强调创业团队的重要性，对投资早期创业企业更有实际意义。不过，在该估值方法中，主观"拍脑袋"的成分依然不少，需要与其他定量估值方法搭配使用。

4.1.5 其他 4 种估值方法

对于没有收入的创业企业，除了前几种估值方法，还有以下简单的估值方法。

1. 基于知识产权增加估值

知识产权主要包括专利权和商标权，其价值无法被简单量化，特别是处于申请阶段的知识产权。不过，即使处于申请阶段，知识产权同样可以帮助创业企业提高估值，因为这至少证明创业者比其他正在进入同一领域的人有更领先的机会。

对于这种情况，投资人的常规做法是对每一项能够产生主营业务收入的专利增加 50 万美元左右的估值，具体取决于专利的技术领先程度，汇总后得到企业估值。

如果创业者已经注册了公司，那么公司名称可以受到法律保护。如果创业者已经购买了可以商用的互联网域名和商标，那么这些也可以为企业的业务带来更多的价值。在计算估值时，这些虚拟资产可以和实际资产一样被累加估值。

2. 基于合伙人和核心员工增加估值

核心员工可以增加企业的估值，他们的专业技能、接受的培训和业务经验等是非常有价值的。在某些 IT 企业或互联网企业的起步阶段，经常可以看到全职的核心程序员、工程师或设计师为其所在的企业增加 50 万美元左右的估值。

除了核心员工，创始人和合伙人的无薪工作投入也应该被计算在内。如果两位创始人分别在企业无薪工作了 1 年，那么这些工作也可以被换算成他们分别对企业投入了 10 万美元（假设他们的正常工资是年薪 10 万美元）。

如果创业团队以前有在同领域创业成功的经历，并且已经积累了丰富的经验和知识，具有一定的知名度，那么基于"创业团队实力"这一价值导向因素，可增加 50 万～100 万美元的估值。

3. 基于进入壁垒增加估值

如果创业者可以证明自己已经创造了巨大的进入壁垒，那么可能有资格进行溢价估值。"进入壁垒"意味着阻碍竞争对手进入目标市场并占据主要市场份额的特殊情况，包括创业团队的技术水平、行业政策法规、市场份额、合作关系、已经建立的品牌、经济和市场条件、现有客户关系等。

竞争对手和竞争的激烈程度会对企业估值产生巨大的影响。如果创业者可以表现出巨大的领先，就应该拥有"先行者"的优势。

投资人往往会评估创业者的企业有没有足够大的"时间窗口"，以便有机会在竞争对手抢占和压缩利润空间之前获得足够多的利润。如果有超过 3 个竞争对手，就会降低企业估值。

4. 基于关键资产重置成本进行估值（成本法）

这种方法主要适用于对处于创业困难期或尚未实现盈利的企业进行估值，通过计算重置关键资产所需要的成本来衡量企业当前的净值。

其他估值方法大多追求被投资企业的盈利潜力。而在成本法的框架内，通过关键资产重置成本估计企业当前的净值是比较有意义的。

如果创业者的企业在过去 2 年内开发了 10 个 App 和 1 个优质网站，那么投资人可以思考，潜在对手的软件团队需要多少钱才能开发出质量相似的 App 和网站。在这种情况下，200 万美元也许是一个较低的估值。

4.2 有产品没营业收入或有营业收入没净利润的创业企业如何估值

4.2.1 市销率倍数法

市销率是市值与销售额的比率，由美国投资大师肯尼斯·费雪（小费雪）首次提出。他认为："市值与销售额的比率之所以有应用价值，是因为销售额通常比企业的其他大部分变量稳定。超级企业盈利大幅下滑的现象很常见，但是销售额大幅下滑的现象很少见。"而且销售额不容易造假，投资人可以去银行核查流水。市销率倍数法的估值公式如下。

$$市销率=总市值（P）÷净销售额（S）$$
$$净销售额=销售额-销售税金及附加$$
$$投后估值=净销售额×可比企业的市销率$$

在上述公式中，"P"是估值、市值、价值，"S"是扣除销售税金及附加以后的净销售额或净营业收入，市销率的计量单位是倍数。

通过查询可比企业的市销率，并用该市销率乘以被估值企业的净销售额，可得到被估值企业的投后估值。

2019 年 7 月，科创板正式开市，首次设立中国的市销率测试指标，A 股与美股、港股一样，只要能达到一定的市值和营业收入条件，没有利润的创业企业也可以上市。

市销率指标为境内外投资机构提供了完善的退出机制，投资未实现盈利的企业也可以在股票市场退出；同时，企业每一轮融资的估值体系及其指标更加完善，估值、融资和投资变得更加顺畅。

自 2020 年起，东方财富网等财经门户网站在披露市盈率的同时，开始在"估值分析"板块披露上市企业的市销率，方便创业者查询。

市销率倍数法更适用于对销售成本率较低（或较为稳定）的企业或网络平台，以及新零售和服务类企业进行估值，特别适合评估高成长性、有收入没盈利或盈利很少的"轻资产"创业企业，如字节跳动、快手、陌陌、美团、拼多多、哔哩哔哩、KK 集团等，就是通过市销率倍数法进行多轮私募融资的。

市销率倍数法的缺陷是无法反映成本的影响，不过许多互联网企业的销售成本比较稳定（如电商、游戏、网络平台、网络科技、云计算、互联网金融和服务业企业），因此非常适合采用市销率倍数法来估值。这些企业拥有可观的用户数量、较强的用户黏性和广阔的市场空间，对于它们来说，短时间内能否实现盈利不太重要，最重要的是抢占市场、扩大用户群体，为未来实现盈利奠定基础。

很多互联网企业在刚刚开始运作的时候，往往会通过红包补贴和送福利等方式圈定市场，培养用户的习惯。这些企业通过大量"烧钱"来开拓市场，寻求新的核心盈利模式。例如，京东一开始持续亏损，直到形成了庞大、完备的物流体系，销售净利率回升，才能和淘宝分庭抗礼。

市销率的参数取多少比较合理呢？

4.1.1 节中提到，标普 500 家上市企业多年来的市销率平均值为 1.7～2.0 倍，绝大多数企业的市销率在这个范围之内，也就是说，销售额的 2 倍左右是大部分企业的平均投后估值。不过，必须选择同行业和相近类型、发展阶段、规模的企业市销率作为参数，如食品零售业是 0.5 倍左右，软件企业能达到 10 倍，互联网媒体企业是 6 倍左右。在估值时，应基于不同的融资阶段，在上市企业市销率参数的基础上适当折扣取值。采用市销率倍数法对企业进行估值的技巧将在 4.4.1 节的案例中详细讲述。

4.2.2　适用于互联网创业企业的运营数据估值法

互联网企业有了营业收入后，既可以采用市销率倍数法，又可以采用运营数据估值法进行估值。在有产品没营业收入的阶段，创业企业也可以采用运营数据估值法。因为，创业企业一旦有了产品，就可以参考同类产品的市场定价，预测收费后的营业收入，根据运营数据进行估值。运营数据估值法的估值公式如下。

$$运营市值率倍数=总市值÷运营数据$$
$$投后估值=运营市值率倍数×运营数据$$

1.　根据月活跃用户数估值

$$用户市值率（P/MAU）=总市值÷月活跃用户数（MAU）$$
$$投后估值=月活跃用户数×可比企业的用户市值率$$

在上述公式中，"用户市值率"是每个活跃用户贡献的市值，计量单位是元/每个活跃用户。

投资人可以通过可比企业的 IPO 招股说明书、上市企业年度报告和行业研究报告等，查询可比企业的市值和月活跃用户数（Monthly Active Users，MAU），两者相除得到可比企业的用户市值率。将该用户市值率乘以被估值企业的月活跃用户数，即可得到被估值企业的投后估值。

基于用户市值率对企业进行估值的方法和技巧将在 4.4.1 节的案例中详细讲述。

类似的运营数据估值指标还有社交平台、短视频平台的"用户数"和"DAU"（Daily Active Users，日活跃用户数），同城配送企业的"配送员数量"，以及制造企业的"产品销量"，等等。

在线上流量越来越贵的背景下，按照"每个用户能做出多少贡献"的逻辑来估值，是很多投资人使用的估值方法。

运营数据估值法的实质是一旦创业企业有了产品，就可以参考同类产品的市场定价，预测收费后的营业收入，在有了营业收入后采用市销率倍数法进行估值。此处简化了中间过程，直接根据月活跃用户数或销量指标来估值。

2.　根据总订单金额估值

总订单金额（Gross Merchandise Volume，GMV）是指电商平台企业的网站成交金额，包括已付款金额和未付款金额，其计算公式如下。

$$总订单金额=销售额+取消订单金额+拒收订单金额+退货订单金额$$

总订单金额不是已经实际到账的销售额，它与销售额相比水分较大，不过也有一定的参考价值和估值功能。基于可比企业披露的总订单市值率（P/GMV），可以计算被估值企业的投后估值，其计算公式如下。

$$投后估值=总订单金额×可比企业的总订单市值率$$

截至 2015 年 11 月 27 日，部分电商企业的市销率、市盈利、总订单市值率指标参数如表 4-5 所示。

表 4-5　部分电商企业的市销率、市盈利、总订单市值率指标参数　　单位：倍

企 业 名 称	市 销 率	市 盈 率	总订单市值率
阿里巴巴	14.78	21.59	0.45
京东	1.64	N/A	0.65
聚美优品	1.20	39.10	0.92
中位数	—	—	0.65
平均数	5.87	30.35	0.67

例如，被估值企业的总订单金额为 1 亿元，可比企业的总订单市值率中位数为 0.65 倍，因为被估值企业还未上市，所以打 7 折取 0.455 倍，投后估值=10 000 万元×0.455 倍=4550 万元。

以上几种估值方法的基础原理是基于对比和倍数进行估值。不过，不同的行业有不同的"天花板"和发展空间，并没有通用的倍数。在行业内占据市场份额第一名的企业，其运营数据估值倍数可能比第二名高很多，因为大部分赛道会被赢家"通吃"，第二名和第三名可以分享的市场份额较小，它们的运营数据估值倍数会比第一名低很多。

4.3　有净利润和净现金流量的创业企业如何估值

4.3.1　市盈率倍数法

创业企业一旦有了净利润，就可以基于大家比较熟悉的市盈率进行估值了。市盈利倍数法的估值公式如下。

$$市盈率（P/E）=总市值÷净利润（E）$$
$$=股价÷每股净收益$$
$$投后估值=动态净利润×可比企业的市盈率$$

在上述公式中，"市盈率"（Price-to-earnings）是衡量股价高低和企业盈利能力的重要指标，"P"是估值、市值、价值，E 是净利润，市盈率的计量单位是倍数。

在计算市盈率时，基于上一年度的净利润计算出的是静态市盈率。风险投资机构在对创业企业估值时，通常按照预测期（如投资后 1 年）合理预测的净利润进行计算，这样得出的是动态市盈率。通过查询可比企业市盈率的平均值或中位数，并用该市盈率平均值或中位数乘以被估值企业的动态净利润，可得出被估值企业的投后估值。

例如，某企业未来 1 年的净利润预测值是 500 万元，可比企业的市盈率平均值为 20 倍，通常对未上市的创业企业打 6～7 折，取 14 倍市盈率，则被估值企业的投后估值=500 万元×14 倍=7000 万元。

在采用市盈率倍数法进行估值的时候，需要注意以下几点。

① 合理计算被估值企业的净利润。

② 尽量多查询几家合适的可比企业在二级市场的市盈率，取平均值或中位数。

③ 根据二级市场的行情、行业情况、企业的经营状况和成长性，对上市企业的市盈率打一定折扣，确定被估值企业的市盈率。

4.3.2　息税前利润倍数法

息税前利润（Earnings before Interest and Tax，EBIT）指的是扣除利息和所得税之前的利润，其计算公式如下。

$$息税前利润=净利润+所得税+利息$$

计算息税前利润主要是为了消除企业资本结构和税收的影响。不同地区可能有不同的税收政策，不同企业的不同资本结构（如运用杠杆的数量、贷款数量等）也会造成利息的不同，这些因素会使净利润产生较大的差异，从而影响对企业估值的判断。采用该方法的企业估值计算公式如下。

企业估值=息税前利润×可比企业的息税前利润倍数

息税前利润倍数法的计算原理和市盈率倍数法是一样的，即先预测动态息税前利润，再将可比企业的息税前利润倍数在上市企业参数的基础上打折扣，得出比较合理的估值范围。

4.3.3　息税折旧摊销前利润倍数法

息税折旧摊销前利润（Earnings before Interest，Tax，Depreciation and Amortization，EBITDA）是扣除利息、所得税、折旧和摊销之前的利润，其计算公式如下。

息税折旧摊销前利润=息税前利润+折旧+摊销

息税折旧摊销前利润不但消除了利息和所得税的影响，而且消除了资产折旧对利润的影响，可以把各种因素的影响降到最低，更能体现企业偿还债务的能力。该方法非常适合前期投入巨大，需要通过很长时间对前期投入进行摊销的"重资产"行业，包括核电、石油化工、港口航运、航空、装备制造业、仓储业、酒店业、商业地产租赁业等，如京东的仓库、如家酒店。投资界普遍认为，息税折旧摊销前利润是最接近实际现金流量的指标。采用该方法的企业估值计算公式如下。

企业估值=息税折旧摊销前利润×可比企业的息税折旧摊销前利润倍数

息税折旧摊销前利润倍数法的计算原理与息税前利润倍数法相同，即先预测动态息税折旧摊销前利润，再将可比企业的息税折旧摊销前利润倍数在上市企业参数的基础上打折扣。

4.3.4　现金流量贴现法

现金流量贴现法的前身是股息贴现模型，由哈佛商学院经济学家约翰·布尔·威廉姆斯于 1937 年提出。在该模型的基础上，纽约大学斯特恩商学院金融学教授埃斯瓦斯·达莫达兰将"股息"替换为企业的"自由现金流量"，正式提出现金流量贴现（Discounted Cash Flow，DCF）模型。现金流量又被称为自由现金流量，是企业产生的、满足了再投资需要之后剩余的现金流量。

埃斯瓦斯在经典教科书《估值》中写道："企业估值是对企业内生价值的估计，企业内生价值是企业资产使用期限内所产生的预期现金流量的现值。"

在对企业估值时，可以采用实体现金流量贴现法。企业实体价值的计算公式如下。

$$企业实体价值 = \sum_{t=1}^{\infty} \frac{实体自由现金流量_t}{(1+加权平均资本成本)^t}$$

在上述公式中，"加权平均资本成本"是计算现值的折现率，它是以各种资本占全部资本的比重为权数，对各种长期资金的资本成本进行加权平均计算而确定的资本总成本。折现率是现金流量风险的函数，风险越大，折现率越高。"t"是指产生自由现金流量的年数。在实际估值中，大多将预测时间分为两个阶段，第一个阶段是预测期，一般为 5～7 年，此阶段通常是高速、非稳定增长期，企业每年的增长率可能不同，需要对企业每年的现金流量进行详细预测，并基于现金流量贴现模型计算企业的预测期价值；第二个阶段是预测期后的无限时间期，称为后续期或永续期，在此阶段，如果企业已经进入稳定状态，有稳定的增长率，那么可以采用简便的方法直接估计企业的后续期价值。因此，企业的价值被分为以下两个部分。

$$企业实体价值 = 预测期价值 + 后续期价值$$
$$后续期价值 = 后续期终值 \times 后续期折现系数$$
$$= \frac{现金流量_{t+1}}{(资本成本 - 现金流量增长率)} \times 折现系数_{t+1}$$

在估算出企业实体价值后，即可得出企业股权价值，计算公式如下。

$$企业股权价值 = 企业实体价值 - 净债务价值$$
$$净债务价值 = 债务价值 - 金融资产价值$$

在上述公式中，"金融资产"通常指企业的现金、银行存款、应收账款、应收票据、贷款、股权投资和债权投资等资产。

巴菲特曾对现金流量贴现模型极为推崇。不过，由于假设条件过多，巴菲特未曾真正基于该模型对企业估值。

的确，现金流量贴现模型看似能够计算出企业的真实价值，实则建立在一系列假设条件之上，既要估算企业能生存多久，又要估算企业自由现金流量的增速，还要确定合适的折现率。任何一个假设参数估算错误，结果可能就会"差之毫厘，谬以千里"，要想计算出企业的真实价值并不容易。巴菲特不用现金流量贴现法计算企业内生价值，也在情理之中。

4.4　创业企业各融资阶段估值体系的内在联系和使用方法

4.4.1　互联网企业挚文集团多轮融资估值实战推演

上文介绍了创业企业各融资阶段的估值方法。怎样综合利用上述估值体系对创业企业估值呢？我们来看一家互联网企业的融资历程。

在即将迎来 10 岁生日的时候，挚文集团将其 2020 年营业收入 150.24 亿元、净利润 21.03 亿元的业绩，呈送给历次私募投资机构和二级市场投资人。

2021 年 8 月 2 日，就在原名称为北京陌陌科技有限公司（简称"陌陌"）的"陌陌"第一版 App 上线 10 周年的前一天，陌陌将美国的上市企业名称更改为"Hello Group Inc."，"陌陌"改为"挚文集团"。

2011 年 3 月，网易网站部前总编辑唐岩在北京霄云中心的一间办公室创立了自己的企业，并找来两个同事合伙创业，前网易产品经理雷晓亮担任产品和市场负责人，高级技术人员李志威担任技术负责人，后来又招来一名技术工程师。这就是创业团队的初始配置。

2011 年 7 月，陌陌在北京市工商局正式注册，注册资本 111.11 万元，唐岩出资 88.888 万元，持有 80% 的股份。

之后，陌陌迎来了另一位股东李勇，他是唐岩在网易的前上司。李勇独立创业，只给陌陌出资，扮演天使投资人的角色。至此，合伙创始人共计持股 80%，唐岩、雷晓亮、李志威分别持股 65%、8%、7%，天使投资人李勇持股 20%。

2011 年 11 月，4 位股东为了融资，在避税地维尔京群岛设立了陌陌科技有限公司（Momo Technology Company Limited）。2014 年 7 月，在完成 D 轮融资后，该公司被迁移注册到开曼群岛，并更名为陌陌公司（Momo Inc.），也就是现名称为 Hello Group Inc.的离岸公司。创业者采用 VIE（Variable Interest Entities，可变利益实体）结构的红筹模式，把挚文集团的业务和业绩装入离岸公司，将其作为境外融资和赴美上市的平台。4 位股东在离岸公司的持股比例与在挚文集团的持股比例相同。

2012 年 4 月至 2014 年 5 月，Hello Group 进行了 4 轮共计 27 980 万美元的私募融资，在 D 轮融资时，企业估值达 15 亿美元。经过融资发展，Hello Group 于

2014 年 12 月在美国纳斯达克上市，IPO 融资 27 500 万美元，累计融资 55 480 万美元。上市后，企业市值达 30 多亿美元，唐岩身价达 8 亿美元。

在挚文集团的创业进程中，各轮融资发挥了重要作用。

1）天使轮融资：创业项目启动

2011 年 12 月，在天使轮资金的助推下，挚文集团"陌陌" App 的 Android 版上线，开始免费推广使用。同时，公司开始测算收费模式和定价标准。

2）A 轮融资：推产品、扩规模、找模式

在 Pre-A 轮融资和 A 轮融资的过程中，公司开发出更成熟、功能更完善的"陌陌" App 收费产品，进行营销推广，并扩大员工数量，最主要的目标是找到初步的商业模式，理顺产品和市场的逻辑，明确实现盈利的路径。

3）B 轮融资：推出核心产品，确立商业模式

2012 年 10 月，在 B 轮融资后，基于与微信进行差异化竞争最核心的功能——地理位置群组功能的"陌陌" App 正式发布，产生了快速增长的营业收入。

4）C 轮融资：扩大市场，验证商业模式

在 C 轮融资前，公司面临的问题是虽然已经产生收入，但是不够规模化，商业模式虽已初步成形，但还没有得到充分的验证。在 C 轮融资后的 2013 年 11 月，公司开始上线代理的首款联运游戏，进一步探索商业化方向。在 C 轮融资的推动下，公司在随后的几个月内解决了上述问题，并且占据了市场中的领先地位。

5）D 轮融资：进入成熟期，迈向纳斯达克

2014 年 4 月，公司上线了代理的第四款联运游戏，商业化步入正轨。2014 年 5 月，Hello Group 完成 D 轮融资，企业估值达 15 亿美元，跻身"10 亿美元俱乐部"。此后，公司进入规模化经营的成熟期，创造了更多的营业收入，争取实现盈利，准备 IPO 上市。

挚文集团、Hello Group 的各轮融资情况，以及各轮融资的企业估值和出让股权情况分别如表 4-6 和表 4-7 所示。[①]

表 4-6　挚文集团、Hello Group 的各轮融资情况

融资轮次	融资时间	融资额 （万美元）	投资机构
天使轮融资	2011 年 8 月	不详	天使投资人
Pre-A 轮融资 和 A 轮融资	2012 年 4—7 月	500	经纬创投，紫辉创投合伙人个人

① 表 4-6、表 4-7 中各轮融资额、出让股份比例和创始人持股比例等数据引自挚文集团的招股说明书。

续表

融资轮次	融资时间	融资额（万美元）	投资机构
B 轮融资	2012 年 7 月	1800	经纬创投、阿里资本、DST
C 轮融资	2013 年 8 月	4500	经纬创投、阿里资本、DST 等 8 家投资机构
D 轮融资	2014 年 5 月	21 180	红杉资本、云锋基金、老虎基金
IPO 融资	2014 年 11 月	27 500	公众投资者，同时向阿里资本和 58 同城定向增发新股

表 4-7 挚文集团、Hello Group 各轮融资的企业估值和出让股权情况

融资轮次	融资额（万美元）	企业估值（万美元）	出让股份比例（%）	创始人持股比例（%）
天使轮融资	不详	不详	20.00	65.00
Pre-A 轮融资和 A 轮融资	500	1500	33.26	43.38
B 轮融资	1800	9000	20.00	34.70
C 轮融资	4500	38 900	11.57	30.69
D 轮融资	21 180	150 900	14.03	26.38
IPO 融资	27 500	251 800	10.96	23.49

这是一个典型的互联网企业的融资历程，每一轮都获得了著名投资机构的投资，前后只经过短短 3 年多的时间。从创业到上市，挚文集团和上市平台 Hello Group 经历了完整的融资过程，以紧凑的发展节奏、清晰的融资历程，为我们提供了一个良好的融资估值样本。

接下来，我们将对挚文集团和 Hello Group 的融资估值进行实战推演。

1）收集资料

投资机构进场后，在尽职调查的基础上整理估值所需的资料，包括企业提供的历史财务凭证、财务报表、经营状况，以及在融资成功和不成功前提下的未来财务预测信息资料；此外，投资机构还要收集行业发展状况、前景资料，以及同类参考企业的股票价格和过往估值资料等。

2）建立模型

投资机构应根据企业的盈利模式建立财务预测模型，并设计一系列 Excel 表格，实现联动计算，便于对多种投资方案、经营状况和参数进行多次计算。

3）财务预测

由于 Hello Group 在中国国内的营业收入绝大部分来源于活跃用户的贡献，其他营业收入的占比在上市前低于 30%，因此可将会员注册、移动游戏、视频直播和广告等营业收入全部归入活跃用户贡献的营业收入中，换算成单一业务收入，

同时取接近真实营业收入数值的大整数，对其进行投后财务预测计算，这样既简单、直观、便于理解，也不影响最终的估值结果。

天使轮融资： 2011 年 8 月，iOS 版社交 App "陌陌" 在苹果商店免费上线。公司没有收入和现金流量，不过看好公司广阔市场空间的天使投资人为公司提供了小额天使投资。2011 年 12 月，"陌陌" Android 版上线，月活跃用户数达到 40 万人。

A 轮融资： 2012 年一季度，Hello Group 建立了收费模式，经纬创投的张颖和紫辉创投的郑刚看好 "陌陌" 的设计界面、用户体验和发展前景，2012 年 4 月，公司获得经纬创投的 Pre-A 轮融资。2012 年 7 月，经纬创投继续投资 A 轮，紫辉创投合伙人个人跟投 A 轮。"陌陌" 的月活跃用户数达到 200 万人，ARPU 为 1.5 美元/人。根据公式，公司的营业收入=200 万人×1.5 美元/人=300 万美元。

B 轮融资： 2012 年 7 月，公司获得 B 轮融资。此时，"陌陌" 的月活跃用户数已经达到 900 万人，ARPU 为 2 美元/人，营业收入达到 1800 万美元。

C 轮融资： 2013 年 8 月，公司获得 C 轮融资。此时，"陌陌" 的月活跃用户数为 3000 万人，ARPU 为 4 美元/人，营业收入达到 1.2 亿美元；预计净利率为 11.5%，预期净利润为 1380 万美元。

D 轮融资： 2014 年 5 月，公司获得 D 轮融资。此时，"陌陌" 的月活跃用户数为 5000 万人，ARPU 提高到 6 美元/人，营业收入达到 3 亿美元；预计净利率为 20%，预期净利润为 6000 万美元。

IPO 融资： 公司保持每年收入高速、稳定增长，并在 2014 年 11 月上市。

投资机构怎样计算每一轮融资的估值呢？我们可以按照时间顺序倒着推演。

实际上，每一家投资机构都用多种估值方法进行了估值，最终用平均值来谈判。为了简便直观地阐述估值体系的内在联系和使用方法，在下文的推演中，作者把一家投资机构的估值分解成用不同估值方法得出的几个单一方法估值，并把由几家投资机构用同一种估值方法得出的不同估值的平均数，作为一家投资机构的单一方法估值，最终推演出与实际相同的估值结果。

D 轮融资： 2014 年正值中国概念股牛市，3 家投资机构对很快在纳斯达克上市的 Hello Group 给出了非常高的估值指标参数。有的投资机构给出了 26 倍的动态市盈率，有的投资机构给出了 6 倍的市销率，有的投资机构给出了 23 美元/人的单个活跃用户估值，3 家投资机构给出的估值为 11.5 亿～18 亿美元。Hello Group 的 D 轮融资估值如表 4-8 所示。

表 4-8 Hello Group 的 D 轮融资估值

估值指标	指标取值	MAU（万人）	ARPU（美元/人）	营业收入（万美元）	净利率（%）	净利润（万美元）	估值（万美元）
			6.0		20.0		
市盈率（倍）	26					6000	156 000
市销率（倍）	6			30 000			180 000
单个活跃用户估值（美元）	23	5000					115 000

3 家投资机构的估值方法是非常有逻辑的，当时美国互联网上市企业的市盈率在 40～50 倍以上，打过折扣后，对未上市的 Hello Group 给出了 26 倍的市盈率；典型互联网上市企业在比较火爆时的市销率可达到 10 倍，对 Hello Group 给出了 6 倍的市销率，也说得过去；参考 Meta、推特等著名社交平台企业，单个活跃用户大约可以贡献 15～25 美元的企业市值（估值），对 Hello Group 给出 23 美元/人的单个活跃用户估值也不算低。最终，取 3 家投资机构估值的平均值 15 亿美元，3 家投资机构共投资 21 180 万美元，获得约 14.03%的股份。

C 轮融资：与赴纳斯达克上市还有一般距离，公司还在成长期，投资风险较大，投资机构给出的估值指标参数自然低一些。在 8 家投资机构中，有的投资机构给出了 20 倍的动态市盈率，有的投资机构给出了 5 倍的市销率，有的投资机构给出了 10 美元/人的单个活跃用户估值，3 家投资最多的投资机构给出的估值为 2.76 亿～6 亿美元。最终，8 家投资机构取与投资最多的 3 家投资机构的平均值 3.92 亿美元比较接近的 3.89 亿美元，8 家投资机构共投资 4500 万美元，获得约 11.57%的股份。Hello Group 的 C 轮融资估值如表 4-9 所示。

表 4-9 Hello Group 的 C 轮融资估值

估值指标	指标取值	MAU（万人）	ARPU（美元/人）	营业收入（万美元）	净利率（%）	净利润（万美元）	估值（万美元）
			4.0		11.5		
市盈率（倍）	20					1380	27 600
市销率（倍）	5			12 000			60 000
单个活跃用户估值（美元）	10	3000					30 000

B 轮融资：问题出现了。第一家投资机构只按市盈率估值，虽然给出了 20 倍的市盈率，但是因为公司没有净利润，所以估值为 0；第二家投资机构按市销率估值，给出了 5 倍的市销率，估值为 5 倍×1800 万美元=9000 万美元；第三家投资机构按用户市值率估值，给出了 10 美元/人的单个活跃用户估值，企业估值也是 9000

万美元（10 美元/人×900 万人）。Hello Group 的 B 轮融资估值如表 4-10 所示。

表 4-10　Hello Group 的 B 轮融资估值

估值指标	指标取值	MAU（万人）	ARPU（美元/人）	营业收入（万美元）	净利率（%）	净利润（万美元）	估值（万美元）
			2.0		0.0		
市盈率（倍）	20					0	0
市销率（倍）	5			1800			9000
单个活跃用户估值（美元）	10	900					9000

从表 4-10 中可以看出，采用不同估值方法的估值结果差异很大。在这种情况下，市盈率倍数法失效，只有市销率倍数法和用户市值率仍然适用。最终，3 家投资机构估值 9000 万美元，共投资 1800 万美元，获得约 20%的股份。

A 轮融资：与 B 轮融资类似，一家投资机构给出了 5 倍的市销率，企业估值为 5 倍×300 万美元=1500 万美元，另一家投资机构给出了 7 美元/人的单个活跃用户估值，企业估值为 7 美元/人×200 万人=1400 万美元。最终，两家投资机构按 1500 万美元的估值成交，共出资 500 万美元，获得约 33.26%的股份。Hello Group 的 A 轮融资估值如表 4-11 所示。[①]

表 4-11　Hello Group 的 A 轮融资估值

估值指标	指标取值	MAU（万人）	ARPU（美元/人）	营业收入（万美元）	净利率（%）	净利润（万美元）	估值（万美元）
			1.5		0.0		
市盈率（倍）	20					0	0
市销率（倍）	5			300			1500
单个活跃用户估值（美元）	7	200					1400

天使轮融资：挚文集团的创业概念已经转变为上线"陌陌"iOS 版，并且月活跃用户数在 2011 年 12 月突破 40 万人。同时，"陌陌"iOS 版成为苹果商店社交类 App 免费榜第三名。因为免费使用，所以挚文集团此时没有营业收入。

由于既没有营业收入，也没有销售额，因此市盈率倍数法和市销率倍数法都失效了，采用这两种估值方法的估值结果都是 0，只有用户市值率仍然适用。不过，此时能看懂公司的风险投资机构很少。于是，公司选择了一个水平较高，敢按用户市值率估值，相信创业团队且坚信公司未来会产生收入的天使投资人李勇。

---

① 表 4-8～表 4-11 中的数据直接引自挚文集团在纳斯达克市场发布的招股说明书及历年财报。

不过，具体估值指标参数必须由天使投资人决断，风险自担。如果天使投资人给出了 2 美元/人的单个活跃用户估值，那么企业估值=40 万人×2 美元/人=80 万美元≈517 万元人民币。最终，挚文集团接受了 500 万元人民币的估值，天使投资人出资 100 万元人民币，获得 20%的股份。

虽然 Hello Group 未披露挚文集团天使轮融资额，但是根据唐岩以 88.888 万元人民币持有 65%的股份来推算，假设天使投资人也投资了 100 万元人民币，相当于以 3.25 元人民币/股的价格（65%÷20%）认购挚文集团的增发股份。对于虽有产品和服务但没有利润的企业，敢按用户市值率估值的投资人是有可能接受这个认购价格的（当然，当时的认购价格可能低于 3.25 元人民币/股）。

事实上，在天使轮阶段，大多数企业既没有推出产品和服务，也没有用户、收入和利润，基于市盈率、市销率和用户市值率进行估值的方法都失效了，应该怎么估值？创始人急需几百万元的启动资金，天使投资人出于对创始人的了解和信任，一拍脑袋说"我给你 100 万元，你给我 20%的股份"，最终按照 500 万元的估值成交。在企业还没有产生现金流量的情况下，这个估值就是靠"拍脑袋"得来的。不过，"拍脑袋"也有方法和指标参数，具体内容详见上文。

4.4.2　各融资阶段估值体系的内在联系和使用方法

我们总结一下互联网企业的估值方法。

在天使轮阶段，如果企业什么都没有，那么估值方法是"拍脑袋"，不过"拍脑袋"也有方法和指标参数。

在 A 轮阶段，如果企业没有销售额，那么估值方法是基于用户市值率进行估值；如果有销售额，那么可以用市销率倍数法和用户市值率来估值。

在 B 轮阶段，如果企业只有销售额，没有净利润，那么可以用市销率倍数法和用户市值率来估值。

在 C 轮和 D 轮阶段，如果企业有净利润或预期投后能产生净利润，那么可以用市盈率倍数法、市销率倍数法和用户市值率来估值。

我们回顾一下不同融资阶段的估值公式。

投后估值= 市盈率倍数×预期投后净利润

　　　　=市销率倍数×净营业收入

　　　　=用户市值率×月活跃用户数

从上述公式中可以看出，如果企业没有净利润，那么投资人可以投净营业收入；如果企业没有净营业收入，那么投资人还可以投月活跃用户数。总之，投资人期待流量能转换为营业收入，营业收入能转换为利润。不同的创业企业处于不同的融资阶段，有些企业处于通过拼命"烧钱"甚至不收费来扩大用户量的阶段，有些企业处于绞尽脑汁将线上流量变成现金流量的阶段，有些企业处于苦思冥想怎么真正实现盈利的阶段。

挚文集团在 2011 年上线免费 App，有了一定的月活跃用户数，不过没有净营业收入；2012 年开始收费，有了净营业收入；直到完成 D 轮融资一年后的 2015 年，才在 6980 万名月活跃用户的基础上，自创业以来首次产生 1370 万美元的净利润，真正创造了动态预期净利润。原因是在 2011—2014 年间，挚文集团用于研发投入、市场推广的运营成本和期间费用较高。

在 A 轮、B 轮、C 轮甚至 D 轮融资时，挚文集团一直没有净利润。为什么投资机构不但对其投资，而且给出那么高的估值呢？

实际上，投资机构通常是按照投资后预期的财务预测指标进行动态估值的（投后估值），并且按照投后估值和投资额进行股权分配谈判，这已成为国际投资机构的投资惯例。投资是投资未来、投资预期，只有不断投资，企业才能从种子概念启航，最终创造净利润。

对挚文集团而言，事实证明了动态估值的正确性。从 2015 年首次创造净利润，到 2016 年创造净营业收入 5.53 亿美元，其股价在中概股火热的美国股市中涨到 30 美元/股，市值达 55.94 亿美元，市销率为 10.12 倍，市盈率也远远超过 50 倍。

之所以能取得上述成绩，是因为大家相信在每一轮资本的推动下，企业一定能在某个时间点突破盈亏平衡点，产生净利润，先将创业概念转换为月活跃用户数，再将月活跃用户数转换为净营业收入，最后将净营业收入转换为净利润，从而带来没有最高只有更高的最新投后估值。最终，投资机构或投资人是要按未来盈利能力考察企业的，在实现盈利以后，不同融资阶段的估值方法其实是殊途同归的。

4.4.3　饿了么估值为"零""G 轮死"，创始人沦为打工者

在"创业明星张旭豪把饿了么卖给阿里巴巴，套现 665 亿元"这则消息和相关评论成为热点新闻后的一段时间内，这件事情在网络上广为流传，创始人赚钱与否真假难辨。

与此同时，业界展开了深入的讨论，为什么发展得很好的企业会突然"D 轮

死""G 轮死"？投资人为什么会"断供"呢？

近几年，处于 O2O 风口的外卖行业飞速崛起。外卖平台成为引领潮流的新发明，在实现"万物皆可配送"目标的同时，既为众多消费者带来了极大的便利，又为成千上万名求职者解决了工作问题。

在这种背景下，"85 后"张旭豪创办的外卖平台饿了么做得风生水起，于 2011 年 3 月获得 100 万美元的 A 轮融资。之后，在不到 6 年的时间内，饿了么连续获得 6 轮融资，截至 2016 年年末，累计融资金额达 23.4 亿美元，早中期投资机构包括金沙江创投、经纬中国、红杉中国、中信产业基金、腾讯、京东、大众点评和华联股份等。

2016 年 4 月，饿了么高调宣布获得 G 轮融资 12.5 亿美元，其中阿里巴巴和蚂蚁金服（现"蚂蚁集团"）分别投资 9 亿美元和 3.5 亿美元，刷新全球外卖平台单笔融资金额的最高纪录，成就饿了么最后的辉煌。

那是一个追逐风口、疯狂"烧钱"的年代。正如张旭豪所言："如果一种新产品能够被市场认可，并且可以复制和快速成长，风险投资就会很快介入。2011 年，'饿了么模式'在上海交大附近获得成功时，即使我们没有写过任何商业计划书，风险投资也主动来找我们了。"可见，饿了么当时并没有什么特别的融资经验。[1]

在聊起历次融资的经验时，张旭豪也曾侃侃而谈："融资的关键在于业务有成长性，资本是锦上添花，很难雪中送炭。如果发展得不够好，最终会被抛弃；如果一直在增长，就是受人追捧的项目。"

然而，懂行的业内人士已经发现了关键问题，G 轮融资只有战略投资者"阿里系"，其他投资机构突然"断供"，不跟投了。难道张旭豪"最终会被抛弃"的话要被验证了？

就在饿了么插上"资本的翅膀"快速腾飞的同时，2015 年 10 月，随着大众点评与美团达成战略合作并成立新公司，没有太高行业技术壁垒、可以简单复制、只要"烧钱"就能快速崛起的外卖行业，在资本的推动下，开启了互联网史上极为惨烈的"补贴大战"。

在一开始的时候，饿了么一两元的补贴已经顶天儿了，可美团外卖一上来就是"满 20 元减 10 元"的补贴。美团外卖通过疯狂"烧钱"攻入饿了么的腹地，颠覆了比自己更垂直、强大的竞争对手。

最终，饿了么在竞争激烈的"补贴大战"中被美团外卖打败。2017 年，美团外卖以 79.9%的用户渗透率和 53.9%的用户使用份额位列外卖行业第一。

---

[1] 《饿了么创始人张旭豪：我的五轮融资感悟》，搜狐财经，2015.05.26。

在这场"补贴大战"中，"烧钱"的规模难以想象。公开财报数据显示，在 2015—2018 年间，美团外卖的补贴亏损总额高达 227 亿元人民币。而饿了么在竞争最为激烈的两年内，面对每天几百万份订单，最高一天补贴超过 300 万美元，每年投入的补贴直奔 100 亿元人民币！[①]

饿了么的创业者睡不着觉了，不到半天就"烧"完了 A 轮融资，钱还能继续来吗？投资人的回答是"不能"！

在几轮融资的推动下，饿了么的用户规模已经很大，每日订单直奔 1000 万份，但是营业收入迟迟无法转换为净利润。在 G 轮融资时，投资人坚决按高阶估值体系，即市盈率倍数法来估值。遗憾的是，投资人还是没有看到净利润，对饿了么的估值为"零"，不再投资，饿了么惨遭"G 轮死"的悲剧，创业风险投资终结。

2018 年 4 月，在与美团外卖的"补贴大战"中精疲力竭的张旭豪被迫将饿了么卖给阿里巴巴。张旭豪卸任饿了么 CEO，暂时担任董事长，并兼任阿里巴巴 CEO 张勇的新零售战略特别助理，阿里巴巴副总裁王磊出任饿了么 CEO，并向张勇汇报工作。

在其他投资人拒绝继续投资的情况下，阿里巴巴只能自己不断投资。最终，阿里巴巴收购饿了么 100% 的股份，收购款为 95 亿美元，扣除支付给持有饿了么股权的自家子公司的收购款后，实际收购款为 68.5 亿美元。[②]阿里巴巴收购饿了么的过程如表 4-12 所示。

表 4-12　阿里巴巴收购饿了么的过程

时间	投资或收购	投资额（亿美元）	累计持股比例（%）
2016 年 4 月	阿里巴巴和蚂蚁金服投资	12.5	27.70
2017 年 4 月	阿里巴巴和蚂蚁金服增资	4.0	32.94
2017 年 6 月	阿里巴巴战略投资	10.0	43.00
2018 年 4 月	阿里巴巴和蚂蚁金服收购	95.0	100.00
扣除支付给自家子公司后的实际收购款		68.5	—

阿里巴巴收购饿了么的主要目的是开拓新零售市场，阿里巴巴要的是 C 端外卖交易平台、即时配送物流平台和供应链 B2B 平台，而饿了么能为阿里巴巴提供良好的线下资源，符合阿里巴巴的长期发展战略，因此被并入阿里巴巴的"本地生活"板块。

在阿里巴巴收购饿了么两年后，饿了么原高管团队相继退出，企业决策权集

---

① 《美团登顶之后：饿了么前高管首度披露与王兴对决的那些日子》，21 世纪经济报道，2021.02.03。

② 《从阿里巴巴收购饿了么看互联网企业并购的财务风险分析》，风控网，2019.09.28。

中到"阿里系"高管手中。一位接近饿了么高层的人士透露："在阿里巴巴进行收购和清算后，张旭豪的个人持股只有 2%左右，按照收购价格，张旭豪的身价约为 2 亿美元。"仅凭 2%的持股和"董事长"的虚帽子，张旭豪的身份已经从企业创始人沦为阿里巴巴的打工者。不过，也有网友安慰道："他留在饿了么也是在默默守护着自己曾经的心血。"

其实，被阿里巴巴收购并非坏事，毕竟有了阿里巴巴的扶持，饿了么能够长久地生存下去。在饿了么处境艰难、无力回天的时候，张旭豪没有凭着一腔热血，非要把它握在手里，而是为它找到了一个更好的归宿。正像他说的那样："做得不好被收购，这是宿命。能被收购还算有退出渠道，对股东有个交代，有些企业'死'了连退出机会都没有。"

在被阿里巴巴收购后，饿了么和美团外卖之间的激烈竞争又延续了两年。不过，双方背后毕竟有非常雄厚的资本实力作为支撑，最终竞争缓和下来，亏损减少。如果没有阿里巴巴的资金支持和大平台的庇护，饿了么恐怕已经烟消云散了。

第 5 章

研究、制定切实可行的商业计划书

如何让投资人一眼判断出创业者的企业就是其寻找的高成长性、高回报企业？一份切实可行的商业计划书，可以帮助投资人了解创业企业的全貌，解答投资人最关心的问题，甚至直接促使投资人做出与创业者面谈、开展尽职调查的决定。本章讲述怎样研究、制定切实可行的商业计划书，以及商业计划书的编制内容和撰写要点，使创业者的企业成为投资人的备选目标企业。

5.1　商业计划书的本质和公司概况介绍

5.1.1　商业计划书不是"编"出来的，而是真实研究成果的体现

需要特别强调的一点是，商业计划书不只是给投资人看的，还是创业企业的创业发展规划纲要，是在整理、总结企业现状和创业进展情况的基础上，经过深入调查、分析和研究后，制定出来的近期、中期企业发展目标和一系列创业方案、策略、具体措施。

也就是说，商业计划书应该是创业团队倾注心血研究、制定的发展规划纲要文件，它是用来执行的。创业团队不能单靠"编"一份漂亮的商业计划书来吸引投资人，那样就本末倒置了。即使靠商业计划书获得了融资，如果创业团队不执行商业计划书或执行得不好，也会给之后的融资带来很多困难，难以持续获得融资，投资人会怀疑创业团队的商业计划书不可靠，纯粹是"编"出来的，或者创业团队缺乏执行力。例如，咸鱼游戏自从在 B 轮融资时获得众多影视明星的投资以后，再也没有像样的成功融资，更不用说上市了。

一份切实可行的商业计划书要"有料、有量、有份、有成果"，具体内容应虚实结合。

"虚"是指创意、商业模式创新价值或创业团队的价值。创业团队可以把"虚"的内容写得很宏大，不过必须基于"精准而清晰的商业逻辑和对商业的预测规划能力"。

"实"是指创业团队已经为创业投入了多少资金、代价、精力，以及取得了多少成果。例如，创业团队对项目投入了多少资金？首次成功融资一般是创业团队已投入资金的 5 倍、10 倍甚至更多，如果创业团队已经投入了 100 万元，那么首次成功融资可能是 500 万元甚至 1000 万元以上。为什么已投入资金很重要呢？很简单，如果创业者不动真格的，那么投资人怎么会支持呢？

再如，创业团队是否为了创业付出过"放弃原有工作""放弃其他机会"等代价？这种取舍也是投资人希望看到的，因为这证明创业团队敢于全心创业，对项目有信心。

又如,创业团队投入了多少精力?完成了哪些任务?项目取得了哪些成果(如专利、技术、样品和运营模式等)?道理也很简单,投资人想知道创业团队"折腾"了这么久,到底做出了什么成绩。

商业计划书应准确描述创业企业所处的市场整体发展空间、产品或业务潜力、盈利模式和未来的投资回报等内容,既要有清晰、可实现的路径,即"有料、有量",又要表达出创业项目独特的竞争能力,技术和产品能够构筑商业壁垒,即关于占领市场的内容要"有份、有成果",以便回答投资人经常提问的"为什么由你来创业才可行"。

在商业计划书的开头,通常需要提炼出商业计划书摘要。

商业计划书摘要位于商业计划书的开头部分,即总纲或概括说明,之后是正文内容,另附相关资料、支撑文件、验证和证明文件等。

商业计划书摘要包括以下内容:公司基本情况概述、主要管理者情况、产品和服务的简要描述、研发情况、目标市场、业务机会、盈利模式、主要营销策略、管理模式、融资需求和投资回报的简要概述。技术创新企业还要简述产品制造和关键技术。

商业计划书摘要应简要介绍企业在本轮融资后率先实现什么目标,企业近期和未来 3~5 年的发展方向、目标是什么,企业的关键成功因素是什么,以及企业打算通过哪些主要措施实现相关目标。

商业计划书摘要的撰写要点和技巧是精炼浓缩、描述生动,最好控制在两页A4 纸以内,应该激起投资人的兴趣,尽量在第一页的后半部分概括提出融资需求。创业者应确保投资人能在 8~10 分钟内浏览完毕并完全理解摘要内容。

接下来,我将介绍商业计划书的正文内容。

5.1.2　公司基本情况

公司基本状况:公司名称、成立时间、注册地址、注册资本、实际到位资本(包括现金和无形资产各占的股份比例)、法定代表人、主营业务和所处行业。

公司沿革和股本变动:公司自成立以来主营业务、股权和注册资本等的变动情况,并且说明变动的原因。

公司目前主要股东情况:以表格形式列出股东名称、出资额、出资形式、股份比例、联系人和联系电话等。

下属公司情况：本公司下属独资公司、控股公司和控股比例，以及参股公司和参股比例。

员工总体情况：基于学历和技术职称，以表格形式列出员工人数和比例。

这部分内容的撰写要点和技巧：重点概述公司的背景、股权结构和历次融资情况等，内容要真实准确。

5.1.3　创业团队及其分工

创业企业的创业团队是投资人非常看重的投资评估要素，处于创业早期的企业尤其如此。如果有一个阵容强大、实力雄厚的创业团队，企业将更容易在天使轮和 A 轮获得融资。

创业者可以用表格形式列出创业团队的名单和简介，包括创业团队成员的姓名、性别、年龄、学历、所学专业、技术职称、毕业院校、职责分工、联系电话、主要经历和业绩。

创业团队的背景优势非常重要，名校、名企出身，参与过的著名项目，曾经创业成功的经历等，都是创业团队的标签和光环。如果没有这些，那么可以重点介绍创业团队在本行业或相关行业的经验和成就。企业的顾问和人脉也是创业团队的后盾资源，有大咖和巨头支持、合作的团队更可靠。

在介绍完创业团队后，商业计划书中还应列出董事会成员的姓名、职务、工作单位和联系电话。

这部分内容的撰写要点和技巧：对于创始人（董事长）和 CEO，在主要经历和业绩中，着重描述在本行业内的技术、管理经验和成功事例；对于技术研发负责人，着重描述在本行业内的技术水平、经验和成功事例；对于产品生产负责人，着重描述在本行业内的产品生产制造经验和成功事例；对于市场营销负责人，着重描述在本行业内的营销经验和开拓市场的成功事例；对于财务负责人，着重描述在财务管理和融资等方面的背景、经验、业绩；对于其他核心员工，可以根据每个人的专长描述其背景、经验和业绩。

风险投资机构和私募股权投资机构通常青睐这样的创业团队：在企业所处行业内有成功的从业经历和良好的口碑，拥有良好的社会关系，具备接受管理、技术创新理念的积极性，专业分工合理高效、优势互补。

5.2　行业、产品和市场

行业是企业生存和发展的赛道，市场是企业产品和服务的竞技场所。投资人看好创业企业所处行业、市场的前景和企业的产品，是投资人选择创业者的企业并通过该企业进入相关行业的前提条件。所以，向投资人描述企业的产品和服务是商业计划书的重要内容。

5.2.1　产品和服务：做什么，产品定位是什么

描述产品和服务，就是向投资人说明企业是做什么的，企业的产品定位是什么。一个精准的产品定位，往往能给投资人留下清晰而深刻的印象。

在投融资界流传着一个描述产品定位的基本公式：产品定位=产品名称+品牌+类型+特征和性能+核心卖点+目标人群或用户+潜在目标人群或用户+与竞争对手同类产品的区别。

这部分内容的撰写要点和技巧：重点介绍产品系列和核心产品性能，产品和服务为用户提供的价值，与竞争对手同类产品相比的额外价值，产品的优劣势，产品、服务与竞争对手相比的差异性，竞争对手的产品开发情况，产品的技术专利及其保护情况。这部分内容要聚焦于最重要的产品，避免撰写过多的技术细节，力求简洁，可引用产品和服务已试点成功的例子，如企业的目标用户，目标用户的需求集中体现在哪些方面，产品和服务将解决哪些痛点，以及如何满足目标用户的热点需求等。

5.2.2　行业和市场前景：市场空间有多大，能占多大的份额

在介绍完产品和服务后，需要介绍企业所处行业和市场的基本情况，包括行业发展历史和趋势，行业和市场的现状、前景（如市场目前的总体规模和历年增长趋势），具体可以基于过去 3～5 年的行业产量、销售总额和销售增长率等指标

进行比较分析。

同时，商业计划书应精准定位目标用户的需求，分析目标用户的购买力有多大，根据行业分析研究报告等判断未来的市场空间和总体市场份额。

另外，商业计划书还应介绍进入相关行业的技术壁垒、贸易壁垒、宏观产业政策限制，以及行业的哪些变化会对产品利润和利润率有较大影响等。

投资人通常更关注未来发展空间足够大，可以容纳几十亿元甚至上百亿元级别上市企业的市场或细分市场。如果还有让投资人信服的产品，获得融资的机会就更大了。

这部分内容的撰写要点和技巧：在行业方面，主要描述企业所处行业的概览，对行业发展方向的预测，技术创新能起到怎样的推动作用，宏观经济环境和产业、技术、经济政策等对行业发展的影响，企业如何跨越各种壁垒，以及企业是否属于国家鼓励外商投资的产业或战略性新兴产业。在市场方面，主要描述细分市场的规模有多大、增长速度有多快，结合营销策略和竞争情况对目标市场做出预测，明确目标用户是谁，以及总体市场份额能达到多少。

5.2.3 同行业竞品对比分析：福特"五力"模型

1. 同行业竞品对比分析

① 本企业的产品与行业内主要竞争对手产品的优劣势对比，包括性能、特点、品质、价格、用户体验和服务等方面，应突出本企业产品的核心竞争力。

② 主要竞争对手的运营数据，如产量、销量、市场份额、销售收入和税后净利润。

③ 本企业目前的运营数据，包括目前的产量、销量、市场份额、销售收入、税后净利润（以列表形式与竞争对手比较），以及预计市场份额、进入市场和扩展机会等内容。

④ 在融资不成功的情况下，本企业未来 3～5 年的销售收入预测，包括产量、销量、销售收入、市场份额和销售增长率（按年列表）。

⑤ 在融资成功的情况下，本企业未来 3～5 年的销售收入预测，包括产量、销量、销售收入、市场份额和销售增长率（按年列表），以及每一种产品的销售收入占总销售收入的比例等。

⑥ 主要客户分析，即过去 3 年前十大客户或占总销售收入 70%的客户销量占本企业总产量的比重，以及主要客户的销售额占市场份额的比重（可按每个主要

客户列表）。

⑦ 关键里程碑运营数据，如免费试用时间，起始收费价格、试销收费价格，未来 1 年、3 年、5 年的单价、销量、销售收入，突破盈亏平衡点的年份、销量和销售收入，净利率达到 20% 的销量和销售收入等。数据往往是最有说服力的。

这部分内容的撰写要点和技巧：主要描述有哪些竞争对手在提供同类产品，竞争对手有多大的市场份额和开发创新的可能性，主要竞争对手的目标市场、盈利能力现状和潜力，本企业的产品与同行业竞品相比有哪些核心竞争力。

2. 福特"五力"模型

在商业计划书中，如果能采用如图 5-1 所示的福特"五力"模型进行企业竞争力分析，阐述企业的优势和风险，那么投资人会认为创业团队考虑得非常周全，处于制造领域的企业尤其如此，因为福特"五力"模型是国际投资机构经常采用的竞争分析方法。

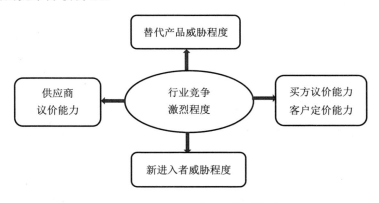

图 5-1　福特"五力"模型

① 行业竞争激烈程度：主要陈述所处行业的整体市场空间有多大，行业内现有主要竞争对手的情况，本企业在行业内处于什么地位，以及本企业现在和未来几年内能达到多大的市场份额。

② 供应商议价能力：主要影响产品成本。在分析时，应主要陈述供应商的集中程度和原材料的稀缺程度。例如，苹果生产 iPhone 的供应链上有很多供应商，苹果的采购量非常大，很多供应商 80% 以上的营业收入来自苹果。苹果把原材料的价格压得很低，并且要求供应商告知成本是怎么核算的，苹果在知道成本后会给予供应商自认为比较合适的微薄利润。

③ 买方议价能力和客户定价能力：买方和客户主要通过压价、要求提供质量较高的产品和服务来体现议价能力。买方和客户的议价能力直接影响产品价格或

服务的收费标准。例如，苹果在研发方面大规模投入，不断开发独特的新产品，将苹果系列手机 iPhone 与苹果电脑、iPad、Watch 等产品互相联动，并建立较高的客户忠诚度和庞大而稳定的中高端客户群，客户基本上不会放弃使用 iPhone，转向其他智能手机竞争对手。

④ 新进入者威胁程度：主要描述同行业内新成立的同类企业，提供同类产品和服务的技术壁垒、成本有多高，以及打造品牌知名度的额外成本有多高。

⑤ 替代产品威胁程度：主要描述同类产品或具备相近功能的替代品冲击市场的威胁程度，以及自身产品迭代的周期和成本。

5.3　产品研发

5.3.1　产品演示和产品功能结构介绍

如果在本轮融资之前，企业的产品和服务已推向市场或已上线运行，那么在商业计划书中可以直接演示成品。

① 在商业计划书中插入成品实物展示图片或视频。

② 运用简洁、清晰、有冲击力的语言描述企业的产品和服务。

③ 介绍产品和服务，界定范围，明确定位产品和服务。

④ 引用产品和用户体验的数据、信息、图片等，描述产品的核心功能。

如果创业团队还没有研发出产品，那么可以在商业计划书中演示构想的产品效果图，包括产品创意、成品设计图、产品功能结构图、研发架构，以及研发程序安排、当前研发阶段，已经取得的阶段成果，已经投入了多少资金和计划再投入多少资金，预计什么时间完成研发等。

产品功能结构图是描述产品和服务系统的总功能、各级分功能，直至拆分到功能单元相互之间的关系或从属关系的图片。功能结构图的主要作用是更加明确地体现产品内部的逻辑关系，规范各个部分的功能，使之条理化、清晰化，让人一目了然。

功能结构图既适用于网站设计、程序开发和系统集成分析等模块化场景，也适用于工业制造领域。它是产品原型的结构化表现，要求创业团队对产品的板块、模块、界面、功能和元素心中有数，并且能用相关的绘图工具绘制出来，以便梳理和设计研发架构，制定研发程序。

5.3.2　产品研发流程和当前研发阶段

从启动研发到投产或上线，产品研发流程大致分为以下 8 个阶段。

1.　研发启动阶段：市场调查

在这个阶段，创业团队主要进行新产品概念和设想的目标市场调查，分析技术和经济上的可行性；筛选、确立概念产品，确保产品研发符合企业的资源条件，并能增强企业的核心竞争力；任命产品经理，组建研发团队。

市场调查和需求采集的内容包括以列表形式调查用户需求，以及需求类型、需求来源、需求内容、需求场景等，必须量化描述。

2.　功能确定阶段：可行性分析

① 需求分析：将用户需求转化为产品需求。

② 需求确定：将产品需求转化为产品功能。

3.　产品设计阶段：总体设计和 UI、UE 设计

① 产品总体结构和功能设计。这个阶段的成果是 PRD（Product Requirement Document，产品需求文档），其内容可以通过以下公式来表明。

PRD=产品结构（信息结构和功能结构）+产品功能+业务流程+原型图+需求说明

在梳理好结构和功能后，产品经理就能以这两者为主线设计产品原型了。

② UI、UE 设计。UI（User Interface，用户界面）设计应美观且符合用户的使用习惯。UE（User Experience，用户体验）包括用户在使用产品过程中的所有感受，设计师需要结合各种用户体验进行设计。

4.　技术评审阶段

在这个阶段，研发团队需要评价、审查产品功能是否满足用户需求，确保原型样机试制在企业的资源条件下和技术、经济方面是可行的，确认所有研发人员充分理解并认可总体方案，以及人员配备和时间安排是合理的。

5.　核心技术研发阶段

在确认具体的原型图和 PRD 无误后，研发团队需要全面研发核心技术（如引进、改良、集成或自主研发），前后端研发人员按照既定的研发架构和计划进行子系统和各个功能单元的开发设计，产品经理统筹管理整体技术落地和集成总装。

6. 样品测试阶段

研发人员在完成每一项功能的开发后，将其提交给测试人员进行功能测试。测试人员如果发现漏洞和问题，应将它们反馈给研发人员，让其修复样品并重新提交测试，直到通过测试为止，确保在整个流程中没有任何纰漏，及时解决遇到的问题。

工业制造领域内的研发团队还需要研发生产线或委托外包加工、试制样机，并且测试样机的功能。

化工领域内的研发团队不需要进行结构设计和 UI、UE 设计，不过需要研究主要原料和辅料配方，经过小试后研制生产装置，并进行中试和投料试车。药品、疫苗需要通过临床试验和药监局审批。

7. 投放市场阶段

在产品的所有功能都经过测试并达到设计要求后，研发团队就可以将产品投放到市场中了。实物生产制造领域通常需要进行工厂生产线建设和安装调试，达到批量生产要求的时间和研发周期较长。

8. 更新迭代阶段

产品被投放到市场中，意味着研发流程结束。如果经过市场验证和试销，发现产品存在问题，研发团队就要准备下一代产品的更新迭代，按照上述流程循环进行。

产品研发流程如图 5-2 所示。

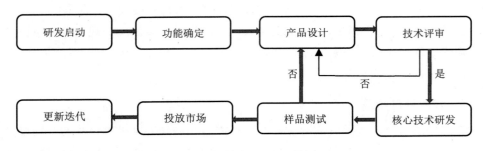

图 5-2　产品研发流程

这部分内容的撰写要点和技巧：结合产品特点简要描述产品研发流程，要有明确的技术构想、研发计划和将研发成果转化为生产能力的详细方案。如果研发团队已经开始试制产品，那么可以说明产品试制情况、样品性能状况和产品试销情况。在商业计划书中，可以列举研发人员的成功案例，甚至对研发人员研发能力的描述可以多于对技术的描述，避免撰写过多的技术细节。研发团队还应介绍目前的研发处于哪一个阶段、主要研究成果、是否已经获得专利和技术转移，产品的核心技术与其他竞争对手相比的领先程度，以及企业现有的技术储备情况和对核心技术人员的激励措施等。

5.3.3　研发投入情况和资金预算

在陈述完产品研发流程后，创业者应让投资人了解目前已经投入了多少资金，进一步开发还要投入多少资金和资金的具体用途，如市场调查费、产品设计费、研发设备费、实验设备费、研发原料费、半成品试制费、购买技术专利费、外包软件和外包加工制作费、中试费、投料试车费、研发人员工资、行业专家咨询评审费等。

在商业计划书中，可以按年列表介绍企业未来 3～5 年的研发资金投入和人员投入计划，包括每年的资金投入及其占销售收入的比例等。

5.4　商业模式和盈利模式

当今时代，创新商业模式、盈利模式和创新营销策略层出不穷，争相引领时代潮流。如果跟不上时代步伐，企业的技术成果、创新产品和创新服务就难以及时转化为商机，无法在商业计划书预期的时间内占据足够大的市场份额，并达到一定的营业收入和利润规模，可能导致企业估值为"零"和融资"路断"，遭遇财务危机，甚至创业失败。

简单来讲，商业模式是对特定经济实体的商业逻辑关系的描述，它描述的是经济实体实现可持续盈利的方式。而盈利模式是赚钱的具体途径和方法，它是商业模式的核心表现，引导经济实体按照商业模式的逻辑进行各种资源的合理配置，最终实现"创造盈利"这一核心目标。商业模式强调的是怎样从宏观整体切入市场并持续发展，盈利模式强调的是如何从具体业务中获取利润，两者并不矛盾。

盈利模式是商业模式的主要组成部分，创业者需要考虑盈利来源、卖点，短期内如何实现盈利，中长期内有怎样的战略目标和市场发展方向。

有了好的商业模式，创业成功就有了一半的保证。因此，投资人往往非常关注创业企业的商业模式是否可行，并据此判断是否投资。在商业计划书中，创业者应精准描述企业的商业模式和盈利模式，介绍企业赚钱的具体途径和方法，即使目前可能还没有完全成形。

　　鉴于近年来众多创业企业"D 轮死""E 轮死""F 轮死"的根本原因之一是找不到或未能实现盈利模式，从而导致盈利困难和融资"路断"，下文将详细讲述 20 种盈利模式，供创业者研究和选择，帮助创业者在将研发成果转化为商机的过程中尽快产生营业收入和利润，保持持续融资的良好状态。创业者既可以从中选择适合自己的盈利模式，也可以提出创新模式。

5.4.1　火爆的网红模式：网红模式产业链分析及其对创业领域的影响

　　随着抖音、快手等短视频平台和直播带货的兴起，2016 年成为"网红营销"的元年。网红经济从线上的社交平台、直播、游戏、电商发展到线下的实体产业，渗透到很多领域之中，并形成了完整的产业链。

　　2021 年，抖音、快手的"联盟团长""快分销"等直播带货供应链业务和相关企业相继崛起，为抖音和快手的百万名主播找好货，为成千上万种货品找合适的主播，解决了"人""货""场"之间匹配效率低、业务合作复杂等问题。

　　网红是通过网络社交平台聚集大量关注度和追随者的知名人物，其本体以人为主，也可以是动物或虚拟物等。

　　网红模式是指网红通过移动互联网，首先基于社交网络和自身输出的内容成为 KOL（Key Opinion Leader，关键意见领袖），然后将 UGC（User Generated Content，用户生产内容）深化或转化为 PGC（Professional Generated Content，专业生产内容），增强粉丝黏性和认同感，从而影响粉丝的行为或决策，最终实现营销变现的商业模式。

　　也就是说，网红模式是网红群体依托互联网（特别是移动互联网）的传播和社交平台的推广，聚集大量社会关注度，形成庞大的粉丝群体和定向营销市场，并且围绕网红 IP（Intellectual Property，知识产权）衍生出各种消费市场，最终形成完整的网红产业链的新型商业模式。

　　这里的"IP"直译为"知识产权"，可以将其理解为"可进行多维度开发的文化或知识产权品牌"。它通常具备 3 个基本特征：文艺作品的形态多样性，运营手段的层次复合性，具有社会生活中的影响深广性。IP 可在多个平台上获得流量，通过内容分发和推广，衍生出各种消费市场。

　　网红模式的信息载体是全媒体网红，网红群体包括专业领域的极客和原创生产者，传播途径（输出形式）包括微博、微信、视频网站和直播平台等，主要特点是以有特色的知识、技能、创意等视频、音频内容形成自媒体，变现方式包括电商、内容付费和独立品牌营销发展等。

网红模式的兴起，得益于 MCN（Multi-channel Network，多频道网络）机构的助力。MCN 诞生于美国著名视频网站平台 YouTube，它将平台上不同类型的 UGC 和 PGC 联合起来，以平台化的运作模式为内容创作者和 KOL 提供运营、商务、营销等服务，帮助其实现变现，在资本的有力支持下，保障内容的持续输出，从而获得稳定的商业收益。

MCN 机构是利用平台化运作模式开展经营运作并获得盈利的机构，又被称为"网红孵化机构"，通俗来讲就是网红经纪公司。其运作模式源于国外成熟的网红经济，通过提供策划、定位、包装、推广、内容分发和招商等服务，将内容创作者打造成网红。

正是由于上述特点，网红模式对创业领域的重要影响是促进创新产品转化为商机。实物生产制造领域的创业企业可以利用网红模式及其衍生的一系列营销策略推广自己的创新产品，尽早、尽快实现盈利模式。

虽然近年来出现了一些不良现象，但是"刚需"仍是网红模式建立和发展的物质基础。只要有刚性产品需求，网红就不会消失。随着走红而产生的各种乱象会在监管下得到约束，网红也将提高自身素质，以及与资本博弈的风险意识。

我们认为，网红模式将在规范管理和回归理性的大趋势下继续运行。网红模式产业链如图 5-3 所示。

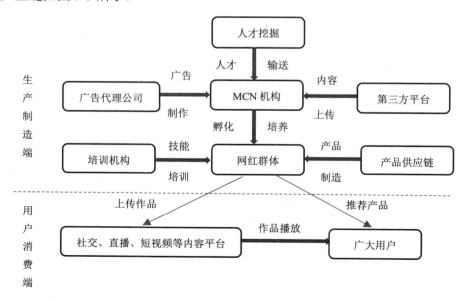

图 5-3 网红模式产业链

5.4.2　实物生产制造领域的 9 种传统盈利模式

实物生产制造领域的盈利模式基本上是比较传统的，主要有以下 9 种盈利模式。

1. 自产自销的直销模式

生产商在各地设立自己的销售机构，如雅芳、安利、戴尔等。

2. 直供模式

生产商直接向不属于自己的分销商供货，由第三方平台完成销售，如许多消费品生产商直接向百货商场或副食品商店供货。

3. 代理模式

生产商委托代理商销售商品，代理商收取生产商的销售佣金，代理商品的所有权归生产商。具体流程是"生产商—总代理商—各级代理商—经销商—消费者"，如央视曾报道某家代理商每年与超市签订合同，代理某酱菜品牌的商品。

4. 联销体模式

生产商与销售商出资成立联销体机构，并销售产品，如娃哈哈，以及格力空调与区域代理商合资成立销售公司。

5. 仓储模式

生产商向属于自己的销售平台供货并负责市场配送，如四川长虹。

6. 专卖模式

已经树立品牌形象的商品，可以通过专卖店进行销售，如本田、奥迪、奔驰、宝马等汽车品牌的 4S 专卖店，TCL "幸福村专卖系统"，五粮液 "2000 家专卖店计划" 和蒙牛 "专卖店加盟计划" 等。

7. 自主设计、生产外包、自主销售模式

例如，小米手机系列产品，澳大利亚的两家食品超市上市企业 Coles 和 Woolworths，德国的 "奥迪超市" 外包加工本品牌的产品，并在 "奥迪超市" 低价保本销售，以此吸引消费者，通过销售利润率更高的其他商品来获利。

8. 中介代理模式

中介代理模式属于代理模式，中国的二手房、二手车行业普遍采用中介代理模式，如链家地产、瓜子二手车等。在澳大利亚和美国等发达国家，新建住宅的主流交易方式是由房地产开发商委托中介机构代理销售，不允许房地产开发商卖房。

9. 复合模式

复合模式是指同时采用上述模式中的几种模式复合销售商品，如海尔、可口可乐等。

5.4.3　现代服务业常见的 2 种传统盈利模式

按照联合国对三大产业的划分，第一产业包括农业、林业、畜牧业和渔业；第二产业包括制造业、采掘业、建筑业、公共工程、水电油气、医药制造；第三产业指现代服务业，范围较广，包括交通运输业、通信产业、商业、餐饮业、金融业、教育、服务业和其他所有非物质生产部门。

现代服务业中的不同行业有各自的传统盈利模式，其中商业、餐饮业、娱乐业、金融业和服务业等领域有以下 2 种常见的传统盈利模式。

1. 店铺模式

店铺模式是非常古老的盈利模式，包括临街门店和购物中心内非专卖店、非连锁店类型的单元店铺，如餐馆、咖啡馆、商店、超市、影院、酒店、宾馆、银行、游戏厅、美容院、儿童乐园和移动通信营业部等。

2. 连锁店模式

例如，麦当劳、肯德基、星巴克、喜茶、海底捞、永和大王和如家酒店等。

5.4.4　依托互联网的 9 种创新盈利模式

近十几年来，依托互联网的盈利模式不断创新，"互联网+"以迅猛之势横扫全球。"互联网+直销"是自营电商，"互联网+平台推广服务"是 B2C（Business to Consumer，商家对消费者），"互联网+连锁"是 O2O 新零售，"互联网+微信直销"是微商，"互联网+金融"是"互金"，"互联网+网红直销"是直播带货，等等，具体可分为以下 9 种创新盈利模式。

1. 广告收费模式

广告收费模式是指互联网网站用"免费"吸引用户上网，由用户以外的第三方支付用户上网的运营费用。具体由谁来支付呢？答案是商家，即生产制造企业、销售商和广告商。广告收费模式曾经是谷歌的主要盈利来源，后来成为互联网领域首选的盈利模式，并延续至今。

广告收费模式可以分为以下 5 种模式。

1）品牌广告模式

传统行业的品牌广告主在互联网上打广告的行为带有传统行业的烙印，他们打广告的思路、方法、计费方式、广告素材等，与传统广告有很多相似之处。互联网广告与传统广告最大的差别在于，互联网广告是可点击、可互动的，用户用鼠标点一下就可以弹出一个新窗口，打开广告主的落地页，还可以互动交流。从数据上来看，在几大互联网门户网站、视频网站和垂直网站的广告收入中，近 80% 来自品牌广告。

2）搜索竞价排名模式

这种模式主要通过谷歌搜索、百度搜索、淘宝等竞价排名模式，以及各大手机应用市场的竞价排名模式产生营业收入。商家的推广信息可以出现在搜索结果中比较靠前的位置，按点击量付费，若没有被用户点击，则不收取推广费。

3）信息流广告模式

商家以微博、抖音、腾讯、朋友圈、今日头条、各类新闻产品、新浪扶翼、新浪粉丝通、网易有道、Meta 和 YouTube 等平台为广告载体，付费推广自己的产品信息。例如，YouTube 的用户可以免费点播全世界的视频节目，在播放前和播放期间插播广告，YouTube 向商家收费。再如，腾讯通过建立规模庞大的网络社区平台，为用户提供在线生活服务，影响用户的沟通方式和生活习惯，并且借助这种影响嵌入主营业务中的各类生活消费服务，向商家收取费用。

4）网盟广告模式

网盟是网站的广告联盟，是一种精准投放广告的体系。这种模式主要是把商家的网站放到相应的行业网站中，通过文字或图片的形式投放广告，按弹出、点击、播放、注册、下载或成交量等分别收费，如百度联盟、阿里妈妈等。

5）移动广告模式

移动广告是通过移动设备（如手机、PSP、平板电脑等）访问移动应用或移动网页时显示的广告，广告形式包括图片、文字、插播广告、HTML5、链接、视频、重力感应广告等。移动广告平台包括华为聚点、百度海外、多盟、有米、艾德思奇和点入移动等，按访问人次、点击量、有效问卷、订单计费或实际购买提成收费。

2. 实物商品或虚拟服务售货模式

实物商品售货模式也被称为实物交易平台模式，是指为用户提供商品交易平台并向商家收取佣金报酬的模式。例如，阿里巴巴通过在其 B2B 网站上向国内外商家提供展示空间来收取固定佣金报酬；京东和当当网的 B2C 模式通过售货赚取差价利润；KK 集团通过 O2O 模式的"线上商城+线下门店"，建立跨境电商平台和创新模式的潮流零售企业；小米的 B2C 网络电商平台模式，销售自主设计、外包加工制造的产品，雷军曾表明，小米的硬件产品利润率只有不到 5%，主要利润来源于软件和 B2C 业务的售货差价。

虚拟服务售货模式如谷歌地图、百度地图等，它们向地图上标示的商家收取佣金报酬。

3. 服务交易平台模式

服务交易平台模式是指为用户提供交易平台，平台本身不创造价值，通过整合资源、促成交易来获利。其盈利模式是收取服务佣金或提成，不过收取佣金或提成的对象不一样，如携程的对象是各大酒店和航空公司，虎牙直播和抖音的对象是主播，淘宝、美团外卖和饿了么的对象是商家，滴滴出行的对象是司机，等等。

4. 注册用户收费模式

注册用户收费模式包括定期收费和按需收费两种模式。

1）定期收费模式

这种模式是指用户按月、年等付费后获得相应时间的服务。例如，澳大利亚的用户每月向美国网飞支付注册会员的 10 澳元费用，可以在一个月内免费收看会员级的电影和电视剧；手机游戏月卡收费也属于定期收费。

2）按需收费模式

这种模式是指按注册用户实际购买的服务项目收取相关费用。例如，在网飞中观看一部最新的付费电影需要 5 澳元，而爱奇艺收取的费用是 5 元人民币。

5. 增值服务模式

增值服务模式是指基础功能免费、高级增值功能收费的模式，首先用免费的产品和服务吸引用户，抢占市场份额，扩大用户规模，然后通过对增值服务或其他产品收费来实现盈利。例如，巨人网络《征途》游戏的"基础服务免费+虚拟道具收费"模式；在小米的生态链条中，部分产品"硬件免费+内容或服务收费"，建立了完整的增值服务模式；《王者荣耀》、《360 安全卫士》杀毒软件、WPS 办公软件和百度网盘等也采用了这种模式。

6. 专业服务收费模式

在互联网时代，服务的类型更加多元化。发达的网络和便捷的在线支付技术，使产品、信息、功能、技术、知识、内容、经验、咨询和开放 API（Application Programming Interface，应用程序接口）等，可以通过互联网提供服务并收取费用。例如，阿里云服务器、友盟、网易云课堂、腾讯课堂、樊登读书会，提供经验的分答，提供咨询服务的在行，讲故事的喜马拉雅，以及提供行业研究报告的各种网站等。

开放 API 是服务型网站的常见应用，网站服务商将其网站服务封装成一系列 API 并对外开放，供第三方开发者使用。例如，淘宝开放平台、支付宝开放平台、高德地图开放平台和百度地图开放平台等，向开发者提供相关功能的接口，为开发者的产品赋能，同时吸引更多人加入开放平台。再如，腾讯的"微伴助手"为商家提供多行业、全场景一体化解决方案，包括多平台订单接入、系统数据打通、数据查看和分析等，借助"微伴助手"，零售门店和零售品牌可以构建集营销获客、销售管理和客户服务于一体的数字营销管理系统，快速打造自有客户池，通过高效的互动和运营方式，提高客户黏性、活跃度和留存率，实现对客户的精细化管理。

7. 第三方金融支付平台模式

第三方金融支付平台模式，是指为用户支付、生活服务、政务服务、社交、理财、保险和个人往来转款、提现等众多场景提供在线平台，并从中收取佣金，如支付宝、微信支付和转账等。

此外，这种模式还衍生了沉淀资金和资金池模式，利用沉淀资金投资来产生收益，如蚂蚁花呗，京东的白条、京小贷和京保贝等贷款业务。

8. 共享经济租赁模式

共享经济租赁模式是指在共享经济的条件下，在有限的时间内将产品提供给他人使用的租赁模式。这种模式适用于很多产品，无论是私人的产品还是企业的产品，是动产还是不动产，典型的例子有出租民宿短租公寓的 Airbnb，出租自行车的优步和美团单车。

9. 数字生态系统模式

处于不断发展的高端领域，在服务客户的过程中通过"锁定"将客户长期绑定到自己的数字生态系统中，是创业者的梦想。例如，客户有一部苹果手机或安卓手机，很可能会被"锁定"在相应的数字生态系统中。客户购买了硬件，相应的软件只能在同一系统中兼容。如果客户的电脑安装了微软的 Windows 操作系统，就必须使用 Office 软件，而 Office 软件经常升级、逐年收费，这样，客户很难选择其他产品，新的竞争者很难涉足或介入这些客户群中，这也是苹果和微软你超我赶，市值都曾超过万亿美元的重要原因。再如，华为将其定位为"通信设备领域的系统集成服务商和量产型公司"，为客户提供有竞争力的"端到端"通信解决方案，依靠通信产品的整个生命周期实现盈利。

需要指出的是，在成熟的产品生态中，往往不会只采用一种盈利模式，很多企业会整合多种模式，综合采用，如美团外卖采用了以下几种盈利模式。

① 佣金抽成：向入驻的商家抽取一定的交易分成。

② 平台增值服务：向商家提供广告位（如横幅广告）、推荐位、专题、用户画像、竞争情报，向付费用户提供会员特权等。

③ 自营餐饮：平台掌握所有商家的订单数据，知道在什么地段、什么时间、卖什么最赚钱，利用大数据建立自营餐饮系统。

④ 资金池：每隔一两周和商家结算一次，利用账期沉淀资金进行投资，从而获利。

5.5 营销策略

从投资人的逻辑来看，营销策略是在一定盈利模式的基础上，针对特定的目标市场，开展一系列以提高销量和企业声誉为目的的经营活动，是对多种营销方法（如产品、价格、渠道、促销和公关等）的综合运用。

创业者只有把足够多的创新产品和服务"卖出去"，才可能获利。投资人应该了解创业者需要在营销方面采取哪些行动和措施，以便实现盈利模式。

近年来，在传统营销策略的基础上，创新营销策略不断涌现，引领市场潮流。不过，仍然有一些创业企业没有采取有效的营销策略，未能迅速打开市场并占据足够大的市场份额，过低的销量导致其创新产品和服务无法产生足够的营业收入，实现盈利，最终导致融资"路断"。为了帮助创业者完成将创新产品和服务转化为市场商机的过程，本节将详细讲述 10 种传统营销策略和 9 种创新营销策略，创业者可以结合自身情况来选择。

5.5.1　10 种传统营销策略和典型案例

1. 产品策略

在感冒药市场几乎已经被康泰克（现"新康泰克"）和三九占据的情况下，实力不算太强的启东盖天力药业有限公司（简称"盖天力"）生产了一款感冒药。怎么将新药打造为细分市场的第三名呢？盖天力苦苦思索，终于研究出独特的产品。首先，盖天力把白天服用的片剂做成白色，把夜服片剂做成黑色，并在黑色片剂里添加了一点儿有抗过敏作用的镇静剂盐酸苯海拉明，让患者在白天不会昏昏欲睡，在晚上能更好地休息；然后，盖天力给新药起了一个名字——"白加黑"。

2. 广告策略

盖天力在传统广告宣传的基础上采用了独特销售主张（Unique Selling Proposition，USP），在包装盒上印制广告语"白天服白片，不瞌睡；晚上服黑片，睡得香"，并在电视上循环播放，给人留下了很深刻的印象，戳中了众多感冒患者的痛点。

3. 价格策略

盖天力设计了每一板含 12 片片剂的大包装，并让每盒感冒药的定价介于品牌合资企业和国内名牌企业感冒药的定价之间，既保证了经营利润，又符合消费者对感冒药价格的心理预期。

4. 渠道策略

基于原有盈利模式中的"三级价格体系"，盖天力将"白加黑"输送到国内主要省、市、自治区，配合出厂价、批发价、零售价的"三级价格体系"和强劲的广告效果，各级经销商进货热情大增，在增加"白加黑"销量的同时，各级经销商也获得了丰厚的利润回报。

5. 营销管理机制和推广策略

盖天力供销科的薪金体系采用"工资+销售提成"的奖金制度，鼓励业务员"发财"，不搞平均主义，这种营销管理机制大大激发了业务员的工作热情。在当时的感冒药市场中，基本上没有厂家进行终端促销，主要的终端还是医院。"白加黑"的推广主要靠各地经销商、药店零售商，以及与医院的传统合作关系来进行。

上市仅仅半年，"白加黑"就家喻户晓，其销量占据感冒药市场 16%的份额，营业收入达到 1.6 亿元，登上了行业第二品牌的位置。这在我国商业营销史上堪称奇迹，被称为"白加黑震撼"。

6. 饥饿营销策略

提起"饥饿营销"，比较著名的例子是苹果手机。在这个世界上，越难得到的东西越令人着迷，乔布斯深知这一道理。他通过调控供求关系，制造供不应求的假象，目的是维持苹果手机较高的售价和利润率。苹果手机在全球上市的饥饿营销策略实施流程是"新款手机研发—保密—功能描述不详的新品发布会—等待—铺天盖地的广告—正式开卖—专卖店全线断货—消费者排队等待—供货畅销"。雷军的小米手机也深得苹果手机的精髓，小米的饥饿营销同样做得有声有色。一些有竞争力的品牌比较适合在推出产品时使用饥饿营销策略。

7. 比附营销策略

蒙牛在刚刚推出产品时，曾比附当时国内乳业第一品牌伊利，其包装和广告中的"向伊利学习，创内蒙古乳业第二品牌"很快深入人心。暴风影音也曾推出"中国好老二"活动，借艾瑞网发布视频网站排名之势推出了一系列营销活动，暴风影音的"数字营销战役"采取的策略便是比附营销策略。比附营销是一种比较有效的营销手段，能让目标用户迅速完成从认识产品到对产品感兴趣，再到购买产品的过程。其操作思路是想方设法将自己的产品或品牌比附行业内的著名产品或品牌，先与其进行比较，再谦虚地承认自己稍逊一筹。

8. 事件营销策略

2013 年 2 月，加多宝官方微博连发 4 条主题为"对不起"的微博，并配以多张幼儿哭泣的图片加以渲染，隐晦抗议广州市中级人民法院关于加多宝禁用相关广告词的裁定。加多宝通过媒体"喊冤"，一经发布就引发了成千上万名网友的转发和评论，其中"对不起，是我们无能，卖凉茶可以，打官司不行"被网友们转发的次数最多。加多宝打输了官司，却赢得了民心，完成了一次非常成功的事件营销。

事件营销就是通过把握新闻的规律，制造或爆料热点事件，并借助一系列操作使热点事件迅速传播，从而达到广告的效果。创业者有时会因为新品牌或新产品的知名度不够高而苦恼，在新品上市阶段，很多创业者希望创造能引爆话题热点的事件，吸引媒体和公众的目光，使新品或品牌迅速走红。

9. 恐吓营销策略

九鑫集团旗下品牌满婷有除螨香皂、洗发水、沐浴液、面膜和洗衣液等系列产品。当初，九鑫集团通过提出耸人听闻的"螨虫概念"，借助媒体让大众知晓螨虫的危害，许多人恐慌起来，纷纷抢购满婷的产品，从而让满婷抢占了市场先机，并有了之后的系列产品。

恐吓营销策略往往通过广告等方式，告知目标消费者某种现存或潜在的威胁和危害，以达到销售产品的目的。其具体的逻辑是"分析产品—列举问题—渲染问题的严重性—从心理上恐吓目标消费者—目标消费者采取措施—潜在购买转化为现实购买"。

这种策略适用于对身体有益的健康类产品或服务，以及人身安全类产品或服务，如保险、空气净化、安全座椅、保健品、药品、母婴用品和儿童教育等。

10. 会员营销策略

全球著名咖啡连锁品牌星巴克的会员卡叫作"星享卡"，分为银星级、玉星级、金星级 3 个等级。消费者购买一张 98 元的星享卡可以成为银星级会员，消费满 250 元升级为玉星级会员，消费满 1250 元升级为金星级会员。银星级会员可以享受 3 张买一赠一券、1 张免费早餐券和 1 张升杯券；玉星级会员的优惠是 3 张买一赠一券和 1 张生日当月免费券；金星级会员的优惠在玉星级会员的基础上增加了周年庆优惠免费券、消费 10 次获赠 1 杯咖啡券和 1 张金卡。

星享卡还可以配合星巴克的手机 App 一起使用，促使消费者用优惠券和积分来消费，买一赠一券也为星巴克带来了很多新客人。凭借这些会员优惠和特权，星巴克吸引了更多新客人办卡。

采取会员营销策略的商家将普通消费者变为会员，分析会员的消费信息，挖掘会员的后续消费力，汲取会员的终身消费价值，并通过转介绍等方式将会员的价值最大化。

5.5.2　9 种创新营销策略和典型案例

1. 情感营销策略

2020 年 1 月，苹果继《三分钟》和《一个桶》之后，发布了第三部新年贺岁短片《女儿》。该影片将 iPhone 11 Pro 作为拍摄设备，不但由大导演西奥多·梅尔菲执导，而且邀请了影星周迅主演温情故事。

iPhone 11 Pro 的专业拍摄能力一直是苹果的宣传卖点，此次"著名导演+知名演员+全程使用 iPhone 拍摄"的组合很有吸引力。作为一部新年贺岁短片，导演在拍摄《女儿》时选择了临近春节的时间段，讲述了一个容易引起观众情感共鸣的温情故事，反映了苹果一直以来强调与消费者建立情感连接和品牌的人文价值。每年一部贺岁短片，不仅给数千万名中国消费者留下了深刻的记忆，也唤起了潜在消费者的购买热情，2020 年第四季度 iPhone 12 系列面世时，仅在中国的销量就超过 1800 万部。

情感营销可以唤起消费者的情感需求，引起消费者的心灵共鸣，寓情感于营销之中，通过有情的营销赢得无情的竞争。情感营销策略能够增强用户黏性，通常适合在节日实施。

2. 体验营销策略

星巴克致力于渗透进人们的"第三空间"，为人们提供"精神绿洲"。舒适的座椅，放松的环境，优雅的钢琴演奏，经典的欧美音乐背景，免费的 Wi-Fi，时尚的杂志和精美的欧式饰品等配套设施，力求为消费者营造高贵、时尚、浪漫、文化的感觉和氛围，让"喝咖啡"变成一种生活体验。这种非常个性化的"星巴克式"消费体验，让消费者心甘情愿支付 25 元购买星巴克咖啡。

KK 集团引领体验营销潮流的"线下体验+线上交易"O2O 新零售，也是基于体验营销策略来促销的。新一代年轻人的消费主张是追求新潮和个性，不满足于千篇一律的消费模式，希望在互动和参与中获得更丰富的满足，也可以称为"体验感"。

3. 病毒营销策略

美国的"STILLFREE"网站为了提高知名度，花了几十万美元搭建场景，拍摄了一段美国总统座机"空军一号"被人涂鸦的视频。由于高度逼真，这段视频立即在网上广泛传播，以几何级数被下载的相关链接地址创下超高点击量的纪录。这种扩散和传播就像病毒一样迅猛，势不可挡，以至于惊动了权威媒体，CNN（Cable News Network，美国有线电视新闻网）还特别向白宫求证。

病毒营销又被称为病毒式营销、病毒性营销、基因营销或核爆式营销，利用公众的积极性和人际网络，使营销信息像病毒一样传播和扩散，快速复制给数以十万计、百万计的受众，深入人心，迅速传播。病毒营销是一种常见的网络营销方法，常用于网站推广和品牌推广等。

4. 口碑营销策略

星巴克一直走在时尚前沿，自然要在微信平台中尝试一番。星巴克在其微信公众号中推出"自然醒"活动，用户只需要添加"星巴克中国"为好友并发送一个表情符号，"星巴克中国"就会即时回复用户的心情，用户可以即刻享有星巴克《自然醒》音乐专辑，获得专为自己的心情调配的曲目，感受"自然醒"的"超能力"，和星巴克一起点燃生活的热情和灵感。

星巴克还曾推出"星巴克闹钟"活动。用户下载星巴克 App 后，只要在按下闹钟一小时内到达星巴克门店，即可在正价购买饮料的同时享受早餐食品半价的优惠。该活动一经推出便受到了广大"星粉"和手机用户的青睐，他们自发在朋友圈和微博中大力推荐、分享该活动。

口碑营销以口碑传播为途径，努力让用户通过与亲朋好友之间的交流，将产品或品牌传播开来。这种营销策略成功率高、可信度高，企业可以采用各种手段，引发用户对产品、服务、企业整体形象的讨论和交流，激励用户向周边人群介绍和推荐企业。

5. 植入营销策略

电视剧《欢乐颂》直接把广告植入剧情，海归金领安迪只喝依云矿泉水；白领打工妹邱莹莹最爱吃三只松鼠的零食，关雎尔则偏爱香飘飘奶茶；家境贫寒且身负生活重压的樊胜美看似打扮得光鲜亮丽，实则经常穿从唯品会"淘"来的衣服；富家千金曲筱绡全身上下是迪奥、香奈儿和芬迪等大牌服装。这些品牌十分自然地融入了不同角色的日常生活中，与每个角色的地位、收入相匹配，作为剧中的道具，使人物形象更加丰满。

植入营销通常将产品、品牌、具有代表性的视觉符号甚至服务内容，策略性地融入电影、电视剧、电视节目、游戏和各种以内容输出为主的网络平台中，通过场景的再现，观众在不知不觉中记住了产品或品牌，从而达到营销产品的目的。

6. 直播带货和网红营销策略

电商直播一直存在，只是过去只存在于淘宝的一个小板块中。早在 2019 年就非常火热的网红直播带货，在 2020 年全面爆发，创造了带货的全新纪录。一场场直播带货的超高销售额刺激着众多品牌制造商的神经——再不做直播带货，就要被淘汰了！

各大品牌制造商的 CEO 顺应潮流，纷纷入局，学习网红直播带货。2018 年，格力董事长董明珠在某论坛发表演讲，回应网友说她天天做网红："我是网红，如果我不做网红，不公开发声，格力就要被收购了。"

2020 年 3 月，罗永浩宣布抖音成为其独家直播带货平台，并于 2020 年 4 月 1 日开启首场直播。2021 年 4 月，罗永浩代言美团，担任"美团省钱顾问"。

抖音和罗永浩的联手，开启了抖音的直播变现之路。作为流量较大的短视频平台，抖音一直苦于变现能力较弱。知名人士直播带货，有效解决了抖音的变现问题。

国际友人也纷纷开始直播带货。卢旺达驻华大使、阿富汗驻华大使、斯里兰卡驻华大使曾把家乡的 1500kg 咖啡豆、12 万罐手剥松子和大量的饼干、锡兰红茶带进直播间。演讲还没结束，商品就被秒杀一空，这些大使瞬间成为"网红"。如果不是主播特意采访大使，想让大使多说几句，大使还没反应过来到底发生了什么，商品就已经卖完了。

网红营销是指品牌通过与网红合作的形式实现营销目标，利用网红自身的影响力和知名度，协助推广品牌或销售商品。一方面，直播因网红而火热，另一方面，直播也会创造新网红。

网红通常需要在特定领域内用心经营，并在社交媒体发布内容、与粉丝交流，成为特定领域的专家或 KOL。网红的忠实粉丝越多，粉丝黏性越强，网红的影响力越大，品牌的推广和销售就越有效果。

适合与品牌合作营销的网红通常具有两个特点，一是在特定专业领域内拥有稳定的粉丝群，二是能够利用自身特色直接影响消费者的购物决策。

网红直播营销策略是"厂家价格+电商直播平台+网红直播渠道+终端消费者"，最终将利润分配给品牌和经销商，大家都有钱赚，经销商、网红和品牌齐心协力，卖力引流、宣传，从而达成更多的销售。

7. 哔哩哔哩掀起"后浪"大潮

2020 年"五四青年节"，哔哩哔哩推出"献给新一代的演讲"《后浪》。演讲者何冰用深情有力的语调和凝练的语言，与"后浪"们进行了一次深入交流。这则演讲视频充满正能量，被众多媒体争相转发，成为热点事件，接连席卷各大平台。

哔哩哔哩的营销策略是结合"五四青年节"推出主题短片，通过明星代言、大 V 传播，树立哔哩哔哩的"B 大调"品牌调性，在全平台形成话题讨论，引发大量网友模仿，各种"后浪体"来袭。

8. 万物皆可"乘风破浪"

综艺年年有，每年不相同。2018 年有腾讯的《创造 101》，2020 年出现了刷屏全网的《乘风破浪的姐姐》，"浪姐"们引发了话题热潮。

这种营销策略主要是"秀反差"，"新人"vs"大咖"。同样的舞台和赛制，参赛人员换了一拨又一拨。各类话题迅速传播，节目广告费和艺人通告费也水涨船高。

9. 喜茶的跨界联名营销和灵感营销

喜茶精准抓住新型消费趋势，从广东的一家小店发展为遍布国内外的 800 多家门店，成为国内领先新茶饮品牌，不但用灵感打造了一系列经典特色产品，形成了核心竞争力，而且用灵感激发出千变万化的跨界营销。喜茶擅长跨界联名营销，以触点多、社交性强的跨界营销布局，打通消费者获取品牌信息的多种渠道，基于多个触点形成全场景营销闭环，实现立体化、场景化营销，以"体验+颜值+社交+科技"的方式，通过数字化场景与新一代消费者沟通，传达品牌价值观，展现品牌灵感，引起消费者的共鸣。

一方面，喜茶通过"种草"、直播、卡券和赠品等吸引消费者回归线下，实现消费升级；另一方面，通过线下门店体验的引导方式将消费者吸引到线上的流量池。

当今世界万众创新，营销策略的种类不胜枚举，创新营销策略还会不断涌现。希望创业者紧跟时代潮流，采取有效的营销策略，占据更大的市场份额。

营销策略的撰写内容和撰写要求如下。

撰写内容：产品的目标市场、定价策略、销售计划和售后服务，销售过程的设计，营销队伍的组建，销售网络和销售渠道的建立，制定代理商、分销商、电商和广告、促销方面的策略，对销售队伍实行什么样的激励机制，以及需要投入多少成本等。

撰写要求：在营销策划中，创业者要说明如何、何时推出产品，对零售价格的预估，确定零售价格的依据是什么，预计达到多大的销量，典型的销售过程是什么样的，使用哪些销售渠道，不同销售渠道的目标消费者是谁、利润率是多少、对销售和利润的贡献有多大、占据多大的市场份额，以及需要多少营销人员。在促销方案中，创业者要说明如何让目标消费者对产品形成认知，采用什么样的广告形式，如何组织配套服务和产品引入，促销费用是多少，不同目标市场和销售渠道中的产品价格是多少，以及采用哪些收款方式等。

5.6　产品生产制造

5.6.1　产品生产制造方式

实物生产制造企业的创业团队应当按照以下要求撰写商业计划书中的相关内容。

产品生产制造方式：企业是自建厂生产产品，还是委托生产，或者使用其他方式。

企业自建厂情况：是购买厂房还是租用厂房，厂房面积是多少，生产面积是多少，厂房地点在哪里，交通、运输和通信是否方便。

现有生产设备情况：是专用设备还是通用设备，先进程度如何，价值是多少，是否投保，最大生产能力是多少，能否满足企业产品销量增长的要求。

如何保证供应链：主要原材料、元器件、配件和关键零部件等生产必需品进货渠道的稳定性、可靠性、质量和进货周期，列出 3～5 家主要供应商名单。

非实物生产制造企业可以描述运营方式和运营流程等内容。

5.6.2　质量保证体系和成本控制

生产是企业产品实现价值的保障，创业团队应当按照以下要求撰写商业计划书中的相关内容。

质量保证体系：简要描述在正常生产状态下，成品率、返修率、废品率能够控制在什么范围内，以及关键质量检测设备等情况。

产品成本和生产成本：如何控制成本，有哪些具体措施。

简述产品的生产制造过程和工艺流程（可提供流程图）。

这部分内容的撰写要点和技巧：应聚焦于对核心产品的生产描述，用简洁的语言和清晰的图片准确描述产品的生产制造过程和工艺流程，并补充说明如何管理存货和产品的单位成本结构明细表。

5.7　融资计划

5.7.1　确定资金需求量

确定资金需求量是制订融资计划的基础。创业者应当根据实际资金需要和企业所处的发展阶段、状态确定融资金额。

如果企业已经有了营业收入，产生了现金流量，那么创业者可以在分析、预测企业财务状况的基础上，判断现金流量能否满足企业运转的需要，如果不能，那么应测算出还需要多少资金。

如果企业还没有营业收入，那么必须筹集充足的资金，以保证企业的正常运转，直到企业的现金流量能够满足自身生存、运转的需要，并在满足需要之前获得外部融资。

① 因为每一轮融资都需要近半年的时间，所以创业者在创业起步时应有半年到一年的资金储备量，这样才能确保不会因现金流量中断而导致项目半途而废。

② 当轮融资的资金需求量，应满足企业一年的运营需要和半年的资金储备需要。之所以要满足一年半的资金需要，是因为一年的资金量偏少，过几个月又要抓紧时间找投资人；而两年的时间太长，对于创业企业来说，在两年内可能会发展得很快，企业估值可能会翻几倍，一次性融资太多会稀释太多股权。

③ 资金需求量的基本计算范围包括房屋租金、员工薪资、研发费用和其他运营成本。实在难以计算具体资金需求量的创业企业，可以采用薪资倍数法，即运营成本＝员工薪资×倍数。在欧美发达国家，创业企业的运营成本＝员工薪资×2 倍；在中国，可以考虑运营成本＝员工薪资×10 倍，如果一年半的员工薪资为 30 万元，那么一年半的运营成本大约为 300 万元。

5.7.2　确定融资额度和融资轮次

确定了资金需求量，创业者便可确定融资额度。在通常情况下，融资额度应比资金需求量多 10%～20%。如果一年半的运营成本为 300 万元，那么融资额度可以是 330 万～360 万元，具体数字不必太精确，尤其是在创业早期，融资额度可以稍多一些（如 400 万元左右）。创业者可根据不同阶段和不同轮次的融资量级，以及可以接受的股份出让比例来确定。

第 1 章讲述了不同发展阶段的企业对应的融资渠道、投资人类型、各轮融资的作用和投资量级，如种子期的投资量级通常为 10 万～100 万元，天使轮的投资量级一般是 100 万～1000 万元甚至更多，A 轮的投资量级是 1000 万～1 亿元甚至更多，B 轮的投资量级在 1 亿元甚至 2 亿元以上。创业者可根据实际情况，确定融资量级和具体额度。

这部分内容的撰写要点和技巧：说明融资需求及其必要性，运营成本的计算依据，当轮融资的作用是什么、要实现什么目标，同时考虑下一轮融资的时间安排和融资额度。融资轮次不能太多，应符合企业的发展节奏，融资过快、过多反而不利于后续融资。

5.7.3 柔宇科技资本市场融资"路断"，"独角兽企业"爆发财务危机

2021 年 12 月 8 日凌晨，深圳科技"四小龙"之一柔宇科技股份有限公司（简称"柔宇科技"）的创始人刘自鸿发了一条朋友圈，感叹"人生至暗时刻"。这条朋友圈的背景是柔宇科技发不出工资了。[①]

自从 2020 年 5 月融资 3 亿美元后，柔宇科技已经有一年半没有新的风投资金入账。在此期间，柔宇科技曾申请科创板 IPO 上市，不过最终撤回了申请。

与此同时，柔宇科技的亏损在不断扩大。招股说明书显示，柔宇科技在 2017 年、2018 年、2019 年和 2020 年上半年分别亏损人民币 3.6 亿元、8.0 亿元、10.7 亿元和 9.6 亿元。

截至 2020 年 6 月底，柔宇科技持有货币资金 8.5 亿元人民币。按照 2020 年上半年的经营活动现金流量来估算，这笔资金大约还能支撑一年，这与柔宇科技发生欠薪事件的时间基本吻合。

如今，大面积欠薪坐实了外界此前对柔宇科技的种种质疑，包括"烧钱"严重、难以扭亏为盈等。拥有很多光环的创始人刘自鸿，正面临着创业以来最严峻的挑战。

刘自鸿从小就是"学霸"。在清华大学读大三时，他利用课余时间研发了一种"人体生物传感芯片"，夺得"全国大学生课外学术科技作品竞赛"的特等奖。后来，某企业花费 300 万元人民币买下了这项技术。

---

① 《"独角兽"柔宇科技身陷欠薪危机，科学家创始人该退场了？》，电子工程世界网，2021.12.14。

在清华大学读完本科和硕士，刘自鸿前往美国斯坦福大学深造，研究柔性显示技术，获得博士学位。毕业后，刘自鸿在 IBM 工作了一段时间，2012 年 5 月离职创业，成立柔宇科技。

2014 年 8 月，柔宇科技发布超薄彩色柔性屏样品。工程师们拍了一段视频，在视频中，用手轻轻一挥，薄如蝉翼的柔性屏就被气流吹了起来。在视频被传到网上的当天，就有某家大企业的老板出价 3 亿美元购买这项技术。

团队思量再三，没有答应这份报价。不过，崭露头角的柔宇科技已成为投资圈的竞逐对象，IDG 资本、深创投、松禾资本等投资机构纷纷投资，累计注入约 90 亿元人民币。

在被资本追捧的高光时刻，柔宇科技在投资机构的要求下上调融资额度。因为在 2020 年年中进行 F 轮融资时，柔宇科技的估值已经高达 60 亿美元，所以投资人要求更高的持股比例。

融资来得太早、太多、太容易，一方面，很容易影响创业者对资本市场的判断，不但会过早稀释股权，而且会给后续融资带来困难；另一方面，有这么多投资人，"不差钱"的心理使刘自鸿忽视了实现盈利模式、采取有效营销策略的紧迫性。"创业的初心是什么？是为了快速赚一笔钱，还是真的想做成一件事情？对我们来说，这是很清晰的选择。"刘自鸿说。

放弃短期利益而专注长期价值的做法本身并没有错，不过做出这一选择的前提是投资人能够源源不断地"输血"，陪伴企业熬过最艰难的爬坡阶段，尤其是在"柔性屏"这一资金密集型赛道，创业者必须衡量投资人是否愿意长期陪跑。

在很长一段时间内，柔性屏的巨大想象空间驱使各路投资人不断下注，柔宇科技的资金十分充裕。但是，在 2020 年年中之后，柔宇科技的估值已经非常高昂，同时暴露出盈利模式难以实现等问题，导致其融资艰难，直至爆发财务危机。

深圳创投圈的资深人士认为，自身"造血"能力弱，长期经营净现金流量为负，企业发展主要依靠外部融资"补血"，加上科创板 IPO 融资"路断"，是柔宇科技爆发财务危机的根源。

无论是在融资策略方面，还是在柔性屏技术路线、盈利模式和营销策略方面，业界对柔宇科技都存在争议和质疑。柔宇科技的核心技术虽然具备独创性，但是生态系统封闭，对盈利模式造成不利影响；在产品的市场推广方面，柔宇科技没有采取有效的营销策略，销量不能快速、持续增长，一直无法实现盈利；前期融资过快，企业估值过高。

面对柔宇科技的困境，参与 A、B、C 轮融资的松禾资本等投资机构准备施以援手。柔宇科技的命运，将对很多创业者和投资人起到借鉴作用。[1]

---

[1] 文中数据引自柔宇科技于 2020 年 12 月 31 日在上交所科创板发布的招股说明书。

5.7.4　确定出让股份的比例、数量和价格

第 4 章讲述了创业企业的估值方法，创业者可以采用合适的方法对企业进行估值。确定了估值和融资额度，创业者就可以计算出当轮融资出让的股份比例、数量和价格了，具体公式如下。

$$出让股份比例=融资额度÷投后估值$$
$$出让股份数量=投后总股本×出让股份比例$$
$$出让股份价格=融资额度÷出让股份数量$$

例如，创业者算出的企业投后估值是 1000 万元，融资额度是 200 万元，则出让股份比例=200 万元÷1000 万元=20%。

如果企业的投后总股本（或总注册资本）为 500 万股（或 500 万元注册资本），那么出让股份数量=500 万股×20%=100 万股（或 100 万元注册资本），出让股份价格=200 万元÷100 万股=2 元/股（或 2 元/每元注册资本）。

创业者需要注意以下两个问题。

一是首轮融资的出让股份比例不要超过 30%，出让太多股份不但会大幅稀释创业者的股权，而且会缩小下一轮的投资空间，后续各轮的投资空间就更小了。在通常情况下，首轮融资的出让股份比例最好控制在 20%左右。首轮融资额度应满足企业一年半的资金需求，不宜过少或过多。

二是创业企业的首轮融资估值不宜太高，应以快速获得融资为原则，最要紧的是确保企业的生存并把产品生产出来。另外，首轮融资估值过高会造成下一轮融资更高的估值，企业的业绩必须大幅增长，而创业企业往往难以快速实现这个目标，这会给企业带来巨大的压力。

5.7.5　资金用途和使用计划

在商业计划书中，创业者应该以表格形式详细列出每项资金的具体用途，包括员工薪资、研发、扩充创业团队、吸引核心技术人员、探索商业模式和盈利模式、产品试制和试生产、建设生产线、上线试运行、实施营销策略、建立销售渠道等费用。同时，创业者还要分期或分年列出资金使用计划，以及预计分期或分年能够实现的目标等。

5.8　财务预测方法和风险控制

5.8.1　财务预测方法

创业者应明确告知投资人，企业在获得融资后，到什么时间能产生营业收入或获利。这需要创业者对融资后 3～5 年的财务状况进行预测。财务预测实质上是对企业未来的财务状况和价值进行量化，具体包括企业未来 3～5 年的盈亏平衡表、资产负债表、损益表、现金流量表、销售计划表、产品成本表和单位成本表。

财务预测主要有以下两种方法。

第一种方法：已经有产品和服务模式的创业企业，可以按照实际成本和销售价格，采用"投资项目财务评价方法"，进行 3～5 年甚至更长时间的财务预测，由会计师编制，或者在市场中购买正规的财务评价软件（一系列 Excel 自动计算表格），稍加修改后即可使用。本书中国作者的《企业融资与投资》（第二版）第七章中有关于这种方法的详细讲解和案例。

第二种方法：还没有产品和服务模式的创业企业，可以自行设计适合本企业的财务预测模型，并且分年做出财务预测，通过现金流量预测，即估算销售收入和成本费用，测算出企业需要达到多大产量或拥有多少活跃用户，才能实现盈亏平衡，进而实现盈利。

这部分内容的撰写要点和技巧：进行财务预测的原则是越近的年份越具体，越远的年份越粗略，如第一年按季度计算现金流量，共 4 个季度，之后按年计算现金流量。创业者应该列出里程碑数据，包括突破盈亏平衡点时的销量、营业收入和年份，达到规模化经营时的销量、营业收入、毛利率和净利率，并说明预测依据，以及每年是否需要追加投资，需要的融资额度是多少等。财务预测必须可信、可靠，对无法达到的指标不能夸大，否则会给融资谈判和企业日后的发展带来很大的麻烦。

5.8.2　风险控制：突破盈亏平衡点之前能否渡过难关

对创业企业进行股权投资是一种追求高回报的投资行为，需要承担巨大的投资风险。因此，投资人需要判断被投资企业的失败风险。创业者应当简要说明项目风险和企业是否具备风险控制能力。

创业者完成了财务预测，应将确定性因素和不确定性因素明确写入商业计划书中。投资人可以通过亏损预测量化投资风险，以此确定自己能否承受投资风险。

投资人当然更希望投资即使项目失败，也在创业者能够承受的风险范围内的创业企业。事实上，大多数企业如果得不到融资，就会因资金链中断而倒闭。不过，仍然有众多投资人愿意投资失败风险较高的企业，因为他们看到是企业的未来。所以，创业者可以坦诚相告企业可能面临的不确定性风险，不必过于隐瞒，即使创业者不说，投资人也会自己判断。

如果创业者能够说明在企业或拟投项目的运行过程中可能遇到的风险和相应的应对措施，包括技术风险和措施、市场风险和措施、生产风险和措施、财务风险和措施、管理风险和措施、政策风险和措施等，或者确实需要融资甚至"烧钱"才能研发成功、建立盈利模式、扩大市场、达到营业收入规模并实现盈利，那么大可据实相告，表明自己敢于"烧钱"且善于"烧钱"。投资人反而会认为创业者诚实、可靠、有计划、有担当，融资也更容易成功。

5.9　投资人权益和退出方式

5.9.1　决策权和监督管理权

1.《公司法》赋予股东的主要权利

投资人在实际出资进入公司账户后，即可拥有《公司法》赋予股东的权利，包括股东身份权，参与重大决策权，选择、监督管理者权，知情权，关联交易审查权，提议、召集、主持股东会临时会议权，决议撤销权，退股权，诉讼权，代位诉讼权，等等。

2. 在商业计划书中写入投资人的主要权利

创业者可以根据实际情况在商业计划书中写入投资人的主要权利。

例如，基于投资额和出让股份比例，为投资人分配董事会席位和监事会席位等。

再如，写明投资人的持股是普通股还是优先股。持有优先股的股东对公司资产和利润分配等享有优先权，其风险较小。理论上，优先股股东对公司事务无表决权，事实上，很多早期投资人既要求持有优先股，又要求拥有董事会席位。

5.9.2　资产收益权

投资人在实际出资到位后，即可拥有资产收益权。《公司法》规定，股东按照实缴的出资比例分取红利；公司新增资本时，股东有权优先按照实缴的出资比例认缴出资。但是，全体股东约定不按照出资比例分取红利或不按照出资比例优先认缴出资的除外。

优先股通常预先设定股息收益率，其股息不会根据公司的经营情况而增减，而且一般不参与公司剩余利润的分红，是带有类似债权性质的股权。

理论上，优先股股东的权利范围相对较小。优先股股东一般对股份公司的重大经营事务无投票权，但是对于创业早期的有限责任公司，在某些情况下，经投融资双方协商，优先股股东可以享有投票权或限制表决权、缩减表决权，当股东会讨论与优先股股东利益有关的事项时，优先股股东具有表决权。在事先约定的情况下，优先股可以转为普通股。

5.9.3　退出方式

投资人在阅读完商业计划书的上述内容后，基本上已经了解创业企业的创意和发展规划。此外，投资人还应关心两个问题，即投资人的资金退出方式和每种退出方式能够获得多少投资回报。

在商业计划书的结尾部分，创业者可以基于可信、可靠的预测数据，判断企业未来能够达到的条件和标准，为投资人提供几种可选择的退出方式，并且对未来 3～5 年的企业进行估值，据此估算投资人的投资回报。例如，创业者可以计算一旦企业 IPO 上市，投资人的预计回报是多少，具体可以这样描述：投资人出资 800 万元认购企业 20% 的股份，5 年后企业 IPO 上市时的营业收入为 3.5 亿元，净利润为 7000 万元，IPO 发行市盈率为 16 倍，市值为 11.2 亿元。由于后续几轮融资将投资人的股份稀释到 10%，因此届时投资人持股市值为 1.12 亿元。投资人如果按照发行价格出售全部股份，那么投资回报率为 14 倍；如果按照上市后 20 倍的市盈率出售全部股份，届时企业市值为 14 亿元，那么投资人持股市值为 1.4 亿元，投资回报率为 17.5 倍。这样的描述符合"按倍数数钱"的习惯，可以让投资人看见希望。

第 6 章

如何找到合适的投资人

对于创业者来说，最难的事情莫过于找到投资人并获得融资，让创业梦想变成现实。本章讲述如何筛选投资人，如何找到合适的投资人，如何识别假冒的投资人，以及创业者为何经常会被投资人"套路"。

6.1 如何寻找天使投资人

6.1.1 寻找天使投资人的 5 个前提条件

做好了融资前的准备，完成了企业估值和商业计划书，下一步，创业者应该寻找天使投资人。要想找到天使投资人，创业者需要满足以下 5 个前提条件。

①创业者的产品或服务预期拥有的有效市场空间要足够大，应该达到几亿元、十几亿元甚至几十亿元的量级；②创业者所处行业的增长速度要足够快，初期应该达到 50% 甚至 100% 以上的增长速度；③创业者要有合伙创业团队，至少有人负责研发，有人负责市场营销，并且有人具备成功的创业经历和背景，如果团队成员没有成功的创业经历，那么至少要有资深的业内经验；④创业者要全身心投入创业，并且已经投入了相当数量的资金，兼职创业很难获得投资；⑤创业者最好取得了初步成果，如已有少量客户（即使营业数据较少），或者有了相对成熟的产品原型，在获得融资后很快就能试制或试销，投放到市场中即可产生营业收入。如果创业者满足上述条件，那么找到天使投资人并获得几百万元级别的天使投资，应该没有大问题。

6.1.2 从什么人中寻找天使投资人

一提起"天使投资人"，你会想到谁呢？是创新工场的李开复，蓝驰创投的陈维广和朱天宇，还是真格基金的徐小平和方爱之？这些如雷贯耳的名字，可能会让人觉得天使投资人遥不可及。其实，并不是只有这些名人才是天使投资人。

在 2005 年之前，天使投资人很少，找天使投资人真的很难。如今，很多普通的"平民"投资者也成为天使投资人，夸张一点儿地说，天使投资人已经"遍地走"了。

在各种天使投资人中，有些人本身就职于各种投资机构，由于熟悉资本运作，因此将天使投资作为副业；有些人本人或其家族成员是成功的企业家，既熟悉企业和市场，又有大量资金，因此将天使投资作为投资理财的一种方式；还有些人专注于孵化创业企业，天使投资就是他们的本职工作。不过，更多投资人的投资方式是联合投资，即很多投资人聚在一起，形成圈子。

天使投资人通常是创业者的熟人、亲朋好友、老师或同学，他们对创业者的能力和创意深信不疑，愿意在创业者的业务尚未完全开展起来之前投入资金。

如果创业者的企业已经开始运作或已经开展业务，那么拥有资金的商业合作伙伴（客户）、所在行业的专家和领袖、业务顾问、创业团队的亲朋好友，企业的会计师、律师，大企业高管，以及同行中对企业的项目感兴趣的人等，都可能成为创业者的天使投资人。

如果创业者有做投资的朋友就更好了，他们很可能成为创业者的天使投资人，或者为创业者介绍很多投资人。

根据"六度人脉理论"（"七人理论"），所有人都可以通过 6 层以内的熟人链与任何一个"第七人"建立联系。通俗地讲，最多通过 6 个人的关系网，我们就能认识世界上的任何一个陌生人。

6.1.3　在什么地方寻找天使投资人

1. 发达地区的投资机构

上海市、北京市、深圳市和广东省（除深圳市外）、浙江省、江苏省等地区是天使投资机构和风险投资机构"扎堆"登记注册的大本营。中基协统计数据显示，注册地址位于上述地区的投资机构数量和基金规模均超过总数的 70%。创业者在这些地区更容易找到天使投资人。

2. 在本地设立的投资分支机构

各大中心城市和省会城市政府为了发展经济，积极推动大众创业，吸引了众多创业投资机构进驻高科技园区等创业集结地。创业者在本地设立的投资分支机构也可以找到合适的天使投资人。

3. 校友天使基金和创投俱乐部

近年来，很多大学成立了校友天使基金，如复旦大学管理学院校友会成立了一个创投俱乐部，每周把校友创业者和投资人聚集起来，查看项目路演，基于对校友的信任和各自的专业特长，专门为校友创业者提供创业资金。创投俱乐部可以让创业者感觉到过去认为遥不可及的投资人资源，原来就在自己身边。

6.1.4　公开信息渠道：天使投资机构排行榜

如果创业者的圈子里实在没有什么线索，那么可以通过公开信息渠道寻找天使投资人。

如果创业者能够找到天使投资机构并得到专业投资机构的认可，那么不但可以获得融资，而且可以得到专业投资机构提供的资源和行业指导等多种增值服务，还能提高创业企业的知名度，后续融资会更容易一些。只要有一个著名的天使投资机构领投，充当"带头大哥"，就会有更多的投资人来投资。

值得一提的是，作为一家天使投资机构，美国预种子基金 Hustle Fund 以小额投资启动项目著称。该机构在决定投资时，会先开出一张 2.5 万美元的支票。在双方合作一段时间后，根据创业团队的执行力和市场反应，该机构会决定是否加码第二张 25 万美元的支票。在新冠肺炎疫情期间，该机构经常在推特、Zoom 等平台上与创业者交流。概念好且执行力强的软件、新零售、金融科技和数字健康类创业团队，可以试着向其申请融资机会。

每年 10 月，投融资界的"智库机构"清科集团都会与投资界官网评选并发布年度投资机构排行榜，创业者既可以从中选择天使投资机构、风险投资机构和私募股权投资机构，也可以扩大范围，寻找更多的天使投资人。2021 年中国早期投资机构 30 强名单如表 6-1 所示。

表 6-1　2021 年中国早期投资机构 30 强名单

排名	机构简称	排名	机构简称	排名	机构简称
1	创新工场	11	明势资本	21	德迅投资
2	蓝驰创投	12	启赋资本	22	众海投资
3	真格基金	13	英诺天使基金	23	合力投资
4	云启资本	14	银杏谷资本	24	初心资本
5	策源创投	15	青松基金	25	澳银资本
6	九合创投	16	中科创星	26	零一创投
7	梅花创投	17	戈壁创投	27	青山资本
8	峰瑞资本	18	清流资本	28	启迪之星创投
9	联想之星	19	阿米巴资本	29	知春资本
10	接力基金	20	安芙兰资本	30	源渡创投

需要说明的是，能够得到位于排行榜前列的明星投资机构的青睐当然最好。不过，想找明星投资机构的创业者太多，普通创业者找到明星投资机构的概率较低，而且明星投资机构的项目资源非常丰富，即使创业者能够通过人脉找到它们，获得投资的概率也不高。在创业早期，更容易接近的是"平民"天使投资人和普通的天使投资机构。

6.2　采用什么方式寻找和联系天使投资人

按照国家有关法规的要求，IPO 上市前的融资属于私募融资，既不能公开募集资金，也不能打广告、发海报，只能私下寻找投资人，即通过一对一推介和股权交易平台，向特定的投资人发布股权融资信息，征集股东入股，具体可采用以创业企业为主体或委托融资中介机构的方式寻找投资人。

6.2.1　亲友熟人推荐

创业者可以以创业企业为主体，直接寻找投资人。创业者通常可以通过良好的人脉关系网找到天使投资人，如请亲朋好友、老师、同学，以及潜在投资人所在地的行业协会和商会人员等把自己推荐给天使投资人，创业者认识的投资人和其他创业者也能介绍合适的投资人。只要创业者的项目可靠，他们还是愿意进行介绍和推荐的。

在西方发达国家，很多家庭拥有自己的报税会计师。在报税会计师所在的会计师事务所中，很多客户是企业家或高净值人士，创业者可以通过会计师找到合适的投资人。

如果创业者的熟人中有其他创业者，或者亲朋好友的熟人中有创业者，并且这些创业者刚刚获得了天使轮融资，那么可以请他们提供信息或引荐投资人。

6.2.2　委托中介机构推荐

创业者还可以委托中介机构寻找投资人。根据 6.1.2 节中提到的"六度人脉理论"，创业者要想通过较少的中间人联系到投资人，比较有效的融资中介机构是 FA（Financial Advisers，财务顾问）机构。

国外的 FA 机构或合法持牌的融资公司已经催生出一个行业。它们专门从事融资中介业务，不仅有更丰富的投资人资源和融资途径，还有合作多年的律师、会计师和投资银行等合作伙伴，可以为创业者提供"一条龙"服务。

近几年，随着创业者的融资需求，以及投资人队伍及其资金规模的不断扩大，国内的 FA 机构也发展起来。创业者可以找一个看好自身项目的 FA，他能帮创业者节省很多社交精力。看好创业者项目的 FA 通常会很上心，能帮创业者对接合适的投资人，投资人通常也比较重视专业 FA 推荐的项目。同时，FA 机构可以策划、包装一下项目。当然，FA 机构根据融资额度的大小适当收取一些费用也是正常的。

如果创业者找了某个 FA 机构，但对方不看好自己的项目，那么可以多找几个 FA 机构试一试。如果很多 FA 机构都不看好，那么往往是创业者的项目本身有问题。创业者为 FA 机构提供了赚钱的机会，对方却不要，说明创业者的项目很难"卖出去"，找到投资人的难度较高。这时，创业者应多与 FA 沟通，询问对方为什么不看好自己的项目，问题到底出在哪里。

6.2.3　借助微信朋友圈和微信群

微信已经成为中国十几亿人的社交平台，在海外也拥有上亿个用户。如果创业者在业内有一定的影响力和知名度，那么可以在微信朋友圈、班级群、校友群、同乡群、同事群、创投群和微博中发布创业信息，包括创意、构想和初步产品等。基于圈内和群里的朋友对自己的信任，创业者往往能够找到意想不到的投资人。

通过微信朋友圈和微信群融资募股属于定向募集，只要没有承诺保本和每年的固定收益，并且人数不超过 200 人，就不属于非法集资行为。不过，在微信公众号中发布融资信息时要小心，通过公众平台融资可能会因为超过限定人数而惹来麻烦。

6.2.4　报名创业孵化器路演活动

在中关村创业大街两旁布满了创业孵化器，3W 咖啡、36 氪、车库咖啡、联想之星和清科项目工场等几十个创业孵化器如日中天。其中，3W 咖啡已在全国一线城市开设多家门店，每年承办创业孵化器融资活动 100 余场。

继中关村创业大街之后，深圳湾创业广场、武汉光谷创业街区、成都磨子桥创新创业街区和杭州创业大街等一批创业孵化器，在各地政府的支持下接连创建，创业服务机构纷纷入驻，创业服务已经成为我国"双创"中的一个产业。创业者第一次创业，第一次路演，第一次与投资人洽谈，举办融资成功发布会等，都可以在创业大街进行。在全国各地，每天有几千位创业者、天使投资人和创业导师在创业孵化器热烈讨论、碰撞、交流。作为创业梦想的集散地，创业孵化器已经孵化出很多创业新星。

创业孵化器大多由天使投资人和风险投资人创建运营，如 3W 咖啡就是由我国互联网行业的一些领军企业家、创业家和投资人创立的公司化创业服务运营组织，有几十位名人股东，包括腾讯联合创始人曾李青、去哪儿 CEO 庄辰超、新东方联合创始人和真格基金创始人徐小平、红杉中国创始人沈南鹏、北极光创投合伙人姜皓天、枫谷投资董事长曾玉、松禾资本董事长罗飞、清科集团管理合伙人符星华等。

创业孵化器一般会直接绑定一个或多个天使投资机构作为孵化服务的一部分，甚至有些创业孵化器从一开始就是早期投资机构为积累项目资源而设立的。此外，由政府主导和支持的创业孵化器也遍布我国各大城市的高科技园区。

创业孵化器路演活动由创业孵化器运营者主办，邀请创业导师、天使投资人作为嘉宾，创业者报名路演活动，在几分钟的时间里利用 PPT 文件推介自己的创业故事，大家现场交流探讨、碰撞思想。如果创业者的项目很优秀，那么很容易获得天使轮和后续的投资，有创业梦想的创业者不妨尝试一下。

6.2.5　参加各种创业活动

在政府提倡"双创"运动的推动下，各地出现了很多由官方机构和民间机构举办的创新创业活动，如各种创业大赛活动一般会邀请一些很有经验的天使投资人或早期投资机构的负责人担任评委，大赛的报名途径通常是公开的，任何初次创业者都可以参加。

例如，大连晓辉医药科技有限公司创始人张晓辉，凭借癌症早期筛查创意项目参加中国"海创周"，即大连市海外学子尖端人才归国创业工程活动，在 2016 年获得一等奖和 200 万元的创业资金支持，2018 年在"中国·烟台海内外精英创业大赛"中荣获优胜奖，在"智汇台州"2018 中国·台州全球高层次人才创业大赛中晋级 20 强并获得台州政府 200 万元的创业资金支持。这些创业活动往往不受地域限制，创业者可以跨地域参加。

当然，创业者参加创业大赛活动的目的不只是获得奖牌和奖金，主要是让投资人看到自己的项目。如果创业者的项目真的很优秀，那么投资人会很愿意进一步了解。创业者应多接触、参加各种创业活动，这样可以认识更多投资人，融资机会自然也会更多。

创业者还可以采用一种方式，那就是发邮件直接联系潜在投资人。

知名投资人和投资机构的邮箱通常是对外公开的，创业者可以直接发邮件，既可以在一封简要的自我介绍推荐信后附上商业计划书，也可以在第一次发邮件时附上商业计划书摘要，在第二次发邮件时附上商业计划书全文。

通过发邮件的盲投方式与投资人建立联系的成功率比较低，因为投资人每天收到的邮件实在是太多了。不过，只要持之以恒地发下去，创业者就有可能通过邮件联系获得融资。

6.2.6　入驻创业孵化器，借助平台推广，打造品牌，寻求媒体报道，利用融资平台

如果创业者的创业项目已经启动，有了阶段性研发成果，甚至已经试制出产品或推出服务，那么在主动寻找投资人的同时，创业者也可以"被动"地"坐等"投资人自己找上门来。"守株待兔"的方法包括以下几种。

① 申请入驻创业孵化器。一种是各大中心城市高科技园区提供的联合办公场所，创业者在这里创业、研发和办公，将有更多机会让天使投资人和风险投资机构知道并找到自己。另一种是民间的著名创业孵化器或联合办公场所，如创业综合服务平台"3W 孵化器""太库""科技寺"等，以联合办公场所为主的创业服务机构"桔子空间"，新媒体创业加速器"今日头条创作空间"，微软旗下的孵化器"微软创投加速器"，36 氪旗下的创业孵化器"氪空间"，互联网创业孵化机构"NEXT 创业空间"，以及创业共享办公空间"优客工场"等。

② 借助免费的创业平台进行推广。创业者可以在创业平台上推介自己的产品或服务，争取让自己的研发概念、产品或服务得到好评，以此吸引投资人的关注，如腾讯旗下的创业服务平台"腾讯创业"，创投行业产品数据库提供商"IT 桔子"，36 氪旗下的"NEXT"，创业邦旗下的新产品交流分享平台"DEMO8"等。其他以

移动互联网为主体的社交媒体平台也可以进行推广，如微信、微博、网络直播、短视频分享平台和相关领域的论坛等。

③ 打造自己的品牌。这也是"坐等"投资人找上门的关键之一。只要创业者把创业项目运作起来，打造出颇受关注的好品牌，投资人就会主动找上门来，如小米手机、Insta360 影石和自媒体"罗辑思维"等。

④ 寻求相关互联网媒体的报道。媒体将创业者的项目以新闻的形式展现在投资人面前，可以提高创业者和企业的知名度，让更多投资人看到，如科技行业新媒体"猎云网""钛媒体""36 氪"，智能硬件行业新媒体"雷锋网"，游戏行业新媒体"游戏陀螺""游戏茶馆""触乐网"，企业服务行业新媒体"拓扑社"，以及金融行业新媒体"零壹财经"等。

⑤ 利用融资平台进行融资。这类平台主要是第三方融资平台，它们将上游的私募股权投资机构、风险投资机构与下游企业的融资、并购、上市需求联系起来，为中小型企业吸收民间资本，为资金和项目提供点对点的对接平台，如在线创业投融资平台"天使汇"，创业投资社交平台"投资圈"，36 氪旗下的融资平台"36 氪融资"，互联网非公开股权融资服务机构"牛头网"，华兴资本旗下的早期融资平台"华兴 Alpha"和投融资服务业务平台"逐鹿 X"，以及 IT 桔子旗下的早期融资平台"猎桔融资"等。

6.2.7　见到顶级投资人是创业者社交能力的体现

虽然见投资人的门槛已经放低，但是见到顶级投资人或风险投资机构的合伙人还是很困难的。创业者可以通过各种关系渠道见到顶级投资人，本身就是一种能力的体现。如果创业者是经朋友介绍与顶级投资人见面的，那么说明创业者的朋友非常看好创业者，认为创业者的项目比较可靠；如果创业者是自己找到知名投资人并与投资人见面的，就更是创业者社交能力的体现了。创业者应尽一切努力，争取与投资人面谈的机会，无论是成功还是失败，对创业者来说都是学习和进步的过程。

如果创业者是技术、研发出身，不擅长社交，不习惯跨圈子与人交往，应该怎么办？锻炼自己的社交能力，多与投资人交谈，多跨圈子，接触更多类型的人，这不但有利于融资，而且对企业今后的发展有好处；先不找投资人，把项目做出成果，等到形成一定规模和强劲势头的时候，投资人往往会主动联系创业者。

6.2.8　以色列企业经验独到，看 SOOMLA 创始人怎样找到"7 位天使"

享有"创业国度"美誉的以色列仅有 900 多万人口，人均拥有创新企业的数量却位居世界第一，在纳斯达克上市的企业数量仅次于美国和中国，并且超过欧洲所有国家的总和，其科技企业营业收入占全国 GDP 的 90%。

以色列的创业企业得到了本土和美国众多天使投资人、风险投资机构的青睐，腾讯、百度和中国平安也作为风险投资机构的有限合伙人，参与了一些以色列创业企业的投资。

为什么以色列的创业企业能够吸引天使投资呢？

在《圣经·创世纪》中，神的 7 位天使分别在 7 日里完成了天地的创造，成为"7 位创造天使"；在《圣经·启示录》中，也有"7 位御前天使"成为每周 7 日守护天使的记载。有了"7 位天使"，就能创造和守护新生的天地，对于创业企业来说同样如此。

以色列手机游戏 IAP 分析公司 SOOMLA 创始人雅尼夫·尼赞非常幸运地找到了"7 位天使"。然而，他在博客上回顾天使轮融资经验和在回答记者提问时却说："这一切并不轻松，我吃过闭门羹，也不知道如何向投资人介绍自己的公司。"

SOOMLA 成立于 2012 年，在进行天使轮融资时有 3 名核心员工，除了创始人雅尼夫·尼赞（CEO），还有古尔·多坦（市场营销副总裁）和雷菲尔·达喀尔（CTO）。

以下是雅尼夫·尼赞在博客上记录的找到"7 位天使"的经验。

"我在这个领域很有经验，并且凝聚了一支强大的创业团队，我们的商业模式得到了认可，人脉资源也不差，所以我认为融资肯定能轻松搞定。但是，我错了。创业融资从不是一件易事。"

1.　找到"天使"，抓住每一个机会

大多数天使投资人很低调，甚至鲜为人知。原因很简单，除了作为天使投资人，他们通常还有另一份全职工作。任何一位大企业的管理者或成功的专业人士都可以成为天使投资人，只是我们还不知道而已。

我在一些非同寻常的场合中找到了潜在投资人，如在参加创业活动时，在游泳池游泳时，甚至在送女儿去幼儿园的时候。无论在什么时候，创业者都必须善

于推介项目，而且不怕遭到拒绝，坚持不懈。有一次，朋友向我推荐了一位天使投资人，见面时我才发现我们以前见过，只是当时不知道他是天使投资人。我认真地向他介绍项目，后来竟有意想不到的效果。

2. 给予充分尊重，让"天使"感觉到自己对项目的重要作用

说服私人投资者不同于说服风险投资机构，创业者面对的大多数"天使"都很有成就，他们热衷于创造事业且乐于助人，尊重他们已有的成就尤为重要，要让"天使"们觉得他们是企业前进的动力，并请他们介绍更多的机会。

我在与一位成功企业家第一次见面时，提出想让他投资，但是被拒绝了。后来我才知道，那位企业家不希望自己仅仅作为一个普通的财务投资者，于是我正式邀请他担任 SOOMLA 的顾问。在他给了我一些很棒的建议之后，我发现他也是一位早期"天使"。最终，他成为我们的第一位投资人。

3. 对"天使"的讲演要更精练且更适合"天使"

企业创始人在"天使"面前的幻灯片展示，与对风险投资机构的展示是截然不同的。

在一次讲演中，我告诉一位天使投资人，我需要 25 万美元建立一个验证模型，随后计划通过 3 轮风险投资融到 1000 万美元。但是，那显然不是明智之举。首先，创业企业能从风险投资机构筹集到 1000 万美元的概率仅为 1%～3%；其次，也是更重要的一点，从"天使"的角度来看，如果我真的成功获得了 3 轮风险投资，那么毫无疑问，"天使"们的重要程度将大幅降低。

在对天使投资人进行讲演时，不但需要不同风格的幻灯片，而且商业计划书要更加精练。因此，我们编制了更加简洁的商业计划书，将重点放在一件事上，即我们的客户有消费意愿，我们可以在 10 个月内没有其他投资的情况下实现收支平衡。我们的幻灯片压缩了天花乱坠的市场预期和进入壁垒分析，取而代之的是如何获得收入和实现盈利，我们引用的案例也是融资量少、销售速度快的企业案例。

4. 在完成融资之前，积极主动做好准备

风险投资机构在开始详细的尽职调查前，通常会先起草投资协议条款清单，并初步向创业者表示愿意投资。

而在与天使投资人的合作中，创业者是主动的一方。首先，创业者需要估算出每一位"天使"投资的概率有多大，并预估该"天使"会投资多少钱，两者相乘之后才是创业者可能从该"天使"那里获得的资金；然后，将所有潜在投资人

的资金相加，得出最终可能获得的投资额；最后，无论创业者最初列出的投资人投资的可能性有多大，都要减去 20%。

还有一点很重要，那就是在完成融资之前，创业者要对企业估值，计算能出让多少股份。

5. 在资金到账之前，不要停止寻找下一位"天使"的脚步

融资进行到这一步，我开始与"天使"讨论一个问题，即谁最有可能成为领投人。当某个投资人希望成为主导者时，他通常应该对相关行业有深入的了解，这样才能快速做出投资决策。

在没有领投人的情况下，我一直做好了与所有天使投资人谈判失败的心理准备。因为即使到了这一刻，也存在整轮融资功亏一篑的风险。因此，我仍然需要提高与新天使投资人会面的频率，制订备份计划，以确保融资成功。

最终，一位新天使投资人对我们的项目非常感兴趣，并试图成为此轮融资的主导者。有了一位领投人，后续的谈判进程快了很多，此轮融资很快就完成了。

6.3 如何筛选合适的天使投资机构和风险投资机构

6.3.1 筛选和调查策略

创业者寻找投资机构，与投资机构寻找项目是对应的、相互的。在投资前，投资机构首先要寻找和筛选项目，根据自身擅长的投资领域，并结合国内的经济发展状况，确定拟投资的领域和方向，然后在相关范围内寻找拟投资的企业和项目。

与此类似，创业者也要根据企业的不同发展阶段和所处行业，寻找专门投资该阶段和该领域的投资机构，以免浪费双方的时间和精力。在筛选投资机构的过程中，创业者还要考虑一些因素，包括投资机构能否成为长期合作伙伴，能否为企业提供增值服务，对企业未来发展的影响有多大，以及投资机构的地理位置是否合适等，这样有利于启动投资谈判。

创业者应该了解业界有哪些投资机构，有针对性地调查它们的基本情况，具体包括以下内容。

① 审查投资机构的资质：通过社会渠道、网络媒体或其他研究机构，了解投

资机构的背景、投资标准、管理层和合伙人的情况。

②　了解投资机构的投资业绩：判断其投资领域、偏好与本企业所处的发展阶段、所在的行业、所需的投资规模是否基本吻合，审查其过往的投资历史、成功案例、业绩和合作情况，分析失败案例的原因，查看被投资企业后续的融资情况。

③　了解投资机构的投资规模和投资重点：判断其能否满足本企业的投资需求，是否熟悉本企业所在行业的情况等。

④　了解投资机构是否提供增值服务，以及与投资银行的关系：了解其是否与投资银行有长期合作关系，是否具备安排创业企业的后续融资和协助运作上市等能力。

6.3.2　根据投资领域和行业经验选择

创业者应该寻找在所处行业或领域内最专业、最熟悉的投资机构，这样比较容易找到适合自己的投资机构。

例如，创业者在从"2021 年中国最佳早期投资机构"排行榜中寻找投资机构时，应了解不同投资机构的投资领域。①李开复的创新工场：人工智能和"硬科技"、机器人和自动化、芯片、半导体、企业服务软件、医疗等；②陈维广和朱天宇的蓝驰创投：新消费、企业科技、"硬科技"和创新交互、医疗健康等；③徐小平、王强和方爱之的真格基金：互联网、移动互联网、未来科技、人工智能、企业服务、医疗健康、大消费、教育等；④毛丞宇和黄榆镔的云启资本：人工智能大数据、企业 SaaS 服务、B2B 供应链平台、智能网联、先进制造等；⑤冯波和元野的策源创投：电商、社交、硬件、文娱、消费、金融、传媒工具、医疗健康、企业服务等。

如果是新兴科技（"硬科技"）创业企业，那么可以寻找投资"硬科技"的投资机构。

全球投融资领域的著名市场数据研究平台 CB Insights 于 2020 年进驻中国，并首次发布了"全球新兴科技风险投资机构中国榜单"，共 23 家风险投资机构上榜，其中包括红杉中国、深创投、中科创星、北极光创投、松禾资本、元禾原点、高榕资本、经纬中国、IDG 资本、启明创投、同创伟业、启迪之星、高瓴资本、哈勃投资、礼来亚洲基金和华登国际等。近年来，达晨财智等创投机构也开始投资"硬科技"领域。

创业者也可以从清科研究中心的年度股权投资机构排行榜中选择适合自己的投资机构。例如，2021 年中国创业投资机构 100 强，2021 年中国私募股权投资机构 100 强，2021 年中国国资投资机构 50 强，2021 年中国战略投资者/CVC 10 强，2021 年中国先进制造领域投资机构 30 强，2021 年中国半导体领域投资机构 30 强，2021 年中国医疗健康领域投资机构 30 强，2021 年中国消费领域投资机构 30 强，2021 年中国人工智能领域投资机构 20 强，2021 年中国企业服务领域投资机构 10 强，以及 2021 年中国碳中和领域投资机构 10 强，等等。这些排行榜中的机构基本上是中国的顶级投资机构，或者细分行业、细分市场的著名投资机构。

在了解投资机构的投资领域后，详细查阅它们的行业投资经验、投资业绩和投资案例，创业者就可以选定最适合自己的投资机构了。创业者在选择投资机构时还要注意，在 Pre-IPO 之前的私募融资阶段应该主要选择财务投资者，如果选择行业巨头和大企业作为战略投资者，应分析、判断战略投资者的动机，防止其趁机收购企业。

6.3.3 根据投资阶段和风险偏好选择

不同投资机构的投资风格、投资领域、投资阶段和风险偏好不尽相同。天使投资机构主要投资早期创业企业，风险投资机构通常投资早中期创业企业，私募股权投资机构会将大部分资金投资于中后期创业企业，战略投资者通常投资相对成熟且临近上市的企业。

创业者应当根据本企业的发展阶段选择不同的投资机构，如在创业早期，尽量寻找抗风险能力比较强的天使投资人和天使投资机构。

如果创业者的企业有了产品、服务或早期的客户，即使还没有营业收入，也可以联系投资早期创业企业的风险投资机构。近年来，风险投资机构已呈现出投资前移的趋势，愿意拿出一部分资金投资早期创业企业，期望在承担高风险的同时获取高额回报。

6.3.4 根据增值服务选择

近年来，随着投资人数量的增加和规模的扩大，各类投资机构纷纷利用自身拥有的丰富资源，为创业者提供各种增值服务，提高行业竞争力。

① 招揽人才。有些投资机构,尤其是专业投资机构,能够帮助企业招揽人才。有了著名投资机构的背书,一些原本吸引不来的业内优秀人才往往会愿意加入企业,创业团队会更加强大。

② 带来客户资源。创业者在创业初期往往人脉资源不足,客户资源不够丰富。有些投资机构能够帮助创业者拓展客户来源,从而扩大企业的市场份额。

③ 促成合作。在创业初期,创业者往往需要与产品或服务的上下游相关企业、平台进行合作,如果创业者没有相关方面的人脉关系,那么请风险投资机构帮忙可能会达到意想不到的效果。

④ 协助解决战略和方向问题。在董事会、股东大会或战略讨论会上,投资机构的代表往往能以更高的战略眼光和更广阔的视角,与创业者、企业高层研究企业的战略发展方向和建立、验证、完善盈利模式等问题,帮助企业找到攻克难关和解决瓶颈问题的办法。

⑤ 在企业管理、财务和法律事务方面提供指导。创业者在签订重大合同、专利申请、专利保护和审计等方面往往缺乏经验,有经验的投资机构能够在这些方面提供指导。

在找到对自己感兴趣的投资机构时,创业者可以与相关人员详细沟通上述事宜,尽量争取更多的增值服务,选择能提供自己最需要的增值服务的投资机构。

6.3.5 根据投资人的强势程度选择

对于创始人来说,没有什么比"××企业创始人被董事会开除"这样的新闻报道更能刺激他们敏感的神经了。企业发展壮大后,由于"一山不容二虎"或资本强势,在权力斗争的极端情况下,创始人被迫出局的案例不胜枚举。

在美国,典型案例有苹果创始人乔布斯和推特创始人杰克·多西等;在中国,典型案例有蒙牛创始人牛根生和万科创始人王石,电商软件服务商上海管易云计算软件有限公司(简称"管易")创始人徐欣,与控股公司金蝶国际代表兼管易董事长李光学之间还发生过"互相开除"的奇闻。

这些斗争往往是由于引进了强势资本,导致创始人逐渐处于弱势地位的。至于最终的结局,有人另立门户,或许还能东山再起;有人被迫出局,从此默默无闻,令人唏嘘。

创始人被迫出局的事件往往反映了商界和资本的角力,也就是企业创始人与投资人在企业决策、经营管理上的矛盾和冲突。

七八点股权设计事务所和七八点创业投资有限公司创始人、著名股权架构师何德文曾说："资本和人一样，是有不同的性格和脾气的。创业者在融资时，要读懂资本背后的'人'的不同性格，拿适合自己的钱。等到下雨时才想起修屋顶，只会'弱国无外交'，控制权地位会很被动、尴尬。"

在创业之初，创业者和投资人一般合作得很好，共同努力推进企业发展。不过，随着各轮融资的推进，股份比例或运营利益发生变化，各方在不同的价值观、企业文化和发展理念的驱动下，在企业控制权和话语权等方面可能发生冲突，进而夺权、内斗，矛盾激化，最后你死我活、你去我留，甚至到了必须有人出局的地步。

企业创始人通常注重长远利益，希望企业能够长期发展，大部分早期投资人也会考虑企业未来 5～7 年的成长，以便在条件成熟时择机退出。不过，也有一些投资人性子比较急，希望在短期内迅速实现某个目标，要求签订对赌协议，或者要求很高的持股比例和董事会席位比例；有些战略投资者甚至会对被投资企业的上下游直接实施资本渗透，通过参股、控股相关企业，使被投资企业的创始人在整条产业链中失去控制权和影响力。

众多典型案例带给创业者的启示是，在寻找投资人时，除了上文的行业经验、风险偏好和增值服务等因素，还要特别考虑投资人的强势程度，以及投资人与自己的融合程度，与企业价值观、企业文化的适配性。

对于比较强势的投资人，创业者应格外谨慎，可以开展背景调查，向获得过融资的其他创业者了解情况，或者直接询问投资人参与企业决策和管理的程度（投资人定位角色），选择相对温和、容易合作、不以控制企业为目的的投资人。

掌握企业控制权的措施和方法将在第 9 章详细讲述。

6.4　寻找和筛选投资人应该注意的问题

6.4.1　警惕不合适的天使投资人

现在的天使投资人越来越多，其中不乏具有专业水平和较强抗风险能力的天使投资人。他们拥有丰富的社会资源和充足的资金储备，不但能为企业提供资金支持，而且能提供增值服务，包括人才、渠道、技术、营销等方面的帮助和指导。

不过，也有一些非专业的"平民"天使投资人。他们虽然可以给企业带来资金，但是也有可能给创业者带来很大的麻烦。具体包括以下 3 种类型的天使投资人。

1. 强势控制型

正如上述案例中的强势机构和投资人一样，个别天使投资人也想趁机控制创业者企业，创业者需要特别提防这一点。这类天使投资人一开始貌似柔和、热情，一旦进入谈判阶段，就会提出种种苛刻条件，如签订对赌协议、控股或直接参与企业的日常管理。他们往往以企业处于创业早期，产品和业务不成熟，甚至还没有产品原型，在未来存在很大的不确定性，因此其投资风险较高为由，要求对赌或参与企业的管理事务。

站在创业者的角度，正因为企业发展存在很大的不确定性，所以绝对不能在此阶段签订对赌协议。一旦触发对赌条件，创业者就会输掉整家企业。另外，创业者也不能允许投资人干预甚至控制企业管理。对于这类天使投资人，创业者只能谢绝为上。

2. 性急型

某些高净值投资人对于创业者所在的行业没有什么知识和经验，对风险投资的长期性和高风险性了解不足，往往追求短期内的高额回报，甚至梦想创业者的企业两三年就能上市。

实际上，从提出概念到 IPO 上市，创业企业往往需要经历一个漫长的过程，如果是"硬科技"新兴领域的技术企业，可能需要 5~8 年才能成功试制产品。例如，在智能驾驶领域，我国从 2015 年第一次投资热潮开始，直到 2021 年，连最关键的技术研发（如环境感知、精准定位、决策规划和控制执行等）还没有真正成功，甚至某些关键技术路线还没有确定下来，更不用说人工智能、高性能芯片、通信技术、传感技术、车辆控制技术和大数据技术等多领域的技术结合，以及整车落地技术了。

如果遇到性急的天使投资人，那么无论创业者所处的是什么领域，一旦遭遇困难或长期看不到回报，他们很可能会给创业者带来很多麻烦和尴尬的处境，甚至申请仲裁或到法院起诉。

3. 挑剔型

某些天使投资人虽然只持有企业 20% 左右的股份，但是出于"体现自我价值"

"关心投资"等心理，经常干预企业管理，对企业的日常经营过于挑剔，希望创业团队按他们说的办。遇到这类天使投资人，创业者最好不要接受他们的投资；如果已经接受了投资，那么应在投资协议和交流沟通中明确界定，投资人可以指导，不过不能干预企业的日常管理。

6.4.2　怎样识别假冒的投资人

一方面，随着创业大军的兴起，创业者迫切需要投资；另一方面，假冒的投资人越来越多，他们假扮成天使投资机构、风险投资机构或私募股权投资机构的工作人员，四处行骗，创业者必须采取防范措施。

其实，识别假冒投资人的方法很简单，只要留心，不难判断。

1. 根据基本信息和专业素质来识别

1）查询工商登记

创业者遇到不了解的投资人，可以通过市场监督管理局的企业信息查询网站查询相关信息，如果方便，还可以直接去投资人注册地的市场监督管理局，查询其注册企业的注册资本是多少、资金是否到位、股东情况、何时注册登记和办公场所情况等。如果发现信息不完整或存在可疑之处，应向市场监督管理局询问具体情况。

2）查询投资人的网站

假冒投资人的网站通常很不专业，没有成功案例或展示假案例，网页杂乱，内容贫乏。而正规投资机构的网站往往有很多成功案例供人查询，投资领域一目了然，在网页上还会展示主要投资管理人的照片和著名的被投资企业。创业者可以询问被投资企业的相关负责人，该投资机构是否对企业投资。

3）判断专业素质

假冒投资人的专业素质一般比较差，即使进行过专门训练和学习，也会在融资、投资、财务和行业规则等方面露出破绽。正规投资机构不但在投融资方面非常专业，而且对创业者所处的行业非常了解，还会向创业者提出很棘手的问题。假冒的投资人一般比较外行，他们通常避实就虚，对专业性内容闭口不谈，却对创业者的项目表现出极大的热情，夸口能投资几千万元，绕来绕去不说实话，甚至想让创业者出钱准备融资文件。

总的来看，真正的投资人不会收费，不会做出任何夸大的承诺，并且态度认真、专业严谨。如果不具备这些专业素质，那么创业者遇到的很可能是假冒的投资人。

2. 根据假冒投资机构的收费行为来识别

只有专业的财务顾问会明确按照融资额度的 2%左右收取融资佣金，并且在资金到位后才会收取，真正的投资机构是不收取任何费用的。道理很简单，它们是给企业投资的，怎么会反过来向创业者收钱呢？

假冒的投资机构或投资人会以各种名目收取费用，包括但不限于以下几种。

① 考察费。考察费包括假冒投资人来企业考察的机票、住宿费和招待费等，他们会让创业者承担或报销。

② 撰写或修改商业计划书的费用。他们可能说创业者的商业计划书不符合标准，由其指定某个单位重新编制并由该单位收费。

③ 审计费。为了清查资产和后续的资产评估，需要请会计师事务所对创业者的企业进行审计，由其指定的会计师事务所审计并收费。

④ 企业估值费。他们会告诉创业者必须有估值报告才能确定投资价格，需要让独立的第三方评估机构对企业进行估值，由其推荐评估机构并由该评估机构收费。

⑤ 项目受理费。在收到创业者的商业计划书后，他们可能会告诉创业者项目不错，总部同意受理，并且要求创业者缴纳一笔项目受理费。

⑥ 行业专家技术评审费。如果创业者的企业是高科技企业，那么他们会说企业的技术很先进，需要让独立的技术顾问评审，创业者要向某家技术咨询公司支付技术评审费。

⑦ 翻译费。假冒外资的投资机构会要求创业者将商业计划书等文件送到其指定的专业翻译单位翻译成英文版本，并向创业者收取费用。

⑧ 保证金。假冒的投资机构在收取了几次费用之后，会告诉创业者投资基本上落实了，创业者需要缴纳最后一笔保证金，如果融资顺利完成，资金到位后不被挪作他用，保证金就会退给创业者。创业者为了获得融资，可能会再次上当，所谓的"指定机构"都是假冒投资机构的同谋。

6.4.3　创业大赛冠军被仲裁回购股权，创始人为何会被天使投资人"套路"

在多项创业大赛中获得第一名的许正没有想到，当年获奖的辉煌和由此吸引来的天使轮融资，会在几年后成为噩梦。

2012 年年底，创立了上海兆弗电子商务有限公司（简称"兆弗电子"）的许正，在创业大赛中获奖后，获得了上海起乾点坤创业投资管理合伙企业（简称"起点创投"）200 万元的天使投资。当时，起点创投的实际控制人查立在接受媒体采访时表示："投资兆弗电子出于 3 点原因，即优秀的团队组合，基于市场需求的可靠商业模式，以及移动互联网中的 O2O 是创业的热点，在这个领域可能会诞生颠覆性的创新创业企业。"

到了 2016 年年底，兆弗电子没有达在投资协议中事前约定的退出条件，即最迟在 2016 年年底上市，并且陷入经营困境。在过去 3 年多的时间里，兆弗电子没有获得新一轮投资，创始人的原始资本和 200 万元天使投资也被消耗殆尽。

在此期间，许正及其合伙人曾与起点创投的人员多次协商，希望注销兆弗电子，对方回复称"会按照投资协议中的退出约定来操作"，不过具体如何操作始终没有明确说法，注销兆弗电子的事情也就此搁置。

2021 年 4 月 9 日，许正在企查查上发现了一份关于自己的裁决书，该裁决书已于 2021 年 4 月 8 日被上海市第二中级人民法院立案首次执行。许正在电话咨询后得知，起点创投于 2020 年 7 月申请了仲裁，提出了回购股权的要求，并且在被告（许正）多次缺席开庭的情况下，于 2021 年 1 月形成了裁决书。

仲裁委员会决议第一被申请人兆弗电子承担回购义务，并由许正（持股 37.5%）承担个人担保责任。最终，裁决第二被申请人许正向申请人起点创投支付股权回购款人民币 200 万元，以及以 200 万元为本金，自 2013 年 5 月 15 日起计算至实际支付之日止，按年利率 12% 计算利息，同时支付律师费 12 万元和仲裁费 11.0957 万元。

自 2021 年 4 月 19 日起，许正被限制高消费。2021 年 5 月，该案件进入终本阶段，执行标的和未履行金额为 223 万元。

"仲裁申请，开庭仲裁，我都不知道。"许正颇为无奈地说。

在被限制高消费后，许正无法乘坐高铁和飞机，银行卡和在其他公司的股权也被冻结。要想摘掉"被执行人"的帽子，只有与起点创投和解。许正曾提议能否用其他公司的股权作为交换，起点创投的律师对此回复"我们只要现金，不要股权"。[①]

1. 被"套路"的创业企业不止一家

上述案例只是与起点创投有关的涉法涉诉案件的一部分，在查阅启信宝后我们发现，目前与起点创投有关的涉法涉诉案件共 8 件，而起点创投投资的创业企业

---

① 《这些"撑死、硬撑"的创业者们：被天使投资"套路"了？》，第一财经，2021.08.07。

还有几十家。

另一位被起点创投"套路"的创业者是波波网创始人史良瑞。2020 年 11 月，史良瑞收到了上海仲裁委员会的仲裁通知书，仲裁申请人同样是起点创投。

史良瑞在接受起点创投的资金时也签订了回购条款，即投资人有权在一定条件下提出回购要求，公司和各原股东应予以配合。

史良瑞的公司账户自 2020 年 12 月 1 日起进入冻结状态，直接后果便是不能正常发放员工的工资，不少员工受此影响纷纷离职，App 的运营也出现了用户活跃度下降的情况。2021 年 7 月，史良瑞等到了裁决书。

根据仲裁结果，史良瑞等 3 名创始股东理应按照回购条款的约定承担回购义务，裁决史良瑞等 3 名创始股东于该裁决做出之日起 10 日内共同向申请人起点创投支付 750 万元，以及以 750 万元为基数，按年利率 10% 计算利息，用于回购申请人持有的波波网运营公司上海莫笛思信息科技有限公司 16.67% 的股份。

史良瑞说："我已经向朋友借了近百万元给员工发放生活费，在 2021 年 6 月之前，还有十来个员工一直坚持，后来也坚持不住了。但是，不管怎样，公司都要撑下去。"

还有一位被起点创投"套路"的创业者李成，与许正、史良瑞相比更加不幸。他在讲述自己的遭遇时说，当初让妻子一同担保，而且没有把家庭资产与企业资产分割开，所以情况特别糟。

2. 为何签署"不公平"的协议

当被问到为什么签署这样一份不公平的协议时，许正坦言，早期创业企业的年轻创业者往往容易低估条款中的"陷阱"，不过起点创投的做法他也实在没有想到。

某位业内人士告诉媒体，是否签订这种协议其实和做生意一样，取决于供需关系。如果钱多、项目少，那么在双方的谈判博弈中，这类回购约定会被创业者拒绝；若钱少、项目多，则创业者处于谈判弱势，可能会签订比较严苛的条款，签订类似的"不公平"协议在创投圈中并非少数。

至于对赌协议，据该业内人士的了解，70%～80% 的创业者会签订，只是回购利息不会有两位数那么高。现实中的多数案例不会通过触发回购条款来退出，只有极少数会闹到仲裁或打官司的地步。不只是回购条款，投资人为了控制投资风险，还有很多"套路"。

业内某位执业律师表示，普通人在创业失败或遇到某些不幸的事件时，如果不小心签订了连带担保条款，往往全家都会受到牵连，许正和李成的教训值得借鉴。

创业者除了谨慎选择投资人，还要防范投资人的"套路"和陷阱。那么，投资人在对创业企业投资的过程中到底有哪些"套路"？创业者应该采取哪些策略与投资人博弈呢？第 8 章和第 9 章将详细讲述相关内容。

6.5 遭到拒绝怎么办

6.5.1 坚持不懈继续努力，不是所有人都能看懂你的项目

创业者在寻找投资人时遭到拒绝是家常便饭，被拒绝十几次甚至几十次是很平常的。即使创业者非常优秀，或者是业内资深人士，也经常会遭到拒绝，不能要求每一个人都欣赏、看懂自己的项目。另外，不同的投资人和投资机构的投资风格、判断标准等各不相同，而且经手的项目太多，难免有看错或看花眼的时候。

以前，本书中国作者在为所在的企业融资时也曾遭到多次拒绝，直到最后才能找到多个投资人，在资本的助推下成功将企业运作上市。反过来，在最近这些年从事风险投资时，我也曾拒绝过许多创业者，错过了一些好项目。

即使真的是非常好的项目，也不是所有人都能看懂的，创业者通常需要谈过几十个投资机构才能得到正确的反馈。能够迅速发现并判断成功项目的人只是少数，只有几十分之一的概率。

6.5.2 几十次遭拒后调整自己，审视项目本身存在什么问题

在创业初期，获得知名天使投资人和投资机构的融资很难，成功率比较低。不过，创业者总要试一试，谈上几十个投资机构，也许就能得到正确的反馈。

如果已经谈了几十个投资机构，既没有任何一个投资机构有投资意向，也没人带创业者见投资机构的合伙人或高层人员，那么基本上可以断定创业者的产品、服务或商业模式、盈利模式等存在问题。这时，创业者要做的不是继续找投资人，而是调整自己，多听听其他创业者和拒绝自己的财务顾问、投资人的反馈意见，把自己的项目做出成果。

需要注意的是，创业者不应把绝大部分精力放在融资上，只靠一份 PPT 就能

获得融资的概率很小，最重要的是有成熟的团队和相对成熟的产品或服务，并且确保产品或服务只要投放到市场中就能产生效益。创业者应专心开发自己的产品或服务，把项目做大，就不难找到投资人。好项目只要冒出头来，就会有投资人主动追逐。此外，创业者还可以制作网页，这样投资人更容易在网上找到或研究创业者的企业。

6.5.3　适当放宽首轮融资条件，生存和做出产品最重要

选择首轮投资人不能太挑剔，毕竟生存和做出产品最重要。如果得不到融资，生存不下去，项目就半途而废了。在遇到不太理想的投资人，并且找不到其他合适的投资人，而企业迫切需要资金救急的时候，只要在投资协议中写明相关条款，明确双方的权利和义务，并采用适当的方式与投资人沟通，就能保护好创业者的权益。

另外，首轮融资估值不要太高。创业者可以采用第 4 章的估值方法，对自己的企业初步估值，并在此基础上与投资人谈判。只要价格和投资协议条款大致公允、合理，就不用计较太多，尽快获得首轮融资才是上策。如果获得了首轮融资，以后就有更多的融资机会，下一轮的估值会更高。把项目做大了，即使首轮估值稍低一点儿，创业者持有的股份所对应的市值依然很高。除非迫不得已，创业者最好不要在首轮融资时出让超过 30% 的股份，那样不利于后续融资和保持多轮融资后的企业控制权。

6.5.4　阿里巴巴是怎样获得各轮融资的——消除对马云融资策略的误传

如今，阿里巴巴举世闻名。其实，马云的创业发展之路同样是从天使轮融资开始的。马云有句话说得没错："不要等到缺钱了才融资。"然而，马云的融资故事和融资策略被误传了。

在网络上甚至影视剧中，人们经常看到这样的都市传奇故事，在电梯或洗手间里，投资人撞到某个创业者，聊了几句就要投资几千万元，后来创业者的企业成功上市，创业者成为亿万富翁，投资人也赚了很多钱。

传说马云在见到孙正义后，仅用 6 分钟的时间做了一次讲演，孙正义就决定

对阿里巴巴投资 2000 万美元。这样的"传奇故事"误导了一些不明真相的创业者，导致他们觉得创业融资是一件很容易的事，只靠几分钟的讲演和一份 PPT 就能获得融资。事实上，获得融资并没有这么容易。

1. 创业者不要怕被拒绝，马云曾经被拒绝 37 次

1999 年 2 月，马云在杭州湖畔家园的家中召开了阿里巴巴的第一次全体会议。马云和伙伴们共筹集了 50 万元，开始了阿里巴巴艰辛的创业之旅。

据阿里巴巴联合创始人彭蕾回忆，马云每次回来都会对大家说"我又拒绝了一个风险投资机构"，有一天，他说自己已经拒绝了 37 个风险投资机构。后来才知道，他是被 37 个风险投资机构拒绝了，因为没人相信他的话，没人看好他的项目。

1999 年 5 月，有人告诉瑞典投资公司 Investor AB 亚洲区高管蔡崇信："杭州有个叫马云的人有点儿疯狂，你要不要见一下？"蔡崇信说："好啊，但是马云是谁？"

在朋友的安排下，蔡崇信在杭州与马云第一次见面。当时，阿里巴巴只有一个刚刚上线几个月的网站，收入为零。据蔡崇信回忆，在初次见面时，他就被马云的人格魅力深深地吸引了。马云一直在谈论伟大的愿景，想建立一家生存 102 年的企业，一家世界上最大的电子商务企业，一家进入全球网站排名前十位的企业。

真正打动蔡崇信的不只是马云本人，还有马云的创业团队。一群年轻人像"着了魔"一样努力工作，大家一起吃大锅饭，一起睡地铺，一起喊叫。蔡崇信从这些年轻人的眼中看到了无限的光芒、力量和未来，他想，这个人有能力将一群追随者聚集在一起，是一个有影响力的领导者，他有能力做出一番大事业。

不久后，蔡崇信在夫人的陪同下再次与马云见面。夫人本来是想劝说蔡崇信不要加入阿里巴巴的，结果她也被马云的创业激情感染。随后，蔡崇信加入了这个充满激情和冒险精神的团队。

当时，阿里巴巴举步维艰，50 万元基本上已经用完，马云要借钱发工资了。

2. 如果找不到风险投资或不接受首轮融资条件，阿里巴巴早已"死"在"资本严冬"

蔡崇信加盟后，开始帮助阿里巴巴解决最关键的难题——钱。1999 年 8 月，蔡崇信在中国香港遇到了一位就职于高盛集团的朋友，此人透露高盛集团有意投资中国互联网创业企业，并将蔡崇信引荐给时任高盛集团私募部门亚洲区主管的林夏如。

林夏如出生于中国台湾，毕业于哈佛大学，曾是高盛集团证券合伙人。眼光独到的林夏如在与马云接触后发现，他是一个能成大业的人。当时，马云想融资500 万美元，出让阿里巴巴 10%的股份，不过高盛集团并未接受此条件。

据蔡崇信回忆："当时阿里巴巴与风险投资机构的谈判空间比较小。虽然互联网很火热，但是'没钱'是阿里巴巴最大的问题，所以对风险投资机构开出的投资条件没有什么讨价还价的余地。高盛集团提出的条件确实相对苛刻一些，不过马云在和我商量之后还是决定接受高盛集团的投资。因为高盛集团曾帮助 IBM 和微软等成为世界上非常伟大的企业，阿里巴巴要想在境外上市，选择高盛集团最合适。"

1999 年 10 月，在林夏如的主导下，高盛集团、富达投资、新加坡政府科技发展基金和瑞典 Investor AB 等 4 家投资机构决定对阿里巴巴投资 500 万美元，共占阿里巴巴 40%的股份。

据知情人士透露，当时高盛集团对阿里巴巴的估值并不算低，投前估值为 750 万美元，投后估值为 1250 万美元。高盛集团在天使轮出资 330 万美元，占阿里巴巴 26.4%的股份。

3. 有了高盛集团的投资，马云 A 轮谈判时挺直了腰杆

在与孙正义见面的 3 个多月之前，摩根士丹利亚洲互联网研究公司的分析专家古塔曾询问马云关于阿里巴巴的基本情况，马云和蔡崇信向古塔提供了大量的信息资料，古塔将资料提交给软银。4 周后，古塔在电子邮件中告知马云："有一个人想和你秘密见个面，这个人对你一定有用。"

当时，孙正义发现了中国互联网市场的发展潜力，决定在中国筹建软银中国资本。1999 年 10 月，孙正义亲自来到中国，想在中国寻找投资布局的"棋子"。

1999 年 11 月，马云志得意满、兴高采烈地前往北京富华大厦"秘密赴约"。其实，古塔告知马云的"秘密见面"并非私下会谈，而是一次规模较大的项目评介会。那个"有用"的人让马云大吃一惊，他竟然是软银总裁孙正义。包括马云在内，当时国内近 10 家著名互联网企业的创始人齐聚一堂，等待与孙正义及其投资团队会面。

会议开始后，孙正义给每个会面者 6 分钟的自主陈述时间，让他们在规定时间内推销自己的项目，陈述完毕后接受软银团队的提问。某位参加会面的创始人向《21 世纪经济报道》的记者回忆，英语老师出身的马云，在 6 分钟内极好地发挥了其语言方面的优势。

当投影仪调出阿里巴巴的网站页面时，马云顺势站起来进行讲演，介绍阿里

巴巴是什么，阿里巴巴正在做什么和将要做什么。马云的确只讲了 6 分钟，然而这 6 分钟讲的是一年以来马云和蔡崇信研究、总结出来的商业计划书中最精华的部分。孙正义问马云需要多少钱，马云的回答十分令人吃惊，他说自己并不缺钱。孙正义反问道："不缺钱，你来找我干什么？"马云回答："又不是我要找你，是人家叫我来见你的。"

这样的对话，在今天看来非常具有戏剧性。虽然马云刚刚获得了 500 万美元的投资，但是在互联网企业需要"烧钱"的时候，500 万美元算得了什么呢？其他互联网企业的创始人为了获得更多的融资，努力向投资人展示自己的魅力，只有马云例外。这意味着马云有了谈判的底气，但是谈判也陷入了僵局。

4. "坚持"和"让步"拉锯，正式展开谈判

关键时刻，扭转阿里巴巴命运的"大贵人"出现了，他就是刚刚担任软银中国资本总裁的薛村禾。经过尽职调查，薛村禾团队坚定了对阿里巴巴投资的意愿。在薛村禾的力挺下，孙正义重新审视与马云团队的合作。

2000 年 1 月，孙正义邀请马云和蔡崇信前往东京再次会面。他说的第一句话就是"我们要投资 3000 万美元，占阿里巴巴 30% 的股份"。在考虑了五六分钟后，马云点了头。但是蔡崇信持反对意见，对孙正义说出了后来在互联网界颇有名气的"不"。蔡崇信说："你报的这个价钱涉及的股份数量太多，我们根本不能接受。"对孙正义说"不"是需要勇气的，因为他是一个几乎让人无法拒绝的人。

在第一次被拒绝之后，孙正义在计算器上算了一通，报了一个价钱，蔡崇信说这个报价仍然难以接受。于是孙正义又去按计算器，报出一个价钱。就这样被拒绝了 3 次之后，孙正义的报价才进入马云和蔡崇信可接受的范围之内，双方初步达成了一致。

可是马云在回国后反悔了，他向孙正义的助手发邮件："我们只需要 2000 万美元，太多的钱是坏事。"孙正义的助手立刻跳了起来，在回复邮件时非常激动。这简直是一件不可思议的事情，谁会嫌孙正义的投资太多？

马云之所以只接受 2000 万美元的投资，真正的理由是他认为以自己的掌控能力和阿里巴巴的现状，3000 万美元的数目太大，按照这个数目换算给孙正义的股份太多了。

面对暴跳如雷的孙正义助手，马云当即给孙正义发了一封电子邮件："希望与孙正义先生手牵手共同闯荡互联网，如果没有缘分合作，那么还会是很好的朋友。"

当时的软银既希望投资阿里巴巴，又怕高盛集团等投资机构在阿里巴巴初创

期继续投资"天使轮+"或 A 轮，那样，软银可能会没机会投资或需要以更高的股价投资。

马云很快收到了孙正义的回复："谢谢您给了我一个商业机会。我们一定会使阿里巴巴名扬世界，变成像雅虎一样的网站。"

结果，孙正义与马云再次商议，阿里巴巴获得了 2500 万美元的 A 轮融资，其中软银投资 2000 万美元，其他投资机构包括新加坡政府科技发展基金、富达投资、汇亚基金和瑞典 Investor AB 等。

2002 年，阿里巴巴开始实现盈利，从初创期进入成长期。

2004 年，在阿里巴巴刚推出淘宝平台后不久，软银追加投资。阿里巴巴的 B 轮融资共获得 8200 万美元，其中软银投资了 6000 万美元。

通过两轮融资，软银用 8000 万美元换来阿里巴巴大约 30% 的股份。

获得了 B 轮融资，阿里巴巴进入快速扩张期，并在 2005 年获得 C 轮融资 10 亿美元。

5. 8 轮融资共获得 309 亿美元，约合 2100 多亿元人民币

2007 年 11 月，阿里巴巴的 B2B 公司在中国香港 IPO 上市，共发行 8.589 亿股，超额配售 1.137 亿股，发行价格为 13.5 港元/股，总集资额为 131.3 亿港元（约合 15.8 亿美元）。

2014 年 9 月，阿里巴巴在纳斯达克上市，融资 220 亿美元，成为美股史上最大规模的 IPO，阿里巴巴成为当时排在谷歌之后的全球第二大互联网企业。随着阿里巴巴的上市，马云的身价一度超越王健林，成为中国新首富。

回顾阿里巴巴的融资历程，8 轮股权融资共获得 309.92 亿美元。其中，天使轮融资的 500 万美元给了阿里巴巴一笔"活命钱"。2000 年，阿里巴巴获得了软银等投资机构的 2500 万美元融资，得以在"互联网泡沫"破灭后的"资本严冬"中生存下来。

在无数中小型企业倒下的时候，有了高盛集团领投天使轮，阿里巴巴得以继续创业、融资，后面的故事才能成为传奇。

阿里巴巴的融资历程如表 6-2 所示。

表 6-2　阿里巴巴的融资历程

融资轮次	时间	融资额度（万美元）	投资机构
天使轮融资	1999 年 10 月	500	高盛集团、富达投资、新加坡政府科技发展基金、瑞典 Investor AB

融资轮次	时间	融资额度（万美元）	投资机构
A 轮融资	2000 年 4 月	2500	软银、新加坡政府科技发展基金、富达投资、汇亚基金、瑞典 Investor AB
B 轮融资	2004 年 2 月	8200	软银、新加坡政府科技发展基金等
C 轮融资	2005 年 8 月	100 000	雅虎
中国香港 IPO 融资	2007 年 11 月	158 000	战略投资者、公众投资者
D 轮定向私募融资	2011 年 9 月	200 000	云锋基金、美国银湖资本、俄罗斯 DST、新加坡淡马锡
E 轮定向私募融资	2012 年 8 月	430 000	中投、中信资本、博裕资本、国开金融、美国银湖资本、俄罗斯 DST、新加坡淡马锡
美国纳斯达克 IPO 融资	2014 年 9 月	2 200 000	战略投资者、公众投资者
合计		3 099 200	—

注：阿里巴巴于 2019 年 11 月在港交所二次上市，融资额度超过 1000 亿港元。

6. 高盛集团最先"吃螃蟹"却最早退出阿里巴巴，是最大败笔还是伟大投资

高盛集团没有等到阿里巴巴上市，错失了美股史上规模最大的 IPO。这曾被视为高盛集团投资史上最大的败笔，不过这也情有可原。当时中国的创业板计划被搁置，全流通尚未实施，创投的退出渠道少得可怜，无论是境外风险投资还是本土风险投资，都很珍惜每一次来之不易的退出机会。

高盛集团较早退出阿里巴巴，没有获得更丰厚的回报，这也许就是风险投资的魅力和遗憾。正是那宝贵的 500 万美元，帮助马云撑过了创业初期最艰难的时光，也使阿里巴巴从此名声大震，才有了后来软银的投资和阿里巴巴的传奇故事。

业界一直为高盛集团惋惜，而高盛集团内部和哈佛大学、弗吉尼亚大学的学者们却认为这是一笔"伟大的投资"，正是这笔投资支撑着庞大商业帝国的生存和崛起。

创业者能从上述案例中得到什么启示呢？

①坚持，不要怕遭到拒绝；②找到能帮自己融资的人，最好能将其招聘进企业；③第一轮融资谈判适当让步，天使轮融资很难，创业起步和生存最重要；④有了知名投资人对首轮投资，创业者在不缺钱的情况下应该挺直腰杆进行后续各轮融资，在尊重对方的基础上争取最有利的谈判条件；⑤把握融资频率和节奏，如果当初马云只顾拿钱，以 30% 的股份换取 3000 万美元的融资，就会让股份稀释得过快，容易失去对企业的控制权。

第 7 章

如何应对尽职调查

　　尽职调查是投资人在投资过程中最重要的程序和步骤，尽职调查报告、法律意见书和相关建议是投资人决定是否投资的重要依据，投资人会根据它们制定投资方案、确定合同条款、商定股权价格、选择支付方式。本章讲述创业者怎样应对投资人的法律事务尽职调查、财务尽职调查和行业专家尽职调查。

7.1 尽职调查的范围和内容

7.1.1 与投资人初步见面洽谈

投融资双方经过初步了解，如果认为对方符合基本条件，就可以约定初次见面洽谈。在初次见面时，创业企业的主谈人员一定要达到足够的级别，至少应该是企业管理层的投融资负责人。

洽谈前，创业者要有充分的准备，在见面时应演示 PPT 文件，并进行简要的讲演，按照第 3～5 章所讲的内容和策略，回答投资人提出的各种问题。创业者也可以向投资人提出自己关心的问题，就基本问题进行交流。

当投资人有兴趣深入了解创业者的企业时，可能会说"我们下一步准备安排尽职调查"。从此时起，创业者要做好充分准备，面对尖锐、烦琐的提问、查证，一定要耐着性子，积极、全面地配合投资人做尽职调查，绝不能敷衍了事、弄虚作假。

在应对尽职调查的过程中，创业者应避免落入融资误区，充分认识到"业绩"是吸引投资人的唯一理由，财务状况比企业管理状况更重要，夸大财务数据和事实，甚至隐瞒存在的问题，都是不正确的。尽职调查是双方进一步互相了解的过程，创业者必须注意以上误区，以免给尽职调查、评估、下一步的谈判、未来的合作带来麻烦和障碍。其实，投资人在发现问题后，除了要求创业者解决问题，还可能给创业者提出解决方案或建议，因此创业者不应蒙骗投资人。

7.1.2 投资人进行尽职调查的范围和内容

尽职调查又被称为审慎调查，是指投资人在与目标企业达成初步合作意向后，经协商一致，投资人对目标企业一切与本次投资有关的事项进行现场调查、资料分析的一系列活动。投资人在进场前会向创业者提供尽职调查清单，创业者应做好各方面的准备。

1. 尽职调查和评审的范围

① 投资人对创业企业进行调查和评审的范围，包括法律事务、财务、生产经营、技术、管理等各个方面，以便初步确定能否对创业企业或项目进行投资。

② 投资人对创业项目进行可行性评价和财务评价，对企业进行经营预测分析。

③ 投资人对企业进行估值，以便确定投资入股的价格和谈判条件。

2. 投资人考察企业和项目的具体方式、内容

① 阅读商业计划书，了解企业和项目是否符合投资人的投资标准，初步考察企业和项目的管理、产品、市场、商业模式、盈利模式等。

② 与企业管理层交流，重点考察创业团队，了解企业和项目的管理因素。

③ 查询有关人士，实地考察企业和相关部门，从侧面了解企业的客观情况，侧重检验创业者所提供信息的真实性和准确性。

④ 凭借自身的知识和经验，对企业和项目进行技术、市场、竞争分析。

⑤ 根据创业者提供的信息和投资人调查、掌握的信息，对企业和项目的运营模式、盈利模式、成长模型、资金需求量等进行详细分析。

⑥ 检查企业风险，主要考察企业以往的法律事务和财务情况，检查是否存在潜在漏洞和重大问题，降低投资人的投资风险。

7.1.3　怎样基于业务分工配合尽职调查

投资人派出或委托律师、会计师、行业专家进行的尽职调查工作，在很大程度上是并行的，他们各自承担不同的调查任务和责任，业务分工非常明确。不过，他们在某些方面也需要互相协作。例如，在律师和行业专家的协作配合下，会计师在调查和验证相关信息时有着特殊的优势或权利，这为财务尽职调查（Financial Due Diligence，FDD）的顺利完成和调查结果的质量、效果提供了保障。

1. 整体调查范围

法律事务尽职调查的范围主要是调查创业企业的组织结构、资产、业务等法律状况和诉讼纠纷等法律风险；财务尽职调查的范围主要是调查创业企业的资产、负债、现金流量、盈利等财务状况和财务风险、经营风险；行业专家尽职调查的范围主要是调查创业企业的产品品种、产品质量、生产工艺、生产设备、核心技术、原材料、生产成本、销售价格、销售市场、销售渠道、产业政策等经营状况和风险。

2. 同一调查内容的侧重角度不同

例如，各方面人员在尽职调查中都要调查创业企业的固定资产和无形资产，律师侧重调查资产的权属、合法性和有效使用期限；会计师侧重调查资产的原值、折旧和净值等账面价值；行业专家侧重调查资产的技术状况、性能情况和资产具备的生产能力。再如，各方面人员都要调查创业企业享有的地方政府税收优惠政策，律师侧重调查税收优惠政策的合法性和时效性，会计师侧重调查优惠税款的数额、时间和账务处理的合理性，行业专家侧重调查实施或取消税收优惠政策对经营利润，乃至对市场竞争的影响程度等。

3. 创业者要积极配合尽职调查

如上所述，尽职调查是一项烦琐而复杂的工作，初创期企业需要的时间相对少一些，已经有相当营业收入规模的企业通常至少需要几周时间才能完成。如果创业者的企业已经进入成长期并产生了营业收入，那么在投资人进行尽职调查之前，最好请会计师事务所进行独立审计，向投资人提供可信的审计报告，这样能让投资人的财务尽职调查更顺利一些。

在尽职调查团队进场后，创业者应全面组织内部人员积极配合，并安排好尽职调查人员的日常办公和交通、食宿等后勤服务；配合调查、提供资料、解答问题、协助工作；协调银行、税务局、市场监督管理局、社保机构、行业主管部门、债权人、产品大客户和主要原料供应商等接受尽职调查人员的查询，并出具相关函件；组织企业管理层和有关部门，就企业的生产、经营、安全、环保，以及市场价格、行业动态、产业政策、投资发展等方面进行专题讨论，向调查人员提供管理层的讨论意见，以便加快调查进程。

7.2 法律事务尽职调查

法律事务尽职调查的内容主要包括公司主体资格和历史沿革、公司治理结构、主要财产及其使用权情况、管理层和人力资源、主要经营合同及其履约执行等，此外，对经济诉讼、经济仲裁、或有负债、安全生产和环境保护等方面也要进行了解。

7.2.1　公司主体资格和历史沿革

1. 公司设立和存续的合法性

投资人对公司主体资格调查的第一项内容就是公司的设立和存续是否合法，首先调查营业执照、税务登记证、组织机构代码证、生产许可证、销售许可证、安全生产许可证和排污许可证等证照的有效性，然后调查公司所处行业的资质证书或备案文件，如网站运营商和大量收集个人信息的 App 运营商需要在国家安全部门备案，电子商务网站需要有因特网内容提供商的备案文件，高新技术企业需要有相关认证文件。

2. 公司发展过程和历史沿革

投资人还要对公司发展过程、历史沿革、附属公司及其与公司的关系（是否属于公司供货商等）进行调查，公司成立至今的重大事项（如增资、改变经营范围、增加或减少股东、转让股权等）也是重点调查内容。

7.2.2　公司治理结构

治理结构涉及公司稳定和投资后的组织整合，是尽职调查的主要内容之一。投资人需要对公司的组织架构和规章制度进行调查，确保本次投资交易的合法性、有效性，以及本次投资交易和投资后的组织整合不存在公司内部程序上的障碍。

具体调查内容包括公司章程和股权分配，董事会、股东大会的设立和权限，董事会成员的背景简介（包括职位、职责范围、学历、年龄、工作经历、业务专长、薪酬和合同等），董事会、监事会、股东大会的议事规则，过去 3 年董事会、监事会、股东大会的会议记录和决议等。

投资人会结合议事规则、会议决议、公司章程和创业出资协议等，考察公司有没有合伙人股权分配协议、一致行动人协议、"同股不同投票权"的 AB 股模式、内部股权锁定和期权激励，哪些重大事项必须经投资人同意，投资人对哪些事项有一票否决权，以及哪些事项由股东大会决定等。创业者应准备好上述所有文件。

7.2.3　主要财产及其使用权情况

1．土地使用权和采矿权

对于拥有土地资产和矿产资源的企业，投资人在调查时需要核查土地使用证和采矿许可证、相关批文、土地权属界线图、采矿边界图、储量登记证、土地出让金和采矿权价款支付凭证，以及企业与国土资源部门签订的相关合同等资料。

在中国，过去的会计准则将土地使用权和采矿权作为无形资产，而国际会计准则不将其作为无形资产。在融资之前，创业者应该按照国际会计准则将土地资产和矿产资源从无形资产中分离出来，准备对其进行资产评估。

2．固定资产和租赁物业

创业者要准备好所有产权的房产建筑物、构筑物、设备等权属凭证，设备明细（含购入价、购入日期、所在地）和相关合同等资料，对租赁物业、固定资产协议和已抵押固定资产明细表等进行整理、分析，为下一步的资产估值打下可靠的基础。

3．知识产权和其他无形资产

知识产权属于无形资产，对技术密集型企业尤为重要。投资人需要了解企业的知识产权和其他无形资产的类型、范围和许可使用等情况，查阅企业商标、专利、版权、域名、App 名称，以及特许经营权等无形资产的权属凭证和合同，对资产权利的合法性、有效性，以及是否存在第三方权利限制、法律纠纷或潜在纠纷做出判断。

创业者应尽早确定产品或服务的品牌，尽快申请注册商标，注意对企业资产权利的保护。

7.2.4　管理层和人力资源

1．管理团队和核心员工

创业者应准备好管理团队和核心员工的背景资料，包括职位、职责范围、学历、年龄、工作经历、业务专长、薪酬、合同，以及是否在其他企业或事业单位任职，是否存在同业竞争和知识产权潜在纠纷等，以备投资人进行考察。

2.　人事和组织管理

创业者应整理部门组织架构图、人力资源配置图表和人力资源管理制度，薪资制度、福利详情和员工劳动合同。调查人员应考察企业与员工签订的劳动合同是否符合《中华人民共和国劳动法》的规定，企业是否与核心员工订立了保密条款和同业竞争禁止条款等。

7.2.5　主要经营合同及其履约执行

1.　主要经营合同

创业者应整理企业生产所需原材料采购协议，厂房、用水、用电合同，主要生产设备采购合同，前十大客户销售合同和 70%的客户名单，银行贷款和其他借款合约，财产保险合同和人身保险合同、保险单，以及其他重要合同，以备查阅。

2.　重大合同履行情况和重大债权、债务情况

投资人应调查企业正在履行和虽已履行完毕但可能存在潜在纠纷的重大合同，并对其合法性、有效性和是否存在潜在风险做出判断，对金额较大的其他应收款和其他应付款等进行确认，判断其是否因正常的生产经营活动产生，是否合法。

7.2.6　创业早期企业规范性的"硬伤"

创业早期的融资极为重要，首轮融资往往决定着企业能否生存，以及新产品能否尽快诞生。如果因为涉及法律事务的"硬伤"而无法及时获得融资，将是一件非常遗憾的事情。

一些早期创业者容易忽视企业规范性的问题，埋下各种风险和隐患，导致企业在创业早期存在"硬伤"，不利于天使轮融资和 A 轮融资，甚至在未来触碰红线，影响 IPO 上市。

① 公司创立和历史问题。资产存在纠纷，出资不真实，在出资资产的形成过程中没有履行法律法规规定的程序（如未经评估、审计或股东协议认定等），有重大违法违规问题，以及工业项目可能导致环境污染等。

② 无形资产出资问题。无形资产的形成依据不清和权属不清，无形资产评估

存在严重偏差，无形资产权利证书的有效性存在问题，核心技术的知识产权或使用权不完整（仅有部分产权、部分使用权或第三方也有权使用该知识产权），无形资产出资存在潜在纠纷（如产生营业收入的产品技术成果属于企业外部的职务成果，或者属于兼职人员在其他单位和部门取得的工作成果，产品技术成果可能存在第三方权益和潜在纠纷），企业使用的新型专利技术与竞争对手存在冲突，委托开发专利技术的产权归属和成果分配有争议等。

③ 出资不完整、出资严重不到位或股权代持。

④ 与国家政策导向、行业趋势相背，违法违规收集、使用个人信息，触及国家数据安全红线，危及网络安全，影响信息安全等。

创业者必须在融资前尽快解决以上"硬伤"问题，以免融资失败。

7.3 财务尽职调查

7.3.1 财务尽职调查的范围和内容

财务尽职调查也被称为财务审慎调查，是指投资人派出人员或委托会计师事务所、独立财务顾问，对创业企业的财务状况、经营活动等情况进行的调查和分析评价。

财务尽职调查的范围很广，企业内部控制、或有负债、或有损失、关联交易和财务预测前景等都属于财务尽职调查的范围。如果涉及境外融资，那么投资人应派出理账师，按照国际会计准则对创业企业近 3 年的财务进行会计理账，确保其符合国际会计准则。

例如，3 年以上应收账款没有还款计划书和法院判决执行书等确定性文件作为支撑，理账师在理账时直接按撇账减值处理；账外的应付账款或长期负债，涉及债务纠纷或诉讼没有结论的，一般按或有负债处理。在按相关准则处理后，创业企业的资产负债表将发生重大变化，净资产可能会减少到创业者难以接受的程度，创业者要有足够的心理准备，最好事先聘请财务顾问进行咨询评价。

财务尽职调查与审计之间是互相渗透、互相涵盖的。调查人员一般会通过审查财务会计报告、会计凭证、会计账簿，查阅有关的文件和资料，检查银行对账单和银行流水账单，审核资金流入、流出与经营业务的一致性，抽查大额资金往来，检查并确认现金、实物、有价证券，以及调查、函证、查询、计算、分析性复核等方式进行财务尽职调查，以便获得充分的证明材料和证据，完成财务尽职调查报告。

创业者应组织、协调企业内部的业务部门配合调查工作，提前准备好现有的审计报告、财务报告、财务报表、财务账簿、原始凭据、各种资料和相关文件证据，生产经营成本和市场价格资料，适用税种的税收文件规定，项目建设情况和在建工程资料，拟建项目的设计文件和项目财务评价表，等等。

7.3.2　资产负债表的审查内容和作用

财务报表产生于 19 世纪末至 20 世纪初的美国，至今已有 100 多年的历史。资产负债表、损益表、现金流量表 3 张财务报表之间存在相互依存、互为补充的钩稽关系，是大多数企业最主要的财务报表。投资人在考察企业时，基本上都要查阅、分析企业的财务报表和项目财务评价表。

财务报表是揭示和反映企业或项目财务会计信息的工具，具体包括资产、负债、所有者权益、收入、费用和利润 6 个会计要素。

1. 资产负债表体现的内容

资产负债表是 3 张财务报表中的基础表，体现企业在每个会计年度末（或每月末、每季度末）时点的资产、负债和所有者权益情况。"资产"体现的是企业所拥有资源的货币价值，"负债"体现的是债权人拥有的对企业全部资源的索偿权（企业以其全部资产对债权人承担偿还责任），"所有者权益"体现的是偿还全部债务后的企业净资产。

资产负债表可以反映出企业资产负债的分布状态、构成情况和所有者权益（净资产）结构。分析资产负债表中的现金、金融资产、存货、应收账款、长期期权、固定资产、无形资产、长期借款、短期借款和应付账款等各项数据，有助于投资人评价企业资产的质量和企业的偿债能力、利润分配能力、抗风险能力。

2. 资产负债表的审查内容

资产负债表的核心审查内容是证实资产负债表中所有项目余额是否真实。审查人员需要对资产负债表中与项目余额有关的会计记录、存货进行检查、认证、盘存，以便对资产负债表的真实性做出判断。

资产负债表的常规审查，主要是审查资产负债表填列内容、相关数据、综合项目的完整性和数字的准确性，表内综合项目与有关总账、明细账目的期末余额、合计数是否一致，年初数与上年的年末数是否一致，资产负债表的总额是否平衡，等等。

资金使用合理性的审查，主要是计算和分析资产负债率、负债权益比率、流动比率、速动比率等指标，以此衡量和判断企业的偿债能力、财务结构、负债资本的保障程度、短期负债偿还能力、变现能力、短期清算能力等。

3．资产负债表的缺点

在 3 张财务报表中，资产负债表的会计要素最多，反映的财务信息看似也最全面。其实，资产负债表存在两个缺点。①资产负债表是一种静态的财务工具，体现的是企业或项目在某一特定时点的财务状况，如 12 月 31 日的资产负债表只能反映企业当天的财务状况，不能反映企业全年的财务状况，更不能反映企业获得融资后的经营运作过程。②资产负债表遵循责权发生制原则，没有到账的收入也被计入资产，难以百分之百地反映企业或项目投产后的资产负债情况，反而容易成为造假的工具。

例如，账面上若留有大批库存，则代表产品积压卖不出去，账面会很不好看，于是某些企业会通过内部关联交易"卖"出存货。根据责权发生制原则，在签订销售协议后，这批库存在账面上变成了刚发生的应收账款，被列入流动资产，资产负债表看起来很漂亮。可是企业有没有现金流量呢？事实上，某些企业拥有巨额的资产，却没有现金流量，建造了厂房，购置了设备，钱花完了，市场却发生了重大变化，产品卖不出去或价格倒挂，经营亏损，企业根本没有现金流量，库存太多或应收账款根本收不回来，这样的资产负债表即使资产再多也没用。

7.3.3　损益表的审查内容和作用

1．损益表体现的内容

损益表也被称为利润表，是 3 张财务报表中最简单、最直观的报表，描述企业在一个会计年度（或一个月、一个季度）内的经营成果总和，是反映企业在一定会计期间内利润增长或利润亏损的财务报表。损益表是动态报表，可以作为企业分配经营成果的依据。

损益表可以反映创业企业的营业收入、营业成本、营业费用、期间费用，以及应当计入当期利润的营业外收支、所得税款项等金额及其结构情况。

企业或项目有没有盈利能力，从损益表中一眼就能看出来。分析损益表中的各项数据，有助于投资人评价企业的盈利能力和盈利构成。

2. 损益表的审查内容

财务尽职调查人员在审查损益表时，通常会重点审查企业的资本利润率，以反映企业所有者投资的盈利水平；对相关明细表的审查，主要看实现利润的真实性和可靠性。

① 检查损益表内各项目填列是否完整，有无漏填、错填，核对各项目数字之间的钩稽关系。

② 检查损益表与其他财务报表之间的钩稽关系，特别注意核对损益表所列产品销售收入、销售成本、销售费用、销售税金、附加的本年累计发生数是否与其附表数字一致，损益表所列净利润是否与利润分配表数字一致。

③ 核对损益表各项目数字与有关总账、明细账目的数字是否相符，通过分析和核对，检查有关损益项目数字的变化是否异常，并对疑点进行进一步的核查。

④ 结合对销售收入、成本费用、利润分配等有关明细账目的检查，核实销售收入、成本费用、投资收益和营业外收支等各项数字是否准确，必要时应检查有关原始凭证，包括销售合同、采购合同、营业税发票、增值税发票、入库和运输单据等。

⑤ 结合对纳税调整项目的检查，核实所得税的计算是否正确，对各个扣除项目进行详查，审查有关明细账目、原始凭证和纳税申报表，检查扣除项目和金额是否正确等。

3. 损益表的缺点

损益表也有其缺点。虽然损益表中可以体现利润，但是难以判断利润是否仍然留在企业，是否可以作为流动资产（货币）给股东分红，使投资人真正享有股东权益。

例如，某些企业的损益表中虽然有利润，但是已经全部用于支付历史欠款、购置设备和大修、技改费用（逐年摊销而未全部列入当年成本），企业已经把利润用完了，根本没有净现金流量，投资人无法获得实际收益。

7.3.4　现金流量表的审查内容和作用

1. 现金流量表体现的内容

现金流量表是说明企业在每一会计年度（或每月、每季度）内现金和现金等价物流入、流出情况的财务报表，可以反映企业各项活动的现金流入和现金流出，有助于投资人评价企业在生产经营活动中的现金流量和资金周转情况。

现金流量表的重要作用是向企业的投资人、债权人和管理者提供现金流量信息，有助于投资人判断、评估企业在未来经营期间产生净现金流量的能力，企业偿还债务和支付所有者的投资报酬能力，企业在经营过程中获取的净收益与产生的净现金流量之间存在差异的原因，等等。现金流量表的信息是否真实、正确、完整，会对投资人的决策产生重大影响。

2. 现金流量表的审查内容

审查现金流量表需要以审查资产负债表和损益表为前提，财务尽职调查人员通常以分析性测试为基础，以便发现不正常项目，并对其进行深入、细致的审查。

现金流量表的审查内容包括确认现金流量信息的真实性、完整性、正确性和可靠性，具体内容如下。

① 审查企业在一定经营期间内现金流量信息的存在或发生，具体核实现金流量表所列各项现金流入和现金流出是否确实存在或发生，有无高估现金流入或高估现金流出的情况等。

② 审查企业在一定经营期间内现金流量信息的完整性，具体核实现金流量表中应该列出的所有现金流量项目是否已经全部列出。

③ 审查企业在一定经营期间内现金流量信息的正确性和合规性，审查重点是现金流量表中现金流量信息的形成依据是否正确，如反映现金流量的有关账目与凭证、账目与报表是否相符，计算过程和计算方法是否正确、合规，对现金流量的计算和填列是否遵循一般公认会计原则、会计准则，数字总和和项目计算是否正确、合规，前后期采用的计价方式和计算方法是否一致等。

④ 审查企业在一定经营期间内对现金流量的披露是否充分，具体核实现金流量表中特定组成要素是否进行了适当的分类和披露，有关交易事项数额的计算、填列截止日期是否合理等。

⑤ 分析和评价企业的财务状况，即对现金流量表进行具体审查后，根据现金

流量信息，对企业的财务状况做出整体、客观评价，包括企业的经营周转状况、流动资产质量、债务偿付能力和股利支付能力等。

3. 现金流量表的缺点

现金流量表的缺点是既不能反映资产负债情况，也不能反映企业盈利情况。不过，它可以纠正资产负债表和损益表的缺点，在财务尽职调查中具有不可替代的作用。

4. 现金流量表的优势

① 现金流量表是一种动态的财务工具，体现的是企业或项目在一个时期内现金流入和现金流出这一动态过程中的累计结果，投资人可以从动态分析中看出企业或项目在经营期限内的发展趋势。所以，现金流量表经常用于预测融资成功和项目投产后的经营效益分析。

② 现金流量表遵循收付实现制原则，钱必须到账才能入账，企业很难造假。即使造假，财务尽职调查人员也可以去银行核实，很容易通过核对银行流水账单等方法辨别真假。而且，现金流量表可以反映 3 类现金流量的具体情况，即经营活动的收入和支出现金流量、投资活动现金流量、借贷资金及其偿还的现金流量等。

③ 现金流量表直接反映企业或项目投产后的全部现金流量和净现金流量，可以比较客观地体现企业的盈利能力和创造价值的能力。企业或项目的生命力在于快速实现资产变现，而不是拥有多少资产。有资产未必有现金，而有现金很可能会产生资产和利润。

④ 在不考虑用现金购买有价证券和现金等价物的情况下，由于现金流量表中的货币资金期末（期初）余额应该与资产负债表中的货币资金期末（期初）余额相等，或者现金流量表中现金流量的净增加额应该等于资产负债表中货币资金的期末余额减去期初余额，因此现金流量表可以代替资产负债表，为投资人提供融资成功后的产品销售利润或服务业务投入运营后的利润是否存在潜在风险的信息。如果利润的现金含量过低，投资人将难以做出投资决策。

总的来看，现金流量表的最大优势是可以体现真实的现金流量和已经实现的净利润。资产负债表中反映的应收账款等资产数额和损益表中反映的净利润可能无法实现，或者企业可能在财务上造假。

在现金流量表中，将企业的获利性与真实现金流量的概念区分开是非常重要的。某家企业的资产负债表可能表明其资产远远超过负债，但是，如果这些资产中有很多流动资产在一定时间内无法收回（如应收账款、"呆死账"或不能迅速变现的存货等），那么即使财务报表中有很多"获利"，该企业也很可能因为无法偿还到期债务而破产。

现金流量表被广泛应用于财务尽职调查，复核和分析现金流量表是投资人评价企业或项目的重要财务分析方法，现金流量表也因此成为最基本的投资决策工具之一。

7.3.5　财务报告的阅读和分析

财务报告包括财务报表、财务报表附注和财务情况说明书 3 个部分。一份年度财务报告可能长达几十页，数据、附注和说明的篇幅很长，加上美化修饰的内容，令人眼花缭乱。实际上，阅读和分析财务报告的重点在于报表中的各项数据，按照年度同比增长的方式将各项数据连续向过往追溯 3～5 年甚至更长的时间，即可看出企业或项目年度业绩的真伪。

财务分析需要注意 3 个"基本平衡"，即资产、负债与所有者权益之间的平衡，投资与投资处置之间的平衡，利润与现金流量之间的平衡。3 个"基本平衡"既相互独立，又共同影响企业或项目的评价结果。

例如，对销售收入、销售成本、计提折旧、销售费用、管理费用、财务费用、利润总额和净利润进行全面动态比较，可以看出企业或项目的盈利能力和增长情况；对资产负债表中的流动资产，尤其是应收账款、固定资产变动、长期负债、短期负债、未分配利润和所有者权益进行连续比较，可以看出企业资产负债的真实、动态变化情况；对每年经营活动的收入和支出现金流量、投资活动现金流量、借贷资金及其偿还的现金流量进行连续比较，可以看出企业或项目 3 类现金流量的具体动态情况；等等。

阅读和分析企业财务报告应向过往追溯 3～5 年，并对 3 张财务报表进行比较分析，这样可以详细了解企业或项目的财务状况。向未来展望 3～5 年，审查和分析融资不成功的财务预测，可以看出企业在没有资本助推的情况下是否还能生存；审查和分析融资成功的财务预测，可以看出企业在资本的助推下能够发展到什么程度，以及发展速度有多快、投资回报有多高。这些是投资人最关心的信息，必须以财务尽职调查结果的完整性、真实性和可靠性为基础。

7.4　行业专家尽职调查和盈利预测审核

7.4.1　对企业生产运营能力的审查

行业专家尽职调查也被称为行业专家技术审查，是指投资人委托行业技术咨询机构、行业知名专家或自己的行业分析师作为技术顾问，对创业企业进行技术、经济调查或审查，并向投资人出具包括调查过程和技术结论的独立技术审查报告。

由于不同企业所处的行业具有特殊的专业技术和生产工艺，生产运营成本和开发新项目、新产品的资本性支出也有不同的特点，因此尽职调查律师、会计师和估值师难以按照不同行业的技术标准，对创业企业的生产能力、技术装备、核心技术、安全生产、成本开支、项目投资和各种经营性风险予以专业评价和分析。而行业专家具备这种专业技能，由行业专家出具的独立技术审查报告可以保证企业生产能力和盈利能力的可靠性。

行业专家通常在进场前向创业者提供尽职调查所需的文件清单，创业者应根据清单提供相关资料并接受行业专家的审查、评价、确认，具体包括产品产量、质量标准、生产工艺、生产设备、辅助设施、安全环保、关键技术、财务成本、原材料供应、产品销售、市场价格、市场客户、交通运输、水电气供应、法律事务等方面的文件资料和图纸。此外，管理层还要提供对企业运营计划、投资项目和盈利预测的讨论结果，全面配合尽职调查。

7.4.2　行业专家和会计师对企业盈利预测的审核

财务预测通常是指企业成功融资后，管理层在最佳假设的基础上编制的、全面的预测性财务信息。盈利预测是指企业自身或专业机构等预测主体在合理的预测假设和预测基准的前提下，对企业未来会计期间的收入、利润等重要财务事项的预计和测算。

盈利预测的数据至少应包括各年度营业收入、营业成本、利润总额、净利润和每股收益。企业管理层可以在对经济条件、经营环境、市场情况、生产经营条件和财务状况等进行合理假设的基础上，按照企业正常的发展速度进行盈利预测，并编制盈利预测报告，通过盈利预测报告反映企业的成长性。

盈利预测对预计很快进入成长期的创业企业非常重要。通常从 A 轮融资开始，盈利预测报告就成为投资人做出投资决策的重要依据之一。

在创业企业的各轮私募融资中，盈利预测报告一般由投资人自行审核，或者请行业专家会同会计师审核。

在国内外资本市场中，对 IPO 上市盈利预测报告的审核特别严格。例如，《中国注册会计师其他鉴证业务准则第 3111 号——预测性财务信息的审核》规定，发行人应按照该准则委托注册会计师对盈利预测报告进行审核，并由注册会计师出具盈利预测审核报告。

7.4.3　行业专家尽职调查的内容和方法

1.　尽职调查的内容

① 历史生产情况：对企业过往 3～5 年的产品成本、原材料成本、生产能力、产品产量和历年的大修、设备维护成本等进行审核。

② 生产现状和产品：对生产技术条件、生产设施、生产设备及其运行状况、生产工艺、技术方法是否已经落后淘汰进行审查；对企业目前的生产能力、主要产品规格、产品质量和性能进行鉴定、评估；对现有原材料来源和交通、能源、资源利用的可靠性进行评价。

③ 扩建和升级迭代计划：对未来的改造升级和产品迭代计划、资本性支出成本预算、未来生产经营成本预算进行分析；对未来市场状况、产品价格、预测产量、预测收入和预算进行评估；对原材料供应和价格、水电供应合同、销售合同等进行确认、审核。

④ 生产管理和安全：对运营管理、工艺流程、安全生产、物料处理和环境保护等方面予以评估。

⑤ 行业准入和产品准入：对产品生产许可、销售许可、行业准入政策、行业经济政策、行业技术政策和宏观政策等方面进行全面审查、评估。

2.　尽职调查的方法

① 实地考察：对创业企业的周边环境、厂区厂址、主要生产经营场所、主要生产车间、生产设施和装备、运输系统、水电供应系统等进行实地考察。对重要现场的实地考察是行业专家尽职调查的必经过程。

② 检查资料和文件：检查业务生产计划、预算、设备清单、合同清单、技术图纸、地质报告、生产流程图、发展计划、安全生产、环境保护、建成投产项目的可行性研究报告和初步设计文件等方面的文件资料，核验生产经营许可证；对生产统计资料、成本资料和生产计划资料等采用检查的方式，对于在建、新建和改扩建工程项目，应审查可行性研究报告和项目核准文件。

③ 会见和测试管理人员：专家需要会见被调查企业的董事、高级管理人员、关键技术人员和关键岗位人员，核实企业的技术、经济情况和资料的真实性、准确性，有时还应要求管理人员配合完成一些必要的测试，以验证产品性能、生产能力和管理控制能力等指标。对于比较详细的经营数据，专家可以采用询证的方式，通过与现场人员交谈或调查来验证。

④ 利用会计师和律师的工作成果：技术审查是尽职调查的一部分，对企业财务和法律方面的调查由独立的会计师和律师进行，被调查企业应协调、配合技术审查人员，与会计师、律师进行密切沟通，这样有利于尽快取得调查结果，达成一致的意见或结论。

⑤ 分析、总结并编撰报告：在搜集充足的相关资料后，行业专家可以运用专业技术知识和方法进行审查、审核、分析、评估，根据分析评估结果形成结论性意见，并就被调查企业存在和可能存在的问题、风险发表意见，向投资人出具独立技术审查报告，为投资人提供决策前的技术支持。

需要指出的是，在行业专家的独立技术审查报告中，往往没有界定法律意见、商业和财务报告敏感数据等相关内容，以及土地、设施的权属等内容，因为审查和评价上述内容并不是行业专家的职责。

第 8 章

投资协议核心条款清单的制定和谈判策略

投资协议条款清单，是国内外投资机构在投资过程中普遍采用的正式投资协议的初版文本，承载着投资人与创业者之间融资交易的关键协议条款内容。本章深入解读和分析投资协议条款清单，纠正误解和误读，帮助创业者制定投资协议的 12 项核心条款，逐一提供相应的谈判策略，协助创业者避开投资人的"套路"和融资陷阱。

8.1　投资协议条款清单和投资人的"套路"

8.1.1　俏江南连环触发多项协议条款，创始人被迫出局

从刷盘子到创办俏江南，再到几乎"净身出户"，张兰的教训可以让创业者明白什么？

在加拿大靠刷盘子攒了 2 万美元的张兰，回国后不久，于 1992 年创办了"阿兰酒家"，之后又开了一家"烤鸭大酒店"和一家"海鲜大酒楼"。在 2000 年的时候，张兰把之前创办的 3 家大排档式的餐厅卖掉，用积攒的大约 6000 万元人民币创办了"俏江南"。

一开始，张兰把"高雅的就餐环境"作为最大的卖点。2006 年，她创办了更高端的子品牌"兰会所"。2008 年，她又进入上海，创办了"兰·上海"。俏江南中标北京奥运会中餐服务商，为 8 个竞赛场馆提供餐饮服务，旗下还有 4 家分店成功进驻世博会场馆。

金融危机来临，各路资本开始寻找波动不太大的行业进行投资，如百盛于 2007 年和 2008 年入股小肥羊，快乐蜂收购永和大王，IDG 资本投资一茶一座，红杉资本投资乡村基。在这样的大环境中，2008 年下半年，在易凯资本王冉的撮合下，张兰结识了鼎晖投资的合伙人王功权。

当时，俏江南已经是相当高端的餐饮品牌，张兰急需资金继续扩张，而王功权所在的鼎晖投资有意入股高端餐饮行业，双方一拍即合。[①]

媒体报道，鼎晖投资于 2008 年出资 2 亿元人民币，获得了俏江南 10.53% 的股份。据此计算，俏江南的投后估值约为 18.99 亿元人民币。

鼎晖投资与俏江南签署了包含一系列条款的投资协议，如业绩承诺、企业估值、董事会席位、反稀释、竞业禁止和对赌条款等。获得巨额融资的张兰定下目标，俏江南要在 2018 年年末进入世界 500 强。

然而，在获得融资之后，俏江南后续的发展并不是特别好，最终连环触发了股份回购条款、领售权条款和优先清算权条款。

---

① 《急躁的俏江南：中国餐饮业拥抱资本失败启示》，网易财经，陈俊宏，2015.07.24。

在投资协议中，鼎晖投资要求俏江南于 2012 年年底上市。俏江南于 2011 年 3 月向证监会提交了上市申请，但在 2012 年 1 月终止审查，差不多一年的时间，白折腾一场。

张兰于 2012 年 4 月启动了赴港 IPO 上市，不过，由于受到《关于外国投资者并购境内企业的规定》（简称 "10 号文"）的限制影响，俏江南最终没能在 2012 年年底上市，因此触发了 "股份回购条款"。[①]

按照投资协议，鼎晖投资每年都要获得固定回报，加上本金 2 亿元人民币，张兰至少需要 3 亿元人民币来回购鼎晖投资持有的俏江南股份。当时的俏江南经营困难，门店从 70 家缩减到 50 家，并且整体处于亏损状态，张兰拿不出那么多资金回购股份。

虽然无法执行股份回购条款，但是鼎晖投资还有 "领售权条款" 这张 "牌"。鼎晖投资在欧洲找到了一个规模很大的私募股权投资机构 CVC 来收购俏江南，按照投资协议，张兰必须与鼎晖投资一起出售股份。于是，鼎晖投资转让 10.53% 的股份，张兰跟随出售 72.17% 的股份，CVC 通过下属的壳公司收购了俏江南 82.7% 的股份。

与此同时，这一出售股份的比例已经超过 50%，此次收购被视为清算事件，这样又触发了 "优先清算权条款"。也就是说，张兰刚刚拿到的出售股份的资金必须优先保证鼎晖投资的回报，如果有多余资金，那么可以分给张兰；如果没有多余资金，张兰就颗粒无收。

最终结局是 CVC 下属的壳公司整体收购俏江南，张兰沦落为被迫出局的小股东，丧失了对俏江南的控制权。好在扣除了支付给鼎晖投资的清算价款之后，张兰剩余的少量原俏江南股份转变为 CVC 下属壳公司的少量股份，否则张兰只能 "净身出户"。[②]

这个惨痛的案例告诉创业者，在进行融资操作前必须全面了解投资协议条款的内容和相关知识，合理制定谈判策略，谨慎签订投资协议。

8.1.2　投资协议条款清单和 12 项核心条款

在经过一段时间的商业计划书演示和交流之后，如果投资人对创业者的企业

---

① 《从刷盘子到创建俏江南，最终被净身出户，张兰与资本间的互博可以教给你什么》，虎嗅网，苏龙飞，2015.11.19。

② 《俏江南的资本之殇：23 年辛苦创业，最后却惨痛出局！》，中国经济网，苏龙飞，2016.01.21。

产生了投资兴趣，就会向创业者递交一份投资协议条款清单。一般情况下，投资人在递交条款清单之前已经与创业者进行过多次磋商，并且进行了初步的尽职调查，双方对企业估值和投资方式已经达成了基本共识，投资协议条款清单谈判是在这一基础上进行的细节谈判。

投资协议条款清单的签署是对阶段性谈判成果的确认，企业创始人及其团队必须充分理解、清晰认知并善用协议条款。

投资协议条款清单是投资人与创业企业就未来的投资交易所达成的原则性约定，说是清单，实际上是一份投资协议蓝本。未来，在投资人与创业者签订的正式股权认购协议（Share Subscription Agreement）中，将包括条款清单中的主要甚至全部条款。

天使投资人一般不需要出具和签订投资协议条款清单，而是经过磋商后直接与创业者签订投资协议，投资协议谈判的蓝本也是以投资协议条款清单为基础的。

国外的投资机构在 A 轮和后续的各轮投资中，几乎都会与被投资企业签订投资协议条款清单。目前，国内的很多投资机构不签订投资协议条款清单，而是先进行深入的尽职调查，再进行投资协议谈判，在谈判时同样以投资协议条款清单为蓝本。

签订了条款清单，意味着投融资双方就投资协议中的主要条款达成了一致意见。虽然这并不代表双方最终一定能够签订投资协议，但是只有对条款清单中约定的条款达成一致意见，投资交易才能继续进行，直至最终完成。

国外的条款清单相当于国内的投资意向书，除了保密条款和排他性条款，其他条款没有法律约束力。不过，创始人在引进机构投资者时，不能因为条款清单没有法律拘束力就忽略它的重要性。在签署正式的投资协议时，很多重要条款往往是照搬投资协议条款清单的。虽然在正式的投资协议中会对各项主要条款进行进一步细化，但是主要条款在正式的投资协议谈判中基本上不会有重大的重新修改和议定。

如果投资机构对尽职调查的结果很满意，并且被投资企业自签署投资协议条款清单之日起至正式执行投资交易期间未发生条款清单中规定的重大变化，那么投资机构可以与企业签订正式的投资协议，并对企业投入资金。据统计，近 1/3 签署了条款清单的项目最终成功签订了投资协议。

投资人向创业者递交的投资协议条款清单共包括 20 项条款，其中的 12 项核心条款涉及融资谈判必备的专业知识，它们分别是投资额条款和出让股份比例条款，估值条款和估值调整条款（Valuation Adjustment Mechanism，VAM），优先分红权条款，优先认购权条款，优先增资权条款，优先清算权条款，强制回购权条款，强制出售权（Drag-along Right）条款，反稀释条款，董事会席位条款，一票否决权条款，以及员工期权条款。

投资人对创业企业投资过程中的"套路"，大多体现在上述 12 项核心条款中。

此外，通常在投资协议中优先约定的保密条款和排他性条款，也是创业者应该熟知的重要条款。

8.2　不在核心条款之内的法律约束力条款

8.2.1　保密条款

保密条款是具有法律约束力的协议条款，通常表述如下。

有关投资的具体条款和细则均属保密信息，投融资双方均不得向其他第三方透露。

根据法律规定必须透露信息时，需要透露信息的一方应在透露和提交信息之前的合理时间内征求另一方的意见。

在未获得投资人书面同意的情况下，公司不得将投资人的投资事项通过新闻发布会、行业或专业媒体、自媒体、直播平台、市场营销材料和其他方式透露给公众。

在未获得公司书面同意的情况下，投资人不得将公司的商业机密，包括技术、经营、财务等方面的信息透露给任何第三方；投资人应当约束自己的律师、会计师、技术专家等个人或机构承担保密义务。

在投资成交之后，公司可以将投资的存在和投资人对公司的投资事项披露给公司的其他投资者、投资银行、贷款银行、会计师、法律顾问、主要业务伙伴、潜在投资者，前提是获知信息的个人或机构已经同意承担保密义务。

在投资成交之后，投资人有权向第三方和公众透露其对公司的投资事项（如投资总额、持股比例等），但不得披露投资协议条款细节。

8.2.2　排他性条款

排他性条款也是具有法律约束力的协议条款，该条款禁止公司在与投资人进行谈判的同时，与其他第三方进行融资谈判。

该条款通常表述如下：在本投资协议条款清单签署之日起××个工作日（或月）内，未经投资人事先书面同意，公司及其股东、董事、雇员及其亲属、关联方或顾问不得直接或间接采取任何行动，寻求或支持第三方关于股权融资、债务融资或出售的任何询价、报价、要约，或者向第三方提供关于股权融资、债务融资或出售的任何信息，或者与第三方谈判、讨论股权融资、债务融资或出售，或者签署关于股权融资、债务融资或出售的任何协议。

在实践中，投资人通常会担心被投资企业同时与多个投资人接触、谈判，甚至利用投资人之间的竞争，过度提高估值和入股价格。因此，投资人会对创业者提出该项约束性条款。

对早期创业企业投资，排他性时限一般不超过 3 个月；对处于成长期或成熟期的企业投资，投资人一般会要求 6 个月至 1 年不等的排他性时限。为了避免投资人的投资运作拖延太长时间，创业者可以在排他性条款中约定对自己有利的排他性时限。据统计，在早期投资协议中，排他性条款的排他性时限平均均为 60 天。

一方面，创业者根据尽职调查的需要和企业的实际情况，适度约定排他性时限，既有利于尽快完成投资交易，又有利于在合适的期限内摆脱约束；另一方面，在核心内容不存在较大分歧的情况下，尽早接受排他性条款，可以让投资人吃下"定心丸"。

8.3 投资方式条款和交易结构条款

8.3.1 签约三方和合格投资人条款

股权融资的投资协议应当由创业企业当轮融资过程所涉及的相关各方联合签署，通常由以下三方签署才能保证投资协议的有效性和日后的履行。

甲方：投资人，通常每一个投资人都要单独与乙方、丙方签署一份投资协议。

乙方：被投资公司创始股东，包括实际控制人和联合创始人股东（原始股东）。

丙方：被投资公司（以下简称"公司"）。

在多个投资人联合投资时，可以由多个投资人并列为甲方，不过在协议中要有每个投资人的投资额和持股比例列表。

除了签约三方，有些投资人不会直接投资，如投资基金管理公司可能不是由其直接投资的，而是由其下属的基金或投资合伙企业等实施投资的。对于这些投资人，应在投资协议条款中单独制定"合格投资人条款"，通常表述如下。

合格投资人：本协议各方同意，甲方、甲方管理的基金，以及与甲方具有关联关系且具备投资能力的企业，均是本协议各方认可的合格投资人，可以代表或代替甲方完成投资。

8.3.2　投资额条款和出让股份比例条款

投资额条款通常表述如下：本次投资额为人民币××万元（或××万美元），人民币与美元的汇率以付款当日中国人民银行公布的汇率中间价为准。

出让股份比例条款通常表述如下：投资人持有交割完成后公司××%的股份，以包括预留员工持股计划后全面稀释的总股本计算，或者投资人持有交割完成后公司全部注册资本总额的××%。员工持股计划（Employee Stock Ownership Plans，ESOP）也包括管理层的期权等股权激励安排。

上述两项条款实际上涉及股份出让价格和企业估值。在投融资双方按照各自的估值方法对企业进行估值后，双方协议确定交易价格。在实际操作中，投资人对企业的估值一般会偏于保守，容易低估企业估值。因此，交易价格往往是最容易产生争端的谈判内容。创业者应多多展示企业的实力、优势和未来能够占据的市场空间，增强投资人的投资信心。

8.3.3　投资方式条款和复合式证券投资工具

1. 普通股

投资人单独认购企业的普通股股份并享有普通股的权益，这是比较简单的投资方式。不过，投资人除了投资普通股，往往会选择复合式证券投资工具，如可转换优先股、可换股债券、附认股权债券和期权相结合的混合投资方式。复合式证券投资工具结合了债务投资和普通股股权投资的优点，既能有效保护投资人的利益，又能分享企业成长的效益。

2. 可转换优先股

可转换优先股是指可转换为普通股的优先股。无论企业是否产生盈利，优先股都享有优先获得固定股息的权利。可转换优先股具有以下特点。

① 既可以获得稳定回报，避免初期投资的巨大风险，又可以在适当时机将优先股转换为普通股，以获得参与企业决策和管理的权利，并及时分享企业高速成长的效益。境外投资机构在早期投资时，通常会在选择可转换优先股的同时要求一定的董事会席位，以确保拥有对企业决策的参与权。

② 可以设定灵活的转换比价。使用复合式证券投资工具，可以使投资人通过调整优先股与普通股之间的转换比例或转换价格，相应调整与企业之间的股份比例，从而达到控制和激励企业管理层的目的。创业者在融资时，可以设置优先股，不过应控制优先股的换股期限和步骤，这样在获得优先股资本的同时，原始股东也可以确保对企业的控制权。

3. 可换股债券

可换股债券是企业发行的附加权益债券，其持有人可以按约定条件自主决定将其转换为企业的普通股股份。投资机构的资本以可换股债券形式投资企业，既可以在获得稳定收益的基础上，通过债权转股权的方式享有企业管理权，并分享企业成长的收益，又可以在上市后出售股份，获取高额回报。

在中国香港买壳上市常用到可换股债券。香港联合交易所有限公司（简称"香港联交所"）规定，买壳上市的目标公司初始获得的上市公司股份不得超过 29.9%。在原上市公司为反向收购买壳公司所支付的股权转让对价中，可先用一部分可换股债券来支付，在买壳成功后的上市公司股本扩张时，再将可换股债券转换为上市公司的股票，买壳股东即可获得超过 30% 的控股权。

从企业融资的角度来看，通过可换股债券融资，在获得资本的同时，既不会过早稀释原始股东的股权，又能享受低融资成本（低利率）带来的好处，是一种投融资双方共赢的融资方式。

4. 附认股权债券

附认股权债券也被称为可认股债券，是指在投资人以债券资本形式进入公司的同时，公司给予投资人的长期选择权，即认股权证，允许投资人在未来按照某一特定价格买进既定数量的公司股票。对投资人而言，可以在看好企业前景时，以较低的价格购买普通股，分享企业未来成长带来的收益，同时应给予企业较低的融资利率和宽松的贷款条件；对企业而言，低融资利率可使企业长期享受低成本融资。

与可换股债券相比，附认股权债券的区别是在未来认股权证行权时，需要由投资人另外出资认购新增发的普通股，而不是把原来的债券转换为普通股，这样可以给企业带来更多的资本。当然，企业必须认可投资人较低的认股价格。

8.4　业绩承诺条款和估值调整条款

8.4.1　估值条款和业绩承诺条款

紧随投资额条款和投资方式条款之后的是估值条款、估值调整条款、业绩承诺条款。在某些投资机构递交的投资协议条款清单中，上述几项条款的顺序是"估值条款—投资额条款和投资方式条款—业绩承诺条款—估值调整条款"，其中"估值条款"以业绩预测为前提。

1．估值条款

估值条款是投资协议中最重要的条款之一，直接影响投资入股价格和持股比例。采用不同的方法进行估值，估值条款有不同的表述。

例如，按照 2024 年预测净利润 1000 万元和 10 倍市盈率进行估值的估值条款表述如下。

公司估值采用市盈率倍数法来计算，协议各方同意对公司全面稀释的投资后整体估值按 2024 年预测净利润的 10 倍市盈率计算，2024 年预测净利润为人民币 1000 万元，丙方全面稀释的投资后整体估值为 10 倍×1000 万元=1 亿元。

再如，按照 2024 年预测营业收入 5000 万元和 2 倍市销率进行估值的估值条款表述如下。

公司估值采用市销率倍数法来计算，协议各方同意对公司全面稀释的投资后整体估值按 2024 年预测营业收入的 2 倍市盈率计算，2024 年预测营业收入为人民币 5000 万元，丙方全面稀释的投资后整体估值为 2 倍×5000 万元=1 亿元。

2．业绩承诺条款

业绩承诺是指公司根据财务预测或盈利预测对投资人做出的承诺，是公司估值的前提和依据。以"估值条款"中公司的净利润为例，净利润业绩承诺条款表述如下。

乙方、丙方承诺，公司 2024 年、2025 年和 2026 年的税后净利润分别不低于人民币 1000 万元、1600 万元和 2560 万元。

如果基于营业收入做出业绩承诺，那么营业收入业绩承诺条款表述如下。

乙方、丙方承诺，公司 2024 年、2025 年和 2026 年的营业收入分别不低于人民币 5000 万元、8000 万元和 12 800 万元。

有些投资人可能要求预测税后净利润或营业收入必须经投资人书面认可的会计师事务所进行审核、审计，并且应扣除非经常性损益。

8.4.2　是估值调整条款还是对赌协议？最终估值由未来业绩说了算

1. 估值调整条款的本质和作用

广义的对赌协议包括估值调整条款和投资人行使特殊权利的协议条款。狭义的对赌协议是指双向调整的估值调整条款。

估值调整条款的本质是签订协议各方对公司未来业绩和价值的不确定情况进行调整的约定。如果约定的条件出现，那么投资方可以行使某种权利；如果约定的条件不出现，那么各方不行使任何权利；如果出现与约定条件相反的条件，那么融资方可以行使另一种相反的权利。

估值调整条款通常以转让股权的方式来表述。

如果××年度公司未实现本协议业绩承诺，那么投资人的持股比例将按照以下公式进行调整，并通过实际控制人向投资人无偿转让股权的方式进行操作。

调整后投资人的持股比例=××年度业绩承诺净利润÷××年度实际税后净利润×调整前投资人的持股比例。

上述公式中的"××年度实际税后净利润"为该年度公司经投资人书面认可的会计师事务所审计且已扣除非经常性损益的税后净利润。

如果触发估值调整条款，那么公司现有股东和 ESOP 的部分权益应按触发条款时的持股比例无偿（或以象征性价格）转让给投资人，使投资人的持股比例与调整后的持股比例相同。

在投资人递交的投资协议中，估值调整通常是向下调整，其作用是降低投资人的投资风险。估值的主要依据是企业当时的经营业绩和在多种假设条件下对未来经营业绩的预测，投融资双方都没有"时光穿梭机"，谁都无法在签约之前"穿越"到未来时空，查验企业能否达到投资协议中的财务预测指标。在这种情况下，拿出上千万元甚至上亿元给企业，投资人将承担很高的风险。因此，投资人通常会要求在未来没有实现业绩目标时将估值向下调整。

当然，估值也可以向上调整。如果创业企业处于强势增长期，创业者具有一定的谈判优势，那么投资人也会同意在未来超过业绩目标时将估值向上调整，即双向调整。投融资双方签订的是带有"我拿资本赌明天"意味的双向估值调整协议，估值调整确实是用巨额的真金白银来赌输赢的，其刺激程度不亚于一场豪赌，"对赌协议"由此得名。也就是说，单向向下调整估值称为估值调整条款，双向调整估值称为对赌协议。

2. 不必把对赌协议当成"洪水猛兽"，不过应谨慎承诺业绩目标

"对赌"一词听起来很刺激，甚至很可怕，一些人往往把对赌协议称为"魔鬼条款"，谈"赌"色变。其实，在西方发达国家的资本市场中，估值调整条款几乎是所有风险投资项目必不可少的协议条款，投融资双方均认同在未来根据实际情况对协议的交易价格和继续投资的条件加以调整，签订估值调整条款的投资实例非常多。

2021 年 7 月，喜茶交割完毕新一轮 5 亿美元的融资，该轮融资估值达到前所未有的 600 亿元人民币，刷新了中国新茶饮行业的融资估值记录。喜茶自 2012 年创立以来，已完成多轮融资。据知情人士透露，在此前的融资过程中，喜茶与投资机构在投资协议中签订了估值调整条款，不过喜茶从未对外披露是否执行过已签订的此类条款。

奈雪的茶于 2021 年 6 月在中国香港敲钟上市，其在此前的融资过程中同样曾与投资人签订估值调整条款，不过在上市前终止了该项条款。

估值调整条款的本质是带有期权性质的对等合作条款，它之所以能在投资领域长期存在，是有其合理性的。①由于被投资企业处于早期发展阶段，估值并无确定规则，加之创业早期缺乏可供估值的确定性数据，因此，要想基于未来不确定的业绩对企业进行准确估值，显然是不现实的；②在尽职调查和融资谈判的过程中，融资方希望估值尽可能高，以出让较少股份换取较多资金，投资方则希望估值尽可能低，以较少投资换取较多股份，双方难免会对估值产生分歧；③投融资双方需要对企业估值达成一致意见，在双方均接受的条件下尽快完成融资，当双方难以对估值达成一致意见而又希望尽快进行交易时，引入估值调整条款有助于消除分歧，平衡双方的利益，从而推进融资交易的进程。

对赌协议具有双向约束和激励作用，对投融资双方来说都存在风险和机会。对赌协议一方面能激励企业管理层提高业绩，提升企业价值，另一方面也能有效保护投资人的利益。不过，对赌协议确实是一把双刃剑，双方都有输赢的可能。例如，蒙牛与摩根士丹利等 3 家投资机构对赌，最终蒙牛胜出并获得数亿元股票；而永乐与摩根士丹利等投资机构对赌，永乐输掉控制权，被国美收购。

在融资谈判的过程中，企业创始人在确定业绩目标时，应对企业发展、财务

状况进行充分而理性的分析和判断，切忌为了追求高估值而承诺不切实际的业绩目标，最终因对赌失败造成巨额财产损失，甚至丧失对企业的控制权。

3. 估值调整条款的设计

在设计估值调整条款之前，投融资双方应该厘清当轮融资的估值基础和逻辑，如估值是基于企业的收入和收入增速、利润和利润增速、用户数量和用户数量增速，还是基于技术研发的里程碑。只有在明确估值基础和逻辑的前提下，投融资双方才能合理确定估值调整的具体机制。

国际投资机构对于中国境内企业的估值调整机制，主要是将财务绩效作为触发条件，多以"净利润""营业收入"为标尺，以"股份"为交易价格的调整筹码。

1）触发条件设计

在一般情况下，触发条件应紧扣当轮融资的估值基础和逻辑。相关估值基础和逻辑应主要源于企业商业计划书和财务预测中所描述的未来愿景、业绩预期，并且结合投资人对类似项目估值时考虑的参数和计算模型。常见的估值调整条款触发条件包括财务性业绩指标和经营性业绩指标。

财务性业绩指标通常是未来特定财务年度的净利润金额、利润增长率、营业收入金额、收入增长率等，这些指标通常是对企业估值时经常用到的基础指标。为避免投融资双方对业绩是否达标存在争议，一般约定将投融资双方事先指定的会计师对届时业绩出具的审计报告作为评判业绩是否达标的依据。

经营性业绩指标通常是活跃用户数量、访问量、成交量、产量和相关数据的增长率，或者是技术研发的特定里程碑（如芯片设计的流片、量产，取得知识产权，新药研发的临床试验、FDA 认证等），或者是取得特定经营资质，以及能够帮助投资人预测企业未来发展趋势的其他特定业绩指标。在评判企业是否达成经营性业绩指标时，除了部分指标可以上述审计报告为依据，其余指标最好在投资协议中写明具体的统计机构和交易平台等第三方数据来源，以避免潜在争议。

2）股权调整分配条款设计

有些投资人会根据企业承诺的未来财务预测业绩，在对赌协议条款中规定，如果到期时企业达不到约定业绩的 90%，那么差额部分将按照投资协议中投资方的入股价格，将企业创始人、原始股东和管理层的股权换算为投资方的股权，从而提高投资方的股本比例。

反之，如果企业的经营业绩超过约定业绩的 10%，那么允许管理层直接按较低的约定价格或象征性价格，以行使股票期权的方式认购股权（如以 1 美元购入几万股甚至几十万股），在这种情况下，企业总股本有所增加；或者将超过约定业绩（营业收入或净利润）的部分按照投资协议中的入股价格，将投资方的部分股权换算为企业创始人、原始股东和管理层的股权，从而提高股东和管理层的股本比例，在这种情况下，企业总股本不变。这样，通过股权调整分配条款中的具体认购期权或换股条款，形成了约束和激励投融资双方的对赌协议条款。

8.4.3 蒙牛"亿万豪赌"，创始人远离商海尘世

对赌协议首次进入中国公众的视野是在 2002 年。当年，蒙牛在私募融资时与摩根士丹利、鼎晖投资、英联投资 3 家投资机构签订了一份让人心惊肉跳的对赌协议——自 2003 年起，在未来 3 年内，如果蒙牛的复合年增长率低于 50%，那么蒙牛管理层要向投资人支付最多不超过 7830 万股蒙牛乳业（股票名）股票或等值现金；反之，如果实现该目标，那么投资人要向蒙牛管理层支付同等股份，蒙牛管理层还可将 A 类股换成 B 类股，获得蒙牛 51%的股份，实现投票权与持股比例一致。

这份"千万对赌协议"一出，立即引起轩然大波，众多媒体将其视为悬在蒙牛创始人牛根生头上的一把"利剑"。在这种苛刻的条件下，蒙牛只能"博命狂奔"，若想赢得 7830 万股股票，则按照 2002 年销售收入 16.69 亿元人民币、净利润 0.7788 亿元人民币计算，蒙牛 2005 年的销售收入需要达到 56.33 亿元人民币，净利润需要达到 2.63 亿元人民币。

蒙牛乳业于 2004 年 6 月成功在中国香港 IPO 上市，2004 年的销售收入为 72.14 亿元人民币，净利润为 3.194 亿元人民币，提前一年实现预期目标。2005 年 4 月，摩根士丹利等 3 家投资机构提前终止了与蒙牛管理层的对赌，代价是 3 家投资机构向蒙牛管理层支付本金为 598.76 万美元的可换股债券。这些债券一旦行权，即可换取 6263.08 万股蒙牛乳业股票，按照当时 6 港元/股的股价计算，约合 3.758 亿港元。

事实上，这场赌局已变成了"亿万豪赌"。幸运的是，在蒙牛管理层与投资人以企业控制权为赌注的第一次博弈中，牛根生的创业团队赢了。[①]

然而，不幸的事情还是发生了。

2008 年，中国奶制品行业爆出"三聚氰胺事件"，整体遭遇经营危机。虽然牛根生的"万言书"拯救了蒙牛，也得到了资金救援，还收回了用于抵押且即将到期的 4.5%的蒙牛乳业股份，但是，由于"三聚氰胺事件"的持续发酵，经营业绩

---

① 引自《企业融资与投资（第二版）》P154～173，马瑞清著，中国金融出版社，2017。

下滑，现金流量缺口太大，蒙牛再次面临触发股权拍卖条款的危机，中方股东的大量股权将转换给外资系股东。

无奈之下，牛根生引进中粮集团和厚朴基金。2009 年 7 月交易完成后，中粮集团和厚朴基金在境外设立的特殊目的收购公司共出资 61 亿港元，持有 34 760 万股蒙牛乳业股票，占经扩大已发行总股本的 20.03%，成为蒙牛的单一最大股东。

牛根生从此失去对蒙牛的控制权。2011 年 6 月，蒙牛创始人牛根生辞任董事会主席一职，黯然离开蒙牛，转做慈善事业。

1. 牛根生的失败原因

由于急速扩张，融资频率过高，牛根生"大意失荆州"。

究其原因，在签订投资协议时，投资人不仅要求牛根生承诺业绩目标并签订对赌协议，尤其不利的是让牛根生承诺，10 年内，外资系股东可按每股净资产的低价随时增持蒙牛乳业的股份。这样，即使牛根生联合中方全部股东，外资系股东也可以轻松增持蒙牛乳业的股份，加上可换股债券行权低价换股后的持股比例，将大大降低中方股东对蒙牛的控制力，从而彻底架空牛根生。此外，投资人还让牛根生个人承诺，至少 5 年内不跳槽到其他竞争对手的公司，不得新创立同业竞争乳业公司。也就是说，牛根生即使被外资股东辞退，也不能离开蒙牛重新创业。

2. 企业创始人在融资、与投资者的合作中应谨慎应对

世界上最遥远的距离，不是生与死之间的距离，而是一手创立了企业，最终却被残忍地踢出局。被自己创立的企业踢出大门，瞬间沦落为失业人士，这是非常不幸的事情。然而，失去企业控制权的著名创始人并不在少数。

究其原因，绝大多数出局的创始人在与资本的博弈中遭受失败。在企业发展进程中，经过大规模扩股融资的创始人可能会变成小股东。在融资的过程中，一着不慎就可能落入陷阱，导致创始人地位不保。

商海云谲波诡，一些著名创始人甚至高管团队集体出局早已不是什么新鲜事。创业者在融资的过程中，应控制融资步骤、频率和规模，对企业未来的财务预测不应盲目乐观，承诺的预期业绩可以积极、稳妥，但不能激进，不要接受过于苛刻的投资条件，在中后期融资时应优先选择财务投资者。除非经营困难、无法实现盈利模式或考虑到产业上下游供应链的需要，否则，创业者应尽量避免引进战略投资者，那样可能会踏入行业巨头的战略赛道，他们的投资可能以全面收购为最终目的。创业者应谨慎选择投资者，并在权衡利弊得失的基础上审慎签订投资协议的各项条款，从而掌握企业的控制权。

8.5　优先权条款

8.5.1　优先分红权

优先分红权是指在公司宣告分派股息时，优先股股东享有的优先取得投资额一定比例的股息的权利。对投资人而言，享有优先分红权不但可以降低投资风险，保障投资回报的稳定性，而且可以限制创始股东通过分红来套现。虽然获得分红不是投资人的主要目的，但是优先分红权可以限制创始股东分红，在保障公司资本维持方面具有重要作用。

根据证监会 2014 年发布的《优先股试点管理办法》和相关业务指引，优先股股东按照约定的票面股息率，优先于普通股股东分配公司利润。公司应当以现金的形式向优先股股东支付股息，在完全支付约定的股息之前，不得向普通股股东分配利润。

根据不同的股息分配方式，优先股可以分为以下 6 类。

① 固定股息率优先股和浮动股息率优先股：股息率优先股存续期内不进行调整的，称为固定股息率优先股，根据约定的计算方法进行调整的，称为浮动股息率优先股。

② 强制分红优先股和非强制分红优先股：公司可以在章程中规定，在有可分配税后利润时必须向优先股股东分配利润的是强制分红优先股，否则即为非强制分红优先股。

③ 累积优先股和非累积优先股：根据公司因当年可分配利润不足而未向优先股股东足额派发股息，差额部分是否累积到下一会计年度，可分为累积优先股和非累积优先股。累积优先股是指公司在某一时期所获盈利不足，导致当年可分配利润不足以支付优先股股息时，将应付股息累积到次年或以后某一年获得盈利时，在普通股的股息发放之前，连同本年优先股股息一并发放。非累积优先股是指在公司不足以支付优先股的全部股息时，对所欠股息部分，优先股股东不能要求公司在以后年度补发。

④ 参与优先股和非参与优先股：根据优先股股东按照确定的股息率分配股息后，是否有权和普通股股东一起参加剩余税后利润的分配，可分为参与优先股和

非参与优先股。持有人只能获取一定股息但不能参加公司额外分红的优先股，称为非参与优先股。持有人除可按规定的股息率优先获得股息外，还可与普通股股东分享公司剩余收益的优先股，称为参与优先股。

⑤ 可转换优先股和不可转换优先股：根据优先股是否可以转换成普通股，可分为可转换优先股和不可转换优先股。可转换优先股是指在规定的时间内，优先股股东或发行人可以按照一定的转换比率把优先股转换成该公司的普通股，否则即为不可转换优先股。

⑥ 可回购优先股和不可回购优先股：根据发行人或优先股股东是否享有要求公司回购优先股的权利，可分为可回购优先股和不可回购优先股。可回购优先股是指允许发行公司按发行价格加上一定比例的补偿收益回购优先股。公司通常在认为可以用较低股息率发行新的优先股时，用此方法回购已发行的优先股股票，而不附有回购条款的优先股被称为不可回购优先股。

在实践中，投资人通常会在投资协议条款清单中根据市场利率确定优先股的股息。近几年，由于新冠肺炎疫情的影响，全球央行放水，官方利率降低，股息率也大多下降为 6%～10%。

为了避免日后产生纠纷，在发行优先股时最好一次性固定股息率，未来不随市场利率的变化而调整。

优先分红权条款通常表述如下：公司同意在派发股息和红利时，本轮优先股股东将优先于普通股股东获得不可累计的××%年优先股息，并按持股比例参与剩余利润的分配。

优先股可以在一定条件下按照 1:1 的比例被转换为普通股，通常是在企业 IPO 上市之前被转换为普通股，也有一些投资人要求事先约定转换价格和转换比例。

据统计，大约超过一半的投资协议中载有优先分红权条款。创业者可以争取拒绝该条款，如果投资人坚持，那么创业者在已签订无累积派息条款的情况下，可以接受该条款。

8.5.2 优先认购权和优先增资权

1. 优先认购权，优先增资权

如果投资人以外的任何现有股东拟出售其持有的公司全部或部分股权，那么投资人在同等条件下享有优先认购权。

优先增资权是指公司在发行新股时，私募投资人作为现有股东，可以按照原持有的股权数量的一定比例优先于其他股东认购股权的权利，但是公司为实施员工股权激励计划、行使既有期权的除外，与股票分拆、送红利股、资本重组或类似交易相关的按比例调整而新增发股权的也除外。

优先认购权和优先增资权主要是为了防止因增资导致投资人的股权被稀释，并制约大股东向一致行动人或自己能够控制的投资人增资，以强化其控股地位。

2. 定价增资权

定价增资权是指投资人完成本轮投资后，享有特殊的增资权，可以在下一轮投资或一定期限内以事先约定的价格追加投资，认购公司一定比例的股份。追加投资价格通常高于本轮投资价格，低于新一轮投资人的认购价格。

这种增资权利对创业者并无太多好处，最好拒绝。如果实在无法拒绝，那么创业者应限定尽可能短的增资期限和尽可能高的认购价格，像蒙牛那样按净资产价格增资是不可取的。

3. 优先或共同出售权

优先或共同出售权是指如果投资人以外的任何现有股东拟出售其持有的公司全部或部分股权，那么投资人有权按其届时的持股比例以同等条件优先或共同出售其持有的公司股权，创始股东和公司应优先保障投资人此项权利的行使。

8.5.3　优先清算权

优先清算权是指在发生法定或约定的"视为清算"事由时，公司进入清算程序，清算后的公司资产优先向投资人分配。

优先清算权条款通常表述如下：若发生法定或约定的清算事由，公司进入清算程序，则应保障清算后的公司资产优先向投资人分配。优先清算金额=投资金额×$(1+8\%)^n$，公式中的"n"代表投资人持有股权的时间，时间从投资人持有公司股权的次日开始计算，到投资人收到所有清算价款之日结束，n 按年计算，精确到月，如 2 年 3 个月就是 2.25 年。如果该等优先权在法律上无法实现或无法全部实现，那么未实现部分由创始人股东和实际控制人向投资人补偿，公司对投资人享有的上述优先清算权承担连带担保责任。

1. 行使优先清算权的顺序

第一种顺序是按照从后往前的投资顺序优先清算，后投资者有权优先退出。例如，在全额支付最后一轮（D 轮）投资人的优先权清算价款后，若有剩余，则支付前一轮（C 轮）投资人的优先权清算价款，依次类推，最后才能按比例分配给公司的各位创始人股东。

第二种顺序不遵循先后原则，即无论投资的先后，有优先权的投资人都能按照其出资占全体拥有优先权的投资人出资总额的比例，对清算中的可分配资产行使优先权。这种情况通常发生在可分配资产远少于全体投资人出资总额的时候，若按先后顺序分配，则早中期投资人容易因得不到清算财产而发生激烈争端。由于合计持股超过 34%的股东对公司重大事项有一票否决权，一直对峙下去只能停滞不前，因此全体投资人往往同意与创业者谈判。摩拜单车在被出售给美团并触发优先清算权条款时，就是这样解决的。

2. "视为清算"的 3 类事由

① 公司终止营业的情况，包括注销解散、破产。

② 公司重大资产出售的情况，包括公司整体出售、转让全部或核心资产。

③ 公司超过 50%的股份被出售、并购的情况。

在实践中，因公司被并购而触发优先清算权条款的情况比较常见。一旦按照从后往前的顺序行使优先清算权，创始人和天使投资人可能会颗粒无收，"净身出户"。

3. 对优先清算权的理解和应对策略

在投资协议中，优先清算权条款普遍存在，因为投资人递交的投资协议条款清单和相关计算方式是有利于投资人的。创业者应通过谈判争取有利于自己的条款和计算方式，增加自身利益，降低自身风险。

① 创业者要力争取消复利公式，尽量把优先清算权公式改为对自己有利的算法，如优先清算金额=（投资金额-投资人已获得的优先股股息）×（1+投资天数÷365×8%）。上述公式中的"8%"是可以通过协商来确定的，近几年基本上为 6%～10%。

② 对优先清算权条款的理解。创业者可以把优先清算权理解为一种债权，也就是说，无论清算时的公司资产情况如何，投资人都可以获得一份具有固定回报率的"兜底回报"，即"固定收益债权+普通股股权"。

③ 争取签署不参与分配的优先清算权条款。优先清算权可以被理解为一笔附加了"固定收益债权+普通股股权"双重属性的投资，创业者可以通过谈判，力争

去除优先权股权的分配属性，即优先权股东在行使优先清算权，获得本金和利息后，不得将优先股继续转换为普通股参与普通股分配。

④ 争取签署附上限的参与分配优先清算权条款。在必须签订该条款时，创业者可以签订附上限的参与分配优先清算权条款，即优先权股东在行使优先权后，所持有的优先权股权可以继续转换为普通股参与普通股分配，但是当"优先权股权分配+普通股股权分配"达到特定金额时，优先权股权停止参与分配，剩余公司资产由其他普通股股东按比例分配。该条款中的"特定金额"当然越低越好，如1.2 倍投资额、1.5 倍投资额。

⑤ 争取签署优先清算权金额和普通股分配权金额取其高的条款。如果把优先清算权理解为"债权分配权+股权分配权"，那么创业者可以在合同中约定对债权分配权金额和股权分配权金额进行比较，以两者取其高的方式来分配。

⑥ 力争以清算后的公司全部资产为限向投资人分配。当全部资产不足以清算补偿金额时，创始人股东和实际控制人不再另外向投资人补偿。创业者不能以个人的其他资产承担连带担保责任，以免在清算时倾家荡产。

8.6　强制回购权条款和强制出售权条款

8.6.1　强制回购权条款

强制回购权条款通常表述如下：当下列任一情形出现时，投资人有权要求创始人股东和公司以货币形式或投资人认可的其他形式，按约定的回购价格回购投资人持有的公司股权。

① 公司未能于××××年××月××日前在中国境内或境外证券市场成功完成首次公开发行股票并上市。

② 公司连续×年未能达到承诺业绩指标。

③ 发生重大变化，致使已经出现或即将出现对公司上市构成实质性障碍的情况。

④ 创始人股东或公司向投资人披露的信息存在虚假、重大遗漏、误导，该等虚假、重大遗漏、误导信息对公司上市构成实质性障碍。

投资人提出的强制回购权条款通常表述如下：投资人要求创始人股东和公司

回购股权的价格按下列公式计算，即回购价格=投资金额×（1+C%）^{n}。这是一个复利公式，公式中的"n"代表投资人持有股权的时间，时间从投资人持有公司股权的次日开始计算，到投资人收到所有股权回购价款之日结束，n 按年计算，精确到月。公式中的"C"代表利率，通常为 6%～10%。创业者应争取尽可能低的利率，并且个人不承担连带担保责任，如链家地产在 2016 年的 B 轮融资中，按照每年支付 8% 的单利计算回购价格且不承担其他连带担保责任。此外，股权回购价款一般包括公司已经向该投资人支付的现金分红。

与优先清算权一样，创业者应在谈判中争取最大的利益，并将风险控制到最低，争取按照单利计算回购价格，而不是复利，如投资人股权回购价格=（投资金额−投资人已获得的优先股股息）×（1+投资天数÷365×8%）。

强制回购权和下文将要介绍的强制出售权条款、触发条件、年限设置等，都是可以进行谈判的。例如，高科技企业研发试制周期长，天使轮融资和 A 轮融资的回购年限可以设置为 5～7 年，互联网企业可以设置为 4～5 年；B 轮融资、C 轮融资和后续各轮融资可根据具体情况适当缩短时间，不过不宜少于 3 年。

8.6.2　强制出售权条款

1. 普通强制出售权条款

强制出售权又被称为领售权、拖售权、随售权，是指投资人强制公司创始股东参与该投资人发起的公司出售行为的权利。

该条款的核心目的是通过出售公司实现投资人的退出，在创始股东无力回购投资人的股权时，投资人可以行使强制出售权，这是投资人选择退出渠道的"底牌"。

强制出售权条款分为触发式强制出售权条款和多数式强制出售权条款。

1）触发式强制出售权条款

该条款通常表述如下：发生下列情形之一的，投资人有权要求原始股东、实际控制人与投资人一起，按照投资人与第三方约定的价格、条件向该第三方转让其所持全部或部分公司股权。

该条款的触发条件与强制回购权条款的触发条件类似，通常是在 IPO 上市前公司遭遇经营困难，投资人看不到盈利前景，在有人愿意收购的情况下，投资人行使强制出售权。触发强制出售权条款的条件如下。

① 公司因任何主观或客观因素在特定时间内未能 IPO 上市。

② 公司主营业务收入或净利润与上一会计年度相比下降 50% 以上。

③ 公司实际经营业绩连续 2 年未达到承诺业绩指标的 50%。

④ 公司在经营过程中存在特定违约行为或重大诚信问题。

2）多数式强制出售权条款

该条款通常表述如下：在公司首次公开发行之前，如果多数投资人股东同意出售或清算公司，那么投资人股东有权要求原始股东、实际控制人和其他股东一起，按照投资人与第三方约定的价格、条件向该第三方转让其所持全部或部分公司股权，原始股东、实际控制人和其他股东应同意此交易。

多数投资人行使强制出售权无须触发任何条件，若多数投资人同意按照与第三方约定的价格、条件出售公司股权，则创始股东和其他小股东必须跟随出售。

对于创始人来说，强制出售权条款确实很难接受。然而，现实中几乎所有投资协议都离不开该条款，创始人无法回避，只能争取谈判、协商触发条件和限制性生效条件，尽量降低自身可能面临的风险，避免因投资人行使强制出售权强制出售公司并优先清算，造成创始人和管理团队"竹篮打水一场空"。应对强制出售权条款的谈判策略和限制条件如下。

① 协商约定只有半数以上的投资人股东同意，才能发起强制出售行为，单一股东不能单独行使强制出售权。

② 争取约定只有股东大会中超过 2/3 的股东一致同意，才能行使强制出售权。

③ 限制行使强制出售权的时间，与强制回购权的回购年限类似，最好设置为 5 年以上。

④ 限制收购公司的第三方主体，如第三方不能是同业竞争对手，实际控制人是投资人的公司或与投资人有任何关联的公司、个人等。这种方法能够有效防止投资人在利益的驱动下，联合其他竞争对手恶意收购或贱卖公司。

⑤ 限制出售价格，如约定强制出售时的最低公司估值，或者约定最低公司估值的确定方式等，避免因行使强制出售权导致公司股权以过低价格被出售。

⑥ 约定其他股东的优先购买权。在有能力的前提下，创始人股东或其他股东可以优先以同样的价格和条件购买投资人拟向第三方出售的股权，避免公司被第三方恶意收购。

总之，上述限制条件都是可以进行磋商的，创业者应有必要的坚持和独立的判断。

典型案例

阿里巴巴行使强制出售权，把饿了么卖给自己控制的公司

在 4.4.3 节的案例中，持有饿了么 100%股份的母公司 Rajax 的控股投资人阿里巴巴，在与其他股东签署的投资协议中约定："若 Rajax 未来发生并购、重组、资产买卖、股权买卖、控制权变更等重大清算事件，则在 Rajax 多数优先股股东和多数普通股股东书面同意的情况下，未书面同意的其他股东必须接受并执行交易安排。"

2018 年 4 月 2 日，在阿里巴巴收购饿了么时，饿了么的小股东华联股份发布将饿了么股权转让给阿里巴巴的公告《关于对外投资 Rajax Holding 的进展公告》，称："公司收到 Rajax 通知，阿里巴巴、Rajax 多数普通股股东和优先股股东已书面同意将其持有的 Rajax 股权转让给阿里巴巴旗下全资控股子公司 Ali Panini Investment Holding Limited，已达到行使强制出售权的条件……公司必须接受并执行本次交易安排。"

2018 年 5 月 10 日，华联股份接续发布《关于 Rajax Holding 股权交割完成的公告》，称："截至本公告披露日，阿里巴巴已按照所签署交易协议的安排向本公司支付 Rajax 股权交易价款，并完成股权交割。至此，公司不再持有 Rajax 股权。"

如此一来，作为 Rajax 最大股东的阿里巴巴，利用强制出售权条款，安排旗下全资控股子公司收购 Rajax 的全部股权，顺利完成对饿了么的并购。如果限制阿里巴巴子公司收购，那么饿了么可能会陷入绝境。[1]

从上述案例中可以看出，虽然在条款中可以约定限制条件，但是在执行时要灵活运用，否则将不利于在困难时出售公司。

2. 惩罚性强制出售权条款

该条款通常表述如下：当公司实际控制人出现重大诚信问题，包括但不限于公司出现投资人不知情的重大账外现金收支，违规挪用资金或由于其他违法行为造成公司重大损失，投资人有权要求该实际控制人赔偿并向其他股东出让其持有的公司股权，或者按照投资人与第三方约定的转让价格、条件，向该第三方转让其持有的全部股权。

该条款意味着实际控制人在做出重大违法违规行为时必须出局。

---

[1] 《关于对外投资 Rajax Holding 的进展公告》，华联股份，2018.04.02；《关于 Rajax Holding 股权交割完成的公告》，华联股份，2018.05.10。

创业者在获得融资后，应加强对自身和企业的控制管理，避免因自己或管理层触发强制出售权条款，造成被迫出局的惨痛后果。

典型案例

东方集团和锦州港痛失新华保险，股权损失超百亿元

东方集团有限公司（简称"东方集团"）和锦州港股份有限公司（简称"锦州港"）等 15 家公司，于 1996 年发起成立新华人寿保险股份有限公司（简称"新华保险"）。到 1998 年，东方集团和锦州港组成的"东方系"共持股 17%，成为新华保险最大股东。"东方系"推举关国亮担任新华保险董事长。

2000 年 8 月，新华保险以 5.25 元/股的价格引进苏黎世保险集团、国际金融公司、日本明治生命保险公司和荷兰金融发展公司等 4 个外资股东。该轮融资后，锦州港和东方集团合计持股 12.77%，"东方系"仍为新华保险第一大股东。

此后，新华保险的股东构成三大阵营。一是宝钢集团、神华集团和仪征化纤集团 3 家大型国企，共持股约 20%；二是以苏黎世保险集团为首的 4 个外资股东，共持股近 25%，其中苏黎世保险集团持股 10%；三是"东方系"和支持"东方系"的其他几家公司，共持股近 40%；其余公司持股约 15%。

2006 年 11 月，关国亮被举报挪用巨额资金，被公安机关立案调查，于 2006 年 12 月被免职。后来，北京市第二中级人民法院以"挪用资金罪"判处关国亮有期徒刑 6 年。

以苏黎世保险集团为首的外资股东为了防范风险，希望强制"东方系"出售股权，即惩罚性地要求"东方系"向其他股东出让其持有的新华保险全部股权，按当时的持股比例计算，苏黎世保险集团将成为新华保险新的第一大股东。但是，保监会不允许外资控股保险公司，在 2008 年强制"东方系"将其持有的新华人寿股权以 5.99 元/股的价格出售给中国保险保障基金，"东方系"被迫出局。5.99 元/股的价格仅相当于 2000 年苏黎世保险集团入股时的价格。

2011 年 12 月，新华保险在香港联交所和上交所"A+H"同步上市。2014 年，新华保险进入世界 500 强。

因关国亮一案，"东方系"被迫出售新华保险股权。2015 年 6 月，新华保险股价涨到 70.60 元/股；2017 年 11 月，股价突破 73 元/股。"东方系"持有 2.466 亿股，按次高点 70.60 元/股和 2008 年的出售价 5.99 元/股计算，东方集

团和锦州港账面资产损失共达 159.3 亿元。更严重的是，关国亮让东方集团失去了保险业这个收益非常大的产业。由此可见，企业创始人和管理团队绝对不能违法违规，否则，不只企业财产受损，个人还可能身陷图圄。

8.6.3 摩拜单车被迫"卖身"，创始人出局重新创业

"80 后"胡玮炜从浙江大学城市学院新闻系毕业后，做了 10 年的汽车专栏记者，结识了很多业界名流。2014 年，胡玮炜辞职创业，创立了"极客汽车新媒体"。

有一次，胡玮炜想租一辆单车骑行，因办卡小岗亭关门，骑行没能成功。她突发奇想：给每辆车加一把锁，用手机扫码来骑车。这成为胡玮炜新的创业梦想。

2015 年，在出行领域的"创业元老"、易车网和蔚来汽车创始人李斌的支持下，胡玮炜的新公司成立了。李斌不但为公司起了"摩拜单车"的名字，而且提供了 146 万元人民币的启动资金，成为天使投资人兼联合创始人。

李斌很快帮胡玮炜找到了其他早期投资人，包括愉悦资本、熊猫资本和创新工场。在资本的助推下，摩拜单车有了线上、线下交易系统，还自主建设了自行车制造工厂。李斌又"挖"来了前优步上海总经理王晓峰担任 CEO。摩拜单车与当时很火的 ofo 小黄车打成平手，两家成为共享单车"双雄"。

摩拜单车的发展速度确实令人瞩目，截至 2017 年 10 月，摩拜单车已进入全球 9 个国家的超过 180 个城市，注册用户超过 1 亿人，他们每天在约 500 万辆智能共享单车上完成约 2500 万次骑行。摩拜单车成为全球第一大互联网自行车出行服务平台。

在私募融资方面，摩拜单车也创下了自共享单车行业诞生以来的单笔融资最高纪录。据猎云网统计，截至 2008 年 1 月，摩拜单车多轮融资累计达 25 亿美元，腾讯为最大股东。

2017 年 5 月，"共享单车"和"高铁""网购""扫码支付"并列为中国"新四大发明"，这成为共享单车行业最后的高光时刻。

1. 摩拜单车为何估值为"零"

本书中国作者在《企业融资与投资》（第二版）中指出："在当下中国，'互联网资本催化'的新经济引擎高速运转，大有碾压一切、颠覆一切之势。在'新经济热潮'中，每个人都在全力以赴寻找'下一个风口'，梦想成为'下一只飞起来的猪'。'中国式 O2O'还能补贴、'烧钱'多久？互联网造车为什么不可靠？共享经济为什么徒有虚名？这些都是值得深思的问题……任何商业模式创新都不可能

离开基本商业常识……共享经济如今被炒得热火朝天，可是一旦共享成本超过占有成本，'共享模式'还能持续吗？"

资本涌动的潮水退去，共享经济背后的"黑洞"浮出水面。

就在该书出版后不久，书中的担忧和预言不幸被验证，"金猪"坠落风口。

2018 年 1 月，就在最后一轮融资刚刚完成后，摩拜单车 2017 年的真实业绩让所有投资人瞠目结舌，共享单车"烧钱"的故事再也讲不下去了。2017 年财务报表显示，摩拜单车每月亏损数亿元人民币，2017 年全年亏损超过 30 亿元人民币，负债 10 亿美元！

在这种情况下，投资人已经看不到摩拜单车实现盈利的希望，摩拜单车的投资价值终于被投资人看清并否定，不再受到资本的青睐和支持。对投资人而言，无法实现盈利模式，最终的估值只能为"零"！

2．被投资企业的企业治理和投后管理问题

据内部人士透露，摩拜单车一直忙于同业竞争，依靠巨额"烧钱"占领市场，扩张速度过快，运营成本居高不下，疏于投后管理；胡玮炜也身不由己，主要充当形象大使、营销和励志宣传的角色，她在接受媒体采访时曾承认"管理是我的弱项，不过我会努力学习"。

一方面，为避免"掉链子"，摩拜单车采用齿轮传动系统，加上智能定位和扫码支付等装置，每辆单车的制造成本高达 3000 元人民币。另一方面，企业内部形成了"花投资人的钱不心疼"的风气，各层管理者存在不同程度的铺张浪费，甚至个别基层管理者贪污腐败，企业高层鞭长莫及，摩拜单车的 1 亿个用户每人押金 100 元人民币，总额为 100 亿元人民币，管理者缺钱了就挪用用户押金，共挪用数亿元，造成用户退押金难。

类似问题在被投资企业中普遍存在。之所以这些问题很少被曝光，是因为企业高层和投资人不愿意让"家丑外扬"，那样不利于市场竞争，影响企业形象，甚至会阻碍继续融资和上市进程。因此，私下了结、包装隐瞒是他们常用的办法。

本书中国作者对此深有感触，我所在的投资公司也不止一次遇到过类似情况。企业创始人或管理层挪用资金欠下巨额债务，甚至贪污受贿，本来是应该承担法律责任的，后来却"内部处理"，息事宁人了。

3．在摩拜单车估值为"零"的情况下，大股东腾讯行使强制出售权

摩拜单车自有资金流紧缺，自身无力"造血"，长期巨额亏损，投资人望而却步，停止投资。摩拜单车也曾找过软银，但是遭到了孙正义的拒绝，理由是企业无法获利。于是，腾讯带头力主将摩拜单车卖给美团，而美团的最大股东也是腾讯。

经过几轮谈判后，美团提出收购要约，以 27 亿美元收购摩拜单车，包括 17.55 亿美元的现金（其中 3.2 亿美元作为未来的流动资金注入摩拜单车），以及 9.45 亿美元的美团股票，同时承担摩拜单车 10 亿美元的债务。

在无奈之下，胡玮炜和李斌同意摩拜单车"卖身"。董事会商议形成提案，并于 2018 年 4 月 3 日在北京召开股东大会。

摩拜单车当时的股权分布如下：腾讯持股超过 20%，天使投资人兼联合创始人李斌持股约 9%，A 轮、B 轮投资人愉悦资本持股超过 6%，多轮投资人红杉中国、高瓴资本、华平投资和 TPG 等各自持股超过 5%，以上股东合计持股超过 55%；在摩拜单车管理层的 3 个核心人物中，总裁胡玮炜持股约 9%，CEO 王晓峰和 CTO 夏一平的持股比例合计约 15%。

股东大会的表决结果是，代表 2/3 以上股权的股东投了赞成票，熊猫资本等小股东投了反对票；总裁胡玮炜投了赞成票，李斌弃权，王晓峰和夏一平虽然投了反对票，但是大局已定。2018 年 4 月 4 日零时刚过，美团收购摩拜单车的股东大会决议形成。

很快，媒体报道铺天盖地。2018 年 4 月 4 日中午，在媒体和公众对这场收购交易讨论正酣之时，摩拜单车在开曼群岛的母公司，也就是原本准备用于境外上市的公司，已经启动了注销程序。

后来，"摩拜单车"改名为"美团单车"，列入美团 App 的一个板块，摩拜单车 App 和摩拜单车微信小程序停止服务，摩拜单车 App 从应用商城下架，摩拜单车的官方微信公众号注销。

摩拜单车已然成为历史，其作为一家独立企业的命运已经画上了句号。

当然，在相当长的时期内，用户对共享单车的需求仍然存在，美团单车仍然有其社会服务价值。在美团产业链大平台的生态环境中和资金的扶持下，摩拜单车板块依然可以继续存在，只不过变成了美团的边缘性业务。

如今，无论是美团单车、滴滴的青桔单车，还是阿里巴巴的哈啰单车，在现有的产品形态下，都已经沦为大平台的导流业务，共享单车模式本身仍然无法获得盈利。

4. 创业者和投资人的大结局

在摩拜单车被美团收购后，"创始人胡玮炜套现 15 亿元人民币"的消息不胫而走，各种猜测铺天盖地。创始人看到这些消息，恐怕早已百感交集，"泪满平芜"！

一位不愿透露姓名的知情人士揭示了比较接近事实的真相，胡玮炜的套现金额为 1 亿元人民币左右，只有传闻的 1/15；此外，除了早期投资人愉悦资本，大多数投资人获得的收益只有 10%～20%。

之所以投资人的回报这么低，是因为美团收购摩拜单车的估值 27 亿美元，比摩拜单车上一轮融资的估值 34.5 亿美元低得多。按照 27 亿美元的估值计算，最后一轮投资人将面临 20% 以上的亏损。

于是，股东之间的利益冲突爆发了。矛盾的焦点不是卖不卖和以什么价钱卖，而是在扣除了作为摩拜单车未来流动资金的 3.2 亿美元后，剩下的 23.8 亿美元收购价款怎么分配给投资人（本金 25 亿美元）。

在谈判桌上，30 多名摩拜单车的股东分成三大阵营，分别是以愉悦资本、熊猫资本、创新工场、祥峰投资为代表的早期投资人，以腾讯、红杉中国、高瓴资本、华平投资等为代表的中后期投资人，以及以李斌、胡玮炜为代表的创始人和管理层团队。

在董事会中，11 名董事也利益不一，管理层董事 5 名，投资人董事 5 名，摩拜单车董事长 1 名（李斌）。团队纠结，股东博弈，复杂程度极高。

摩拜单车转让股份超过 50%，触发了各轮投资协议中的优先清算权条款。优先清算权条款更有利于中后期投资人，他们可以先把本金和部分回报拿走，再按比例分配其余资金，即 D 轮投资人的优先股能在 C 轮投资人之前拿到回报，C 轮投资人的优先股能在 B 轮投资人之前拿到回报，依次类推。

优先清算权价款按照"投资本金+固定回报率"计算，摩拜单车的 A 轮投资人和天使轮投资人颗粒无收，李斌和胡玮炜等创业者"净身出户"。矛盾一触即发。

面对这种情形，腾讯作为大股东提出了自己的意志，即摩拜单车必须卖给美团，并且让大家都有体面的台阶和收益。马化腾作为颇有远见的企业家，心胸宽广，宁可腾讯少拿一些，而美团 CEO 王兴也深刻理解马化腾的用意。

谈判结果是腾讯等中后期投资人给早期投资人让利，王兴给中后期投资人部分美团股票作为补偿。最终，摩拜单车的股东中没有人亏损，胡玮炜获得约 1 亿元人民币，大多数投资人获得 10%～20% 的收益。虽然熊猫资本、祥峰投资和创新工场等早期投资人对分配结果仍然不太满意，但是这已经是最好的结果了。摩拜单车不但无力偿还 10 亿美元的债务，而且债务数额仍在增加，所有人都站在"悬崖边上"，没有人愿意多加停留。

在接受吴晓波的采访时，胡玮炜说过一句让人印象深刻的话："资本是助推你的，但是最后，其实你都得还回去。"这句话透露出创业者的无奈。

在美团收购摩拜单车后不久，胡玮炜黯然离开自己亲手创立的企业，去美国高山大学进修。2019 年 5 月，胡玮炜和原摩拜单车高管刘禹再次创业，共同创立了上海考瑞科技发展有限公司，注册资本为 1000 万美元。因出资不多，胡玮炜仅任监事。①

8.7 参与决策和保护性条款

8.7.1 反稀释条款

反稀释条款也被称为反股权摊薄条款、转换价格调整条款。

投资人对早期创业企业投资，通常会认购优先股，这些优先股可以在一定条件下按照约定的转换价格被转换为普通股。近年来，为防止股份缩水，即使没有认购优先股，普通投资人一般也会在投资协议中写入反稀释条款，该条款已经成为投资人的标准条款。其实，该条款就是为优先股投资人或其他要求签订该条款的投资人确定新的转换价格。

反稀释条款的内容主要包括两部分，一部分是在股权结构方面防止持股比例被稀释，另一部分是在后续融资的过程中防止持股比例被稀释。

1. 结构性反稀释条款

结构性反稀释条款包括转换权条款和优先购买权条款。

1）转换权条款

此条款是指在公司股份发生送股、分拆、合并或相似的未增加公司资本而增加发行在外的股票数量等重组情况时，投资人优先股的转换价格随之进行相应的调整，不过基于员工股权激励计划发行的股票不在此限。此条款是比较普通、合理、公平的条款，创业者通常应该接受。

2）优先购买权条款

此条款要求公司在进行下一轮融资时，此前一轮投资人有权选择继续投资，并且获得至少与其当前股份比例相应数量的新股，确保此前一轮投资人在公司中的股份比例不会因为下一轮融资时的新股发行而降低。此外，优先购买权还可能包括当前股东的股份转让，投资人拥有按比例优先受让的权利。此条款也是比较

---

① 《还原——美团拿下摩拜单车的 96 小时》，猎云网，2018.04.05；《美团闪电收购摩拜幕后：早期投资者既往不恋》，中国新闻网，2018.04.08；《摩拜说拜拜，共享单车落幕》，猎云网，2020.12.15；《摩拜彻底走了，但我更想念我的 99 元 ofo 押金了》，新浪科技，2020.12.17。

合理、公平的条款。

2. 降价融资反稀释条款

企业在成长过程中往往需要多轮融资，不过，并非每轮融资时的股份发行价格都会上涨。投资人由于担心企业下一轮融资的股价低于自己当前的认购价格，导致自己持有的股份贬值，因此要求签订保护性条款。

3. 反稀释条款的表述

在反稀释条款中，通常使用公式计算优先股被转换为普通股的数量。根据保护程度的不同，反稀释条款分为完全棘轮调整条款和加权平均调整条款。

1）完全棘轮调整条款

此条款通常表述如下：如果公司后续发行的任何权益证券的价格低于投资人支付的入股价格，那么投资人有权在全面稀释的基础上，以零价格获得公司新发行的股份，或者创始人股东以零价格向投资人转让其持有的公司股份，使调整后的投资人入股价格等于公司新发行的权益证券的价格。

在以上表述中，"全面稀释"是指假设公司已发行的所有可转换、可行权、可交易的权益证券均被转换、行权、交易，并在此基础上计算出公司已发行的权益证券的数量。"权益证券"是指所有已发行并流通在外的股份和所有享有此股份的权利，包括但不限于发行在外的期证、选择权（无论是已分配还是未分配、是承诺还是未承诺、是兑现还是未兑现），或者授予第三方取得此类证券，或者现有股东享有的反稀释权。

2）加权平均调整条款

虽然完全棘轮条款一度非常流行，即使现在也常常出现在投资协议条款清单中，但是加权平均调整条款更容易被各方接受。在加权平均调整条款中，如果后续新发行股份的价格低于本轮股权投资价格，那么在为本轮投资人重新确定转换价格时，不仅要考虑低价发行的股份价格，还要考虑所有签订反稀释条款的投资人各自持股的权重，也就是将新的转换价格调整为本轮股权投资价格与后续融资股份发行价格的加权平均值。

反稀释条款是投资协议的重要组成部分，创业者应理解其中的细微差异和谈判要点，尽量争取签订加权平均调整条款，保护自己的利益。

8.7.2　董事会席位条款

董事会席位条款通常表述如下：在投资人完成投资后，公司董事会将由××

名董事组成，投资人有权委派×名董事进入公司董事会。

创始人在确定董事会席位的数量时可采取以下策略。

1）控制人数，不宜过多

在完成首轮融资后，创始人可以设置 3 名董事，其中 1 名是投资人董事。若有 2 个投资人，则可以设置 5 名董事，其中 2 名是投资人董事。

2）占据绝大多数董事会席位

经过几轮融资后，投资人数量增多，可能都想委派董事，创始人不必考虑给持股 5% 以下的投资人董事会席位。创始人必须控制董事会的绝大多数席位，即使创始人控制的股份低于 50%，也要委派超过 51% 的董事会席位。例如，在拥有 11 个席位的董事会中，创始人必须控制至少 6 个董事会席位，最多给投资人 5 个董事会席位。这是底线，创始人必须坚守。

8.7.3　一票否决权条款

投资人大多比较关心公司能否规范经营，因而会提出以下条款：公司的下列事项，除须按公司章程和《公司法》的规定进行表决外，还必须经过投资人的同意，方可批准、生效。

① 公司章程的修改。

② 公司改制、合并、分立、收购、兼并、增加或减少注册资本、解散、清算。

③ 公司主营业务范围的改变，在非主营业务领域的扩张或任何境外投资。

④ 公司出售全部或几乎全部资产。

⑤ 支付股息、分配利润。

⑥ 成立任何合资企业、合伙制企业、子公司。

⑦ 公司上市时间、价格、地点和承销商的选择。

⑧ 任何证券的发行（包括但不限于股权类证券和债权类证券）。

⑨ 对外担保或其他可能导致投资人承担大额或有负债的事项。

⑩ 变更普通股或优先股股本，设立或批准任何高于或等同于优先股的权利。

一票否决权条款有一定的合理性，不过创业者还是应当通过谈判来限制投资人行使过多、过大的否决权。例如，创业者可以争取签订类似"需要 2/3 以上的 A 类优先股股东一致通过"的限制条款；尽量减少一票否决事项的数量；对于某些特定事项，限制投资人行使一票否决权。

除了上述条款，投资人权利保护性条款还包括知情权条款、禁止同业竞争条款、限制关联交易条款和核心员工的竞业限制条款等，本节不再详细介绍。

8.8　员工期权

8.8.1　员工期权条款

员工期权是一种股权激励制度，是指使经营者获得公司一定的股权，使其既能够享受股权带来的经济效益和权利，又能够以股东的身份参与企业决策、分享利润、承担风险，从而激励其勤勉、尽责地为企业的长期发展服务。员工期权是吸引特殊人才和专业人才的人力资源配置方法之一。

现代企业管理理论和国内外众多企业实践证明，股权激励能够对改善企业组织架构、降低管理成本、提升管理效率、增强企业凝聚力和核心竞争力起到积极的作用。股权激励一般通过员工持股计划，也就是预留期权池来实施。

之所以预留期权池，是因为在早期融资时，一些未来发展需要的重要员工可能还没有到位，企业需要预留股权以吸引人才；并且，过早行使期权会导致创始人的股权被过快稀释。

员工期权条款通常有以下 3 种表述。

第一种，如果公司现有股东中没有风险投资人，那么表述如下：在公司现有股东持有的股权中，另行提取投资后公司股权总额的××%作为公司员工的激励股权，行权时间分 4 年完成。

第二种，如果公司现有股东中已经有风险投资人且拒绝同意第一种条款，那么表述如下：公司将在本轮投资完成后实施员工持股计划，该计划将以实际控制人和联合创始人以适当价格向公司员工转让股权的方式来实施，行权时间分 4 年完成。

第三种，表述如下：如果公司在本轮投资完成后，以低于本轮投资人认购价格发行新股的方式实施员工持股计划，那么需要按照反稀释条款，以公司实际控制人和联合创始人无偿转让股权给本轮投资人的方式，将本轮投资人的认购价格调整为加权平均价格。

员工期权条款是可以进行协商的，包括设置多少股权，什么时间行使，由谁出让股权或增发新股等。创业者在谈判中既要确保期权能对员工起到激励作用，又要保证自己的股权不被过多稀释。

8.8.2 　员工期权的设置和实施

大多数投资人会要求企业重新设置员工持股计划，以避免在期权持有人行权购买股权时，投资人的股权被稀释。预留期权池有利于企业吸引优秀人才，拥有足够的期权储备也能避免在每次实施期权时重新履行一遍法律程序。

① 员工期权的作用：行权价格通常低于投资人的认购价格，员工在买入股份时享受了优惠价，可以感受到企业的优厚待遇；员工在获得股权且长期为企业服务的情况下，可以通过分红来分享企业成长收益，把企业利益与个人利益连在一起，尤其是在企业完成 IPO 上市时，员工可以获得高额回报。

② 期权池规模：员工期权一般占总股本的 10%～20%，具体规模有多大，可根据企业所处行业和企业还需要多少核心岗位员工来判断。

③ 股权激励对象：主要包括企业的中高级管理人员和核心骨干员工，当然也可以包括企业的董事、监事，甚至创始人和创业合伙人，具体激励对象由企业自主决定。

④ 期权分配：不同人员获得的期权应根据具体岗位、贡献、基本薪资和在不同发展阶段的入职时间来确定。例如，对于副总裁级人员，如果是在天使轮融资前进入企业的，可考虑分配 2%～5%的期权；如果是在 A 轮融资后进入企业的，可考虑分配 1%～2%的期权；如果是在 C 轮融资后或接近 Pre-IPO 融资时进入企业的，可考虑分配 0.2%～0.5%的期权。对于核心管理人员，如负责技术的 CTO 和负责融资的 CFO（Chief Finance Officer，首席财务官），可根据贡献分配比其他同级别副总裁高一些的期权。

⑤ 期权行权：可按照 3.2.2 节所讲的 "4 年股权成熟期" 来安排，每年兑现 25%的股权。

⑥ 退出机制：如第 3 章所述，为了避免核心员工离职时产生不必要的纠纷，在发放期权的同时，应提前约定退出机制，如当员工在某些情况下离职时，是否继续持有已经行权的股份，或者是否需要回购等。

第 9 章

投资协议条款的法律效力和
如何掌握企业控制权

　　创业发展离不开资本的支持。不过，经过数
轮融资，创业者的股份在企业 IPO 上市之前通常
已经被稀释到 30%，甚至更低。怎样在融资的过
程中始终掌握企业控制权，一直是创业者关心的
重大问题。本章讲述对赌协议等投资协议条款的
法律效力、最新案例、相关司法判决倾向和司法
解释，帮助创业者掌握融资后的企业控制权。

9.1　投资协议中的特殊权利条款是否合法有效

9.1.1　"华工案"判决刷新大众对对赌协议的固有认知

既然各方认同并签订了对赌协议条款，就应该愿赌服输。不过，创业企业在融资的过程中往往处于相对弱势地位，为了获得融资，有时不得不签订"不平等条约"，在触发估值调整条款或对赌条款时损失较大，在触发回购条款、强制出售权条款或清算条款时，往往无力执行，因此出现纠纷，甚至矛盾激化、对簿公堂的事件也越来越多。据悉，大多数对簿公堂的案件，是由于创始股东和企业无力回购或无力支付清算价款而造成的。

2019 年 4 月，在一审、二审投资人均告败诉后，江苏省高级人民法院（简称"江苏省高院"）对江苏华工创业投资有限公司（简称"华工创投""华工"）做出胜诉的再审判决，确认其与扬州锻压机床股份有限公司（简称"扬锻"）签订的"对赌协议"有效，判令扬锻向华工创投支付股权回购款并支付逾期利息。此案刷新了大众继"对赌第一案"（苏州工业园区海富投资有限公司与甘肃世恒有色资源再利用有限公司等增资纠纷再审案，简称"海富案"）后，对投融资界确立的估值调整机制和对赌基本原则的固有认知。

1. 投资人与被投资企业自行约定的对赌协议和回购条款是否有效

华工创投在与扬锻的投资协议中约定，若扬锻在 2014 年 12 月 31 日前未能在境内资本市场上市或公司主营业务、实际控制人、董事会成员发生重大变化，则华工创投有权要求扬锻回购华工创投所持有的公司股权，扬锻应以现金形式回购，回购股权价款=华工创投投资额+（华工创投投资额×8%×实际投资月份数÷12）-扬锻累计对华工创投进行的分红。

"华工案"再审判决明确指出："案涉对赌协议中关于股份回购的条款内容，是当事人特别设立的保护投资人利益的条款，属于缔约过程中当事人对投资合作商业风险的安排，系各方当事人的真实意思表示……华工创投、扬锻和扬锻全体股东关于华工创投上述投资收益的约定，不违反国家法律、行政法规的禁止性规定，不存在显失公平的问题，因此该约定有效。"[①]

与"海富案"不同，江苏省高院对"华工案"的判决没有拘泥于"海富案"确立的裁判观点，认为投资人与扬锻关于公司回购股份的对赌约定符合"商人自治"原则，不违反公司资本维持原则，不会损害公司其他股东和债权人的利益。具体原因如下。

① 从扬锻经营的角度考量，回购条款约定 8%的年回报率，与"同期企业融资成本相比并不明显过高"。

② 签订固定收益条款，表明投资人既是公司的股东，也是公司的债权人。就公司股东的身份而言，投资人对公司的投资行为本身就是充实资本维持义务，并且往往伴随着投资溢价（投资款大部分归入资本公积为全体股东共享），在公司经营状况良好的情况下，也不会对公司股东利益造成损害；就公司债权人的身份而言，投资人当然有权依据对赌协议的约定，主张公司和原始股东承担相应的合同责任。

③ 注册资本大小并不能反映公司的资本能力和债务承担能力。尤其是在"资本认缴制"全面推行后，公司认缴资本越大，并不代表公司偿债能力越大，不能一厢情愿推定公司债权人的利益受损。

④ 即使公司其他债权人的利益可能因执行对赌协议而受损，也应该由公司其他债权人向投资人股东和原始股东主张权利，而非扬锻，并且法律已针对债权人利益受损提供了救济渠道，扬锻不能因公司股东以外的债权人利益受损而主张对赌协议和回购条款无效。

2. 判决对赌、回购等条款有效后怎么执行

"华工案""翰霖案"等公开案例表明，投资人与目标公司、控股股东约定双向对赌条件，在目标公司未达到业绩指标或其他条件下，投资人有权要求控股股东调整估值，以控股股东的持股补偿投资人，或者由目标公司和控股股东回购投资人的股权，而不需要必须达到《公司法》第七十四条或第一百四十九条规定的情形。因此，法院判决投资协议相关条款有效。

不过，在"投资人有权要求""法院判决"与"获得补偿股权""回购退出"之间，尚存在"最后一公里"的距离，即投资人的股权退出需要目标公司予以配合，办理减资等法律手续。若目标公司拒绝配合，则仍存在执行障碍。"华工案"的判决充分体现了司法的智慧，通过判令扬锻直接向华工创投支付具体、明确的股权回购款，变"请求权之诉"为"给付之诉"，倒逼扬锻和控股股东依照《公司

[①] 《江苏华工创业投资有限公司与扬州锻压机床股份有限公司、潘云虎等请求公司收购股份纠纷一案的再审民事判决书》，中国裁判文书网，2019.06.03。

法》第七十四条或第一百四十九条规定的法定程序完成股权变更、支付，实现投资人的股权退出。如果扬锻和控股股东拒不配合，那么投资人可以申请法院强制执行。

这一案例警醒创业者在与投资人签订投资协议时，一定要深入研究、谨慎应对，否则一不小心就可能陷入万劫不复的深渊。

9.1.2　最高人民法院和证监会对投资协议特殊权利条款的认定、审核

1. 最高人民法院关于"对赌协议"的效力认定

随着时代的进步，以及与国际的接轨，我国的司法实践越来越遵循商事行为自治原则，只要不违反诚信原则和公平原则，法院就倾向于判令"对赌协议"有效。

2019 年 11 月，最高人民法院（简称"最高法"）发布了《全国法院民商事审判工作会议纪要》（简称《纪要》），其中明确规定了关于"对赌协议"的效力和履行的判决思路、处理规则，即对于投资方与目标公司的股东或实际控制人订立的"对赌协议"，若无其他无效事由，则认定有效，并支持实际履行。

这与"华工案"的判决思路一致，反映出最高法在认定被投资企业对赌协议的态度上更加灵活开放，对投融资界和创业者关于"对赌协议等条款的法律效力"的争议一锤定音，首次明确了投资人与目标公司的股东或实际控制人签订的对赌协议的有效性。

同时，最高法在《纪要》中对投资方与目标公司订立的"对赌协议"是否有效，以及能否实际履行，制定了以下处理规则。

① 投资方与目标公司订立的"对赌协议"在不存在法定无效事由的情况下，目标公司仅以存在股权回购或金钱补偿约定为由，主张"对赌协议"无效的，人民法院不予支持。投资方主张实际履行的，人民法院应当审查是否符合《公司法》关于"股东不得抽逃出资"和股份回购的强制性规定，判决是否支持其诉讼请求。

② 投资方请求目标公司回购股权的，人民法院应当依据《公司法》第三十五条关于"股东不得抽逃出资"或第一百四十二条关于股份回购的强制性规定进行审查。经审查，目标公司未完成减资程序的，人民法院应当驳回其诉讼请求。

③ 投资方请求目标公司承担金钱补偿义务的，人民法院应当依据《公司法》第三十五条关于"股东不得抽逃出资"和第一百六十六条关于利润分配的强制性规定进行审查。经审查，目标公司没有利润，或者虽有利润但不足以补偿投资方的，人民法院应当驳回或部分支持其诉讼请求。今后目标公司有利润时，投资方还可以依据该事实另行提起诉讼。

从上述规则来看，投资方与目标公司的股东或实际控制人订立的"对赌协议"

比较容易被认定为有效，并得到法院的支持。不过，投资方与目标公司本身订立的"对赌协议"是否有效，以及能否实际履行，则比较复杂。这是投融资双方应当注意的。

2. 对赌协议等特殊权利条款在 IPO 审核过程中的问题

目前，在 IPO 审核过程中关于对赌协议的监管规则要求见于证监会批准发布的《首发业务若干问题解答》（2020 年 6 月修订）问题 5，以及《上海证券交易所科创板股票发行上市审核问答（二）》问题 10、《深圳证券交易所创业板股票首次公开发行上市审核问答》问题 13。

上述监管规则明确要求，投资人与发行人约定对赌协议等类似安排，原则上要求发行人在申报 IPO 前清理，但同时满足以下要求的可以不清理：①发行人不作为对赌协议当事人；②对赌协议不存在可能导致发行人控制权变化的约定；③对赌协议不与市值挂钩；④对赌协议不存在严重影响发行人持续经营能力或其他严重影响投资人权益的情形。保荐机构和发行人律师应当就对赌协议是否符合上述要求发表明确核查意见。

例如，科创板上市企业爱科科技、普门科技、安恒信息、久日新材、杰普特光电、华熙生物、山石网科和新光光电等在 IPO 上市前终止了对赌协议等条款，铂力特等在修改后保留了相关协议；在新三板，很多挂牌公司保留了对赌协议，如四会富仕等。

9.1.3　创业者如何避开对赌协议和特殊权利条款的陷阱

投资协议中的投资人特殊权利条款既严谨又灵活，相关条款取决于投融资各方的谈判情况，常见条款包括估值调整条款、对赌协议条款、优先认购权条款、强制出售权条款、强制回购权条款、反稀释条款、优先清算权条款等。投资人和创业者应谨慎执行相关条款。

1. 投资人方面

在利益安排方面，应确定估值调整条款的双向性和合理的对赌代价。在设定对赌协议时，应回归对赌协议作为一种估值调整机制的本质，在"投资人激励创业者及其团队"与"控制投资风险、投资利益最大化"之间寻求合适的平衡点。

在估值调整补偿或回购主体方面，应由创始人和实际控制人通过无偿（或以象征性价格）向投资人转让股权的方式，补偿投资人因业绩等指标未达到标准而造成的股权贬值，或者回购投资人的股权，并将被投资企业列为担保人承担连带保证责任。

在退出安排方面，应重视公司章程的作用，在公司章程中明确约定股东回购或退出的条件和程序，保障对赌协议和其他特殊权利条款的合法性、可操作性。

2. 创始人和企业方面

创始人应结合企业的实际经营状况，选取可靠的参数来预测财务业绩，设定合理的对赌目标，尤其要考虑企业未达到承诺目标时的承受能力，切忌好大喜功、虚增业绩，为获得融资不计任何代价，最终因"赌局失利"被资本"绑架"。最好以创始人和实际控制人为主体补偿投资人或回购投资人的股权，以保证企业主体和业务的稳定。

处于创业发展初期或需要大量资金的企业（如研发科技型企业，还没有形成产品原型或还没有试运营网络服务产品的创业企业），盈利能力不确定或不稳定，创始人应审慎签订对赌协议，尤其应谨慎采取金钱补偿的对赌方式，个人绝对不能承担连带担保责任。

9.2 如何掌握企业控制权

9.2.1 持股比例的 6 个关键节点

怎样在融资的过程中掌握企业控制权，一直是创业者关心的重大问题。

纵观国内外已经 IPO 上市且发展状态良好的企业，创始人持股 20%左右是比较常见的情况。多轮融资导致股权被稀释，少数几个投资人的持股比例可能已经超过创始人及其团队的持股比例。在这种情况下，创业者往往担心企业的控制权会出问题。事实上，不是只有控股才能控制企业，不控股的创始人也能控制企业。

本节简要介绍创始人在持股较多时的控制方法。

1. 通过公司章程实现对公司运营的掌控

公司章程是公司的自治文件，是公司内部的"行动纲领"。在不违反《公司法》有关规定的前提下，公司可以自由约定公司章程，股东、董事、监事、高级管理人员的经营管理行为都要受其约束和制约。因此，创始人可借助修改公司章程并在股东大会上表决通过来实现对公司运营的掌控。

2. 通过持股实现对企业的掌控

持股比例对掌控企业至关重要，创始人可通过持股实现对企业的绝对控制、相对控制和重大事项一票否决权控制等。根据《公司法》，创始人可通过融资中的股权设计安排实现对企业的掌控。持股比例的 6 个关键节点如表 9-1 所示。

表 9-1　持股比例的 6 个关键节点

持股比例	控制权和参与决策权
67%（2/3 以上）	绝对控制权，对所有重大事项均有一票通过权
51%（1/2 以上）	相对控制权，对多数事项有一票通过权
34%（1/3 以上）	对需要持股 2/3 以上的股东表决通过的重大事项有一票否决权
30%	收购权
10%以上	召开临时会议权，可提出质询、调查、起诉、清算、解散公司
5%以上	重大股权变动警示线，有权参加董事会

9.2.2　创始人在持股较少时如何掌握企业控制权

在经过几轮融资后，创始人的股权大部分被稀释，投资人持有较多的股权，创始人成为小股东。此时，企业创始人、合伙人、高管团队和核心员工（统称为"创业联盟"）可以行使特殊的企业控制权，即非持股控制权。

行使非持股控制权的企业有很多，如阿里巴巴经过多轮融资，马云在持股比例不到 10%的情况下仍然掌握着阿里巴巴的控制权；任正非仅持股 1%，却能控制华为的重大决策；马化腾持股 8.39%，照样牢牢掌握腾讯的控制权；比尔·盖茨持股 1.37%，依旧是微软的实际控制人。

本节讲述创始人在持股较少时控制企业的 4 种常见方式。

1. 委托投票权控制

委托投票权控制是指持有小比例股份的企业创始人，以协议方式获得其他股东的委托投票权，在股东大会中占据优势表决权比例，从而实现对企业的控制，成为实际控制人。例如，京东在上市之前曾巨额融资"烧钱"，刘强东的股份很少，为了保持控制权，京东对后来的投资人设定了入股的前提条件，即投资人要把投票权委托给刘强东，并在委托书上签字。这样，刘强东在上市前虽然只有 20%的股份，但是有 50%以上的投票权，其中相当一部分是委托投票权。

2. 一致行动人协议

一致行动人是指通过协议等方式，承诺在某些事情上保持一致行动的自然人或法人。一致行动人协议是记载各方承诺内容的法律文书。

一致行动人协议通常表述如下：协议各方应当在公司每次召开股东大会前，对该次股东大会审议事项充分协商，并在达成一致意见后投票；若协议各方未能或经过协商仍然无法就股东大会审议事项达成一致意见，则各方一致同意无条件依据×××（决策人）所持意见，对股东大会审议事项进行投票，或者各方不进行投票，而委托×××（决策人）对股东大会审议事项进行投票。

3. 持股平台

创始人可以设立一家有限合伙企业作为持股平台，把合伙人和员工的股份放入该持股平台，以集中合伙人和员工的股份，进行管理和投票，该持股平台成为创始股东。创始人作为普通合伙人，即使只持有1%的股份，该持股平台也由创始人控制，创始人可以代理行使有限合伙人的权利；员工作为有限合伙人，主要享有分钱的权利，没有参与决策的投票权。

在通常情况下，以上3种方式需要与其他控制方式相结合，使创始人的投票权超过50%，以保证创始人的实际控制人地位。

4. AB 股模式的双重股权架构

除了上述3种方式，还有一种方式更有效，那就是"同股不同投票权"的 AB 股模式（或称为 AB 股计划）。只有拥有投票权，创始人才能指派多数董事会席位，并控制董事会和股东大会的表决事项。

AB 股模式通常是把外部投资人设置为一股有1个投票权的 A 类股，把创始人和创业团队设置为一股有10个投票权的 B 类股。不想控制企业的投资人希望企业控制权保持稳定，通常能够接受这种模式。

采用 AB 股模式的典型案例有谷歌和京东。

谷歌的联合创始人拉里·佩奇和谢尔盖·布林在创立公司时都是25岁，他们引进了更具专业经验的埃里克·施密特。公司开张后不久就揭不开锅了，于是他们开始了扩股融资的历程。SUN 公司联合创始人、硅谷知名风险投资家安迪·贝托尔斯对谷歌投资10万美元。

1999年，硅谷著名风险投资机构 KPCB 和红杉资本各对谷歌投资125万美元，上述风险投资共占谷歌约30%的股份。2004年，谷歌上市。

由于连续融资和 IPO 上市，投资人的股份已经过半。不过，谷歌采用了"同股不同投票权"的 AB 股模式，佩奇、布林、施密特等创始人和高管持有 B 类股，每股的表决权等于投资人 10 股 A 类股的表决权。2012 年，谷歌又增加了不含投票权的 C 类股，用于增发新股融资。这样，即使总股本不断扩大，创始人也不会失去企业控制权。到 2020 年后，虽然佩奇、布林、施密特三人合计持有的公司股份已经远低于 20%，但是仍然拥有近 60%的表决权。

京东是另一个典型案例。刘强东所持的 B 类股每股有 10 个以上的投票权，加上他在京东上市前获得的委托投票权，共持有超过 60%的投票权。

上述 4 种非持股控制企业的方式，除签订必要的协议之外，还需要载入公司章程。

创业者应该怎样看待和应对资本博弈呢？

资本与创业者之间是一种"相爱相杀"的关系。一方面，资本借助创业者的商业方案获得高额回报，创业者借助资本的力量实现自己的商业梦想，双方互相依赖；另一方面，双方会签订"亿万豪赌"般的投资协议，随时准备商场角逐，又是互相博弈的关系。

商业谈判和博弈存在两面性，股权融资亦是如此。创始人对投资协议条款的尽力争取和适当妥协，必须建立在充分认识和深刻理解条款的基础上，不仅要知晓条款的字面意思，更要理解条款背后的商业逻辑。

创业者不能因为看到其他创始人的败局，就怪罪于"门口的野蛮人"。实际情况是，创始人的股权往往是被一步一步稀释的。只有当创业企业的发展遇到资金瓶颈或财务状况低于创业团队的判断时，创始人才不得不持续、频繁融资，导致股权被快速稀释。当然，不能排除估值调整条款、对赌协议或其他投资人特殊权利条款过于苛刻的因素。不过，反过来看，既然创业团队选择接受那些苛刻的条款，不也充分说明创业企业本身的局限性，以及创业团队对财务预测、企业估值、融资额度和融资频率的失策吗？

其实，作为创业者，只要能够做到谨慎应对、量力而行，谈判前诚实、谈判时诚恳、成交后诚信，在获得融资后全身心投入创业，努力创新发展，基本上就不会遭受惨败。投资人和创业者的利益是一致的，他们不仅不希望创业者失败，在创业者需要资金时还会伸出援手。

创业者失策或遭遇失败应该怎么办？

这涉及第 3 章所讲的心理层面准备和投资人可能提出的棘手问题。在融资的过程中，如果创业者遭遇估值调整条款或对赌失败，不要消沉，而要坦然面对，继续奋斗，采取有效措施，掌握企业控制权，把握发展节奏，不要害怕股权继续被稀释，争取更多融资，持续稳定发展，"愿赌服输，不懈努力"是最好的应对策略。

9.2.3 KK 集团 C 轮融资业绩未达标，愿赌服输继续融资发展

潮流零售企业 KK 集团于 2019 年 3 月宣布获得 C 轮融资 4 亿元人民币，eWTP 生态基金领投，洪泰基金和其他 A 轮、B 轮投资机构（经纬创投、璀璨资本、黑藻资本、深创投等）悉数跟投。

在该轮融资的协议条款中，KK 集团承诺了到 2019 年年末的营业收入业绩指标，即终端销售额达到 20 亿元人民币，并签订了对赌协议，作为融资的先决条件。该协议规定，如果 KK 集团 2019 年年末达不到该指标，创始股东将失去部分股权。

最终，KK 集团在 2019 年实现 11.3 亿元人民币的销售额，没有达到投资机构要求的指标，触发了财务业绩对赌协议条款。企查查工商资料更新显示，截至 2020 年 2 月 25 日，KK 集团创始人吴悦宁的持股仅剩 23.76%，创始人的股权被稀释了 15%。

不过，这并没有影响 KK 集团继续融资发展，因为创始人掌握着 B 类股的投票权。

2020 年 8 月，KK 集团宣布获得 E 轮融资 10 亿元人民币。该轮融资由 CMC 资本领投，洪泰基金、Kamet Capital、黑蚁资本、渶策资本和经纬创投等跟投。

2021 年 7 月，KK 集团完成了 F 轮融资。该轮融资由京东领投，新天域资本、CMC 资本、洪泰基金、中信证券、嘉实基金和渶策资本等多个新老股东跟投，融资金额高达 3 亿美元，投后估值约 30 亿美元，折合人民币近 200 亿元。在 F 轮融资后，虽然创始人吴悦宁的持股比例已经下降到 20% 以下，但是他仍然掌握着董事会的控制权和 51% 以上的股东大会表决投票权。

第 10 章

新三板挂牌融资

新三板是我国全国性的场内资本市场之一，是专为成长期的非上市中小型股份有限公司设立的证券交易场所，是中小型民营企业的融资服务平台。作为多层次资本市场的中间枢纽，新三板打通了中小型企业不同发展阶段之间的进阶融资路径。本章详细讲述新三板定位、挂牌条件、4种融资方式及其操作流程。

10.1 新三板定位和五大优势

10.1.1 新三板定位

1. 新三板的变革和市场规模

全国中小企业股份转让系统（简称"全国股转系统"，俗称"新三板"），是经国务院批准，依据《证券法》设立的，继上交所、深交所之后的第三家全国性证券交易场所，专为非上市股份有限公司挂牌转让和融资而设立，是我国第一个公司制运营的证券交易场所。

2013 年 1 月 16 日，新三板正式揭牌运营，其运营机构为全国中小企业股份转让系统有限责任公司（简称"全国股转公司"），隶属于证监会，由证监会直接管理。

新三板起源于 2001 年 3 月设立的"股权代办转让系统"，最早承接两网公司和退市公司，被称为"旧三板"。当时，我国把主板称为"一板市场"，把正在筹备的创业板称为"二板市场"，把全国股转系统称为"三板市场"。

2006 年，中关村科技园区非上市股份公司进入全国股转系统进行股份报价转让，从此"旧三板"被称为"新三板"。

2012 年 9 月 20 日，新三板在国家工商总局正式注册，注册地为北京。

自 2013 年 12 月 31 日起，新三板面向全国接收企业挂牌申请，借鉴了注册制和纳斯达克的先进理念，成为非常创新的市场层级。

2019 年 12 月，《全国中小企业股份转让系统分层管理办法》出台。2020 年 7 月，精选层开市交易，正式实行转板机制，达到精选层条件的企业可到创业板、科创板上市。2021 年 11 月 15 日，北交所开市，达到精选层条件的企业可到北交所上市。

据证监会介绍，北交所仍是新三板的一部分，与创新层、基础层一起组成"升级版"新三板。不过，精选层可以在北交所发行上市，应属于新的上市平台。

至此，改革后的新三板形成了"基础层—创新层"的双层市场结构，同时精选层可以在北交所向不特定合格投资者公开发行上市，满足了不同类型、不同发展阶段企业的差异化融资需求，为中小型企业提供了多层次资本市场的递进式发展路径。

新三板挂牌公司既有通畅的"进阶"通道，也有调整退出的路径。在降层机制方面，定期降层和即时降层的制度安排，确保将不再符合相应层级条件的挂牌公司及时调出，保障了相应市场层级公司的整体质量。同时，分层管理大大提高了投资者的投资效率，降低了投资者的信息收集成本，加快了中小型企业在新三板融资的速度。

截至 2021 年 12 月 31 日，新三板共有挂牌公司 6932 家，其中创新层公司 1225 家、基础层公司 5707 家，总市值超过 2.28 万亿元，市盈率为 20.48 倍。

2. 新三板的市场定位

新三板的市场定位主要是为创新型、创业型、成长型中小型企业的发展服务，是为符合条件的股份公司提供公开转让股份、股权融资、债权融资和并购重组等相关业务的操作服务平台。新三板在区位上重点服务京津冀和整个北方地区，在定位上主要服务创新型中小型民营企业。

得益于 2019 年以来的深化改革和制度完善，新三板积极培育可能进入精选层赴北交所上市的"专精特新"中小型企业的市场定位更加清晰。"专精特新"中小型企业是指专业化、精细化、特色化、创新能力突出的中小型企业，即主营业务专注于专业细分市场、经营管理精细高效、产品服务独具特色、创新能力成果显著的中小型企业。虽然这些企业大部分规模较小，尚未形成稳定的商业模式和经营规模，甚至尚未实现盈利，但是，只要是股权结构清晰、经营合法规范、公司治理健全、业务明确、履行信息披露义务的股份公司，就可以经主办券商推荐申请在新三板挂牌。

新三板上接沪、深证交所，下连区域性股权交易市场，已成为多层次资本市场的中间枢纽。一方面，中小型民营企业在新三板挂牌融资发展壮大后，可成功进入沪、深证交所；另一方面，新三板与区域性股权交易市场的合作对接也在紧锣密鼓地推进中，这将打通中小型民营企业资本市场全生命周期的发展路径。

10.1.2　新三板五大优势

1. 门槛低

在新三板基础层挂牌，对转让股份、融资等没有利润方面的条件和要求，企业即使尚未实现盈利，也可以在基础层挂牌，或者按照其他标准在创新层和精选层挂牌。因此，在新三板挂牌的条件非常宽松，仅从财务角度来看，几乎任何企业都可以在新三板挂牌。

2. 费用少

通过新三板融资的成本较低。新三板挂牌的总体费用为 150 万～200 万元，包括支付给主办券商、会计师、律师，以及资产评估机构等中介机构的费用，与创业板、科创板动辄上千万元的费用相比，明显低得多。

通过新三板融资的具体费用如下。

转让经手费：融资额的 0.5‰。

挂牌初费：总股本在 2000 万股（含）以下、2000 万～5000 万股、5000 万～1 亿股和 1 亿股以上的费用，分别为 3 万元、5 万元、8 万元和 10 万元。

挂牌年费：总股本在 2000 万股（含）以下、2000 万～5000 万股、5000 万～1 亿股和 1 亿股以上的费用，分别为 2 万元、3 万元、5 万元和 5 万元/年。

信息披露费：每年向主办券商和全国股转公司缴纳较少的信息披露费。

3. 效率高

1）时间短

在新三板，从签约到完成挂牌只需要 6～8 个月的时间。而进入主板或在创业板、科创板上市的核准、注册，一般至少需要 2～3 年的时间。

2）融资效率高

新三板定向增资的备案速度较快，允许挂牌公司挂牌后立即定向增资，以及创新层挂牌同时定向发行。新三板对挂牌公司的定向增资并无特别要求，而上市公司会受到发行对象、发行价格和锁定时间等诸多限制。

4. 奖励多

① 各地高新科技园区对新三板挂牌公司实施财政补贴，大约为 90 万～300 万元，挂牌公司基本上可以在地方政府的财政支持范围内解决中介机构的费用问题。

② 税收返还：留存地方政府部分的税收当年全部或部分返还。

5. 精选层直接申请转北交所上市

在北交所上市满一年且符合沪、深证交所上市条件的公司，无须排队，可以直接申请转到上海科创板或深圳创业板上市。

10.2　新三板挂牌条件

10.2.1　基础层挂牌条件：1 套标准——有营业收入要求，无财务盈利要求

1. 基础层定位

基础层定位于企业储备和规范发展，在准入方面，只要求企业满足基本挂牌条件，不设盈利门槛，适合处于成长期、尚未形成一定的规模、盈利较少甚至还没有盈利的创业企业。在企业发展初期，基础层便利的发行融资制度和适度的规范治理有利于企业快速进入成长期，发展壮大。

2. 基础层挂牌条件

基础层无挂牌财务门槛。符合挂牌条件，但未进入创新层的申请挂牌公司，应当自挂牌之日起进入基础层；未进入创新层和精选层的挂牌公司，应当进入基础层。

基础层设定了以下挂牌条件。

1）依法设立且存续满 2 年

① "依法设立"是指公司依据《公司法》等法律、法规和规章的规定向公司登记机关申请登记，并已取得"企业法人营业执照"。

② "存续满 2 年"是指存续 2 个完整的会计年度。

③ 有限责任公司按原账面净资产值折股整体变更为股份有限公司的，存续时间可以从有限责任公司成立之日起计算。

2）业务明确，具有持续经营能力

① "业务明确"是指公司能够明确、具体地阐述其经营的业务、产品或服务、用途和商业模式等信息。

② 公司可同时经营一种或多种业务，每种业务应具有相应的关键资源要素，该要素组成应具有投入、处理和产出能力，能够与商业合同、收入或成本费用等相匹配。

③ "持续经营能力"是指公司基于报告期内的生产经营状况，在可预见的将

来，有能力按照既定目标持续经营下去。公司业务在报告期内应有持续的营运记录，不应仅存在偶发性交易或事项。营运记录包括现金流量、营业收入、交易客户和研发费用支出等。新三板基础层应满足如表 10-1 所示的营运记录条件。

表 10-1　新三板基础层营运记录条件

序号	营运纪录条件
1	公司应在每一个会计期间内形成与同期业务相关的持续营运记录，不能仅存在偶发性交易或事项
2	最近 2 个完整会计年度的营业收入累计不低于 1000 万元；因研发周期较长导致营业收入低于 1000 万元，但最近一期末净资产不低于 3000 万元的除外
3	报告期末股本不少于 500 万元
4	报告期末每股净资产不低于 1 元/股

3）公司治理机制健全，合法规范经营

① "公司治理机制健全"是指公司按规定建立股东大会、董事会、监事会和高级管理层组成的公司治理架构，制定相应的公司治理制度，并能证明有效运行，保护股东权益。

② "合法规范经营"是指公司及其控股股东，实际控制人，下属子公司（下属子公司是指公司的全资、控股子公司，或者通过其他方式纳入合并报表的公司或其他法人）必须依法开展经营活动，经营行为合法合规，不存在重大违法违规行为。

4）股权明晰，股票发行和转让行为合法合规

① "股权明晰"是指公司的股权结构清晰、权属分明、真实确定、合法合规，股东特别是控股股东、实际控制人及其关联股东或实际支配的股东持有公司的股份不存在权属争议或潜在纠纷。

② "股票发行和转让行为合法合规"是指公司、下属子公司的股票发行和转让依法履行必要内部决议、外部审批（如有）程序。

③ 公司曾在区域性股权交易市场和其他交易市场进行融资、股权转让的，股票发行和转让等行为应合法合规；在向全国股转系统申请挂牌前，应在区域性股权交易市场和其他交易市场停牌或摘牌，并在全国股转系统挂牌前完成在区域性股权交易市场和其他交易市场的摘牌手续。

5）主办券商推荐并持续督导

① 公司必须经主办券商推荐，双方签署了《推荐挂牌并持续督导协议》。

② 主办券商应完成尽职调查和内核程序，对公司是否符合挂牌条件发表独立

意见，并出具推荐报告。

　　6）公司应符合全国股转公司要求的其他条件。

3. 新三板的挂牌流程

　　在新三板挂牌的具体流程如下。

　　① 设立或改制设立股份有限公司，有限责任公司需要以股改基准日经审计的净资产值折股整体改制设立股份有限公司。

　　② 确定主办券商，签署《推荐挂牌并持续督导协议》。

　　③ 主办券商对拟挂牌公司进行尽职调查。

　　④ 会计师完成财务尽职调查，并出具审计报告。

　　⑤ 律师完成法律事务尽职调查，并出具法律意见书。

　　⑥ 券商内核小组审核尽职调查报告，如果发现需要整改的问题，应提出解决方案。

　　⑦ 拟挂牌公司在主办券商的指导下制作挂牌和股权转让融资文件。

　　⑧ 主办券商根据内核意见修改、补充文件，向监管部门出具推荐报告。

　　⑨ 向全国股转公司申报。

　　⑩ 全国股转公司审查，证监会核准。

10.2.2　创新层挂牌条件：3 套标准——净利润达标、营业收入额高或市值大

1. 创新层定位

　　创新层定位于已经有了一定经营业绩且股权公众性有所提高的企业，满足条件的企业既可以由基础层进入创新层，也可以在挂牌的同时直接进入创新层。创新层为企业提供了更高的资本流动性，更有利于企业融资，并且可以在规范的基础上培育企业。另外，符合公开发行条件和精选层条件的创新层挂牌公司，可以申请公开发行并进入精选层。

2. 创新层挂牌准入条件

　　挂牌公司要想从基础层进入创新层，应当符合如表 10-2 所示的 3 套标准之一和相关条件。

表 10-2　从基础层进入创新层的 3 套标准和相关条件

标准和相关条件	定位分类	指标组合	财务条件
标准一	盈利能力强的公司	市值+净利润+净资产收益率+股本总额	最近 2 年净利润均不低于 1000 万元，最近 2 年加权平均净资产收益率平均不低于 8%，股本总额不少于 2000 万元
标准二	成长速度快的公司	营业收入+年均增长率+股本总额	最近 2 年营业收入平均不低于 6000 万元且持续增长，年均复合增长率不低于 50%，股本总额不少于 2000 万元
标准三	市场认可度高的大市值公司	市值+股本总额+做市商数量	最近有成交的 60 个做市或集合竞价交易日的平均市值不低于 6 亿元，股本总额不少于 5000 万元；采取做市交易方式的，做市商不少于 6 家
相关条件	融资额	挂牌以来累计融资额	公司挂牌以来完成过定向发行股票（含优先股），并且发行融资额累计不低于 1000 万元
	流动性	公众投资者	符合全国股转系统基础层投资者适当性条件的合格投资者不少于 50 人
	资产	净资产额	最近 1 年期末净资产不为负值
	公司治理	治理制度和信息披露	公司治理机制健全，制定并披露股东大会、董事会、监事会制度，对外投资管理制度，对外担保管理制度，关联交易管理制度，投资者关系管理制度，利润分配管理制度，承诺管理制度；设立董事会秘书，并且其已取得全国股转系统挂牌公司董事会秘书任职资格

注：1. "净利润"是指归属于挂牌公司股东的净利润，不包括少数股东损益，并且以扣除非经常性损益前后孰低者为计算依据（下同）。

　　2. "挂牌以来完成过定向发行股票"包括公司挂牌后进行的定向发行和挂牌同时定向发行。

3. 直接申请进入创新层的挂牌条件

同时符合新三板主体资格条件（基本挂牌条件），以及如表 10-3 所示的直接申请进入创新层挂牌条件的申请挂牌公司，自挂牌之日起不必经过基础层，可以直接申请进入创新层。

表 10-3　直接申请进入创新层的挂牌条件

标准和相关条件	定位分类	指标组合	财务条件
标准一	盈利能力强的公司	市值+净利润+净资产收益率+股本总额	最近 2 年净利润均不低于 1000 万元，最近 2 年加权平均净资产收益率平均不低于 8%，股本总额不少于 2000 万元
标准二	成长速度快的公司	营业收入+年均增长率+股本总额	最近 2 年营业收入平均不低于 6000 万元且持续增长，年均复合增长率不低于 50%，股本总额不少于 2000 万元

续表

标准和相关条件	定位分类	指标组合	财务条件
标准三	市场认可度高的大市值公司	市值+股本总额+做市商数量	在挂牌时即采取做市交易方式，完成挂牌同时定向发行股票后，公司股票市值不低于 6 亿元，股本总额不少于 5000 万元，做市商不少于 6 家，且做市商做市库存股均通过本次定向发行取得
相关条件	定向发行融资额	完成挂牌同时定向发行融资额	完成挂牌同时定向发行股票，并且融资额不低于 1000 万元
	流动性	定向发行后公众投资者	完成挂牌同时定向发行股票后，符合全国股转系统基础层投资者适当性条件的合格投资者不少于 50 人
	资产	净资产额	最近 1 年期末净资产不为负值
	公司治理	治理制度和信息披露	公司治理机制健全，制定并披露股东大会、董事会、监事会制度，对外投资管理制度，对外担保管理制度，关联交易管理制度，投资者关系管理制度，利润分配管理制度，承诺管理制度；设立董事会秘书

注：1. 表 10-3 中黑体字部分是与基础层公司进入创新层条件的区别。

2. "市值"是指以申请挂牌公司挂牌同时定向发行价格计算的股票市值。

10.3　新三板的两种交易方式

10.3.1　做市交易方式：做市商用自有资金、库存股票与投资者交易

全国股转系统为新三板基础层、创新层提供了做市和集合竞价两种交易方式。

国际通用的做市交易制度规定，由具备一定实力和信誉的证券经营法人作为特许交易商（做市商），不断向公众投资者报出挂牌公司的股票买卖价格，并在报出的价位上，以做市商的自有资金、库存股票与公众投资者进行股票买卖交易，而投资者之间的委托不直接配对成交。"自有资金""库存股票"是指做市商必须先用自己的资金购买一部分挂牌公司的股票作为库存，以备卖出，在库存不足时需要向其他做市商购买。

做市商的核心功能是估值，即通过专业估值对股票进行合理定价，使股票价格更趋近于其真实价值，促进股票成交。

做市商通常愿意选择已经具有一定规模且预期股票流动性较高的挂牌公司；挂牌公司应当选择资金实力强、估值研究水平高、服务口碑好的做市商，以提高公司的融资能力。截至 2021 年 12 月 31 日，新三板采用做市交易方式的挂牌公司有 409 家。

10.3.2 集合竞价交易方式：公开竞价，定时撮合成交

新三板基础层的绝大部分挂牌公司采用的是集合竞价交易方式，这是一种由 2 个以上的买方和 2 个以上的卖方通过公开竞价形式来确定股票买卖价格的交易方式。

新三板集合竞价股票在每个交易日上午 9:30 进行第一次自动撮合交易；之后，基础层集合竞价股票每小时撮合一次，创新层集合竞价股票每 10 分钟撮合一次。

截至 2022 年 6 月 17 日，新三板基础层和创新层共有 6717 家挂牌公司。其中，采用集合竞价交易方式的挂牌公司有 6317 家，采用做市交易方式的挂牌公司有 400 家。

除上述交易方式外，如果投资者拟申请单笔申报数量≥10 万股或≥100 万元人民币的交易，那么可以进行一对一大宗交易，即采取盘中申报，并在与交易对手方就交易价格、数量等协商一致后，通过主办券商提交确认订单，交易系统在盘后匹配成交。

10.4 新三板的 4 种融资方式

新三板为中小型企业提供了合法便利的直接融资渠道，同时为风险投资机构、私募股权投资机构、私募证券投资基金、符合投资者适当性条件的自然人投资者，以及银行理财产品、集合信托计划、证券公司资产管理计划等提供了数千个可以选择的企业股权投资项目。以上机构、基金、个人和各类理财产品、资产管理计划等，都是新三板挂牌公司的潜在投资者。

除了可以通过优先股进行私募融资，新三板主要有挂牌前定向发行、挂牌同时定向发行、挂牌后定向发行和挂牌同时公开发行 4 种融资方式。

10.4.1 挂牌前定向发行

在新三板挂牌前定向发行的实质仍然是私募股权融资，投资者主要是风险投资机构和私募股权投资机构。这种融资方式的特殊性在于，在新三板挂牌之前，

由于公司有即将实现挂牌的利好消息，而且此时的发行市盈率通常比挂牌后低一些，因此投资者参与投资的积极性更高。

挂牌前定向发行的运作程序、方法与普通的增资扩股相同，不过与普通的私募股权融资相比具有以下优势。投资者不受新三板适当性管理制度的限制，任何自然人、法人或其他经济组织都可以参与投资；得益于挂牌的利好消息，操作快捷、融资周期短；融资成本低，除必要的中介费以外，不产生股票承销费用。

在新三板挂牌前定向发行也有一个缺点，那就是发行市盈率低于挂牌后，在获得相同额度融资的情况下，挂牌前定向发行需要出让更多的股权。不过，拟挂牌公司在急需资金的时候，可以采用挂牌前定向发行的融资方式。

10.4.2　挂牌同时定向发行

发行人在申请其股票挂牌的同时，可以申请定向发行股票。发行人在取得证监会核准文件或全国股转公司同意挂牌和发行的书面函件后，履行缴款验资程序，并将本次发行前后的股票一并登记、挂牌。

2020 年 1 月，全国股转公司发布了修订后的《全国中小企业股份转让系统股票定向发行规则》（简称《定向发行规则》）和《全国中小企业股份转让系统股票定向发行指南》，自 2013 年以来发布的同类规则和指南同时废止。此次修订借鉴了注册制理念，优化了定向发行审查机制；取消了单次发行新增股东不得超过 35 人的限制；允许挂牌同时发行，引入自办发行，完善授权发行机制，提高融资效率；允许发行人在完成验资后使用募集资金，降低资金闲置成本。

1. 什么是新三板定向发行

新三板定向发行是指发行人按照《非上市公众公司监督管理办法》（简称《公众公司办法》）和《定向发行规则》的规定，向特定对象发行股票的行为。定向发行具有"谈判议价、买卖互知"的特质，在发行过程中，发行人不得采取公开路演或询价等方式。新三板定向发行的主要规定如下。

1）发行主体

新三板允许申请挂牌公司和市场各层级的挂牌公司定向发行。

2）发行对象和数量

"特定对象"的范围包括以下机构和自然人：发行人股东；发行人董事、监事、高级管理人员、核心员工（对核心员工的认定，应当由发行人董事会提名，并向全体员工公示和征求意见，由监事会发表明确意见后，经股东大会审议批准）；符合投资者适当性管理规定的自然人投资者、法人投资者和其他经济组织。

3）发行基本要求

定向发行不设财务条件，发行人需要符合《公众公司办法》关于合法规范经营、公司治理、信息披露和发行对象等方面的规定，不存在违规对外担保、资金占用，或者其他权益被控股股东、实际控制人严重损害且尚未解除或消除影响的情况。

4）发行规模

定向发行无发行股份数量限制，发行人可以根据融资需求自行确定。

5）中介机构服务

定向发行的发行人需要聘请主办券商为其发行股票提供推荐服务，但根据《公众公司办法》的规定采用自办发行方式的，可豁免主办券商出具推荐文件。

6）审核程序

定向发行后股东累计不超过 200 人的，或者公众公司在 12 个月内发行股票累计融资额低于公司净资产 20%的，豁免向证监会申请核准，由全国股转公司自律审查，仅要求在每次发行后 5 个工作日内将发行情况报证监会备案；定向发行后股东累计超过 200 人的，需履行核准程序。

7）层级准入

定向发行不与市场层级调整必然绑定。不过，基础层公司进入创新层，需要满足挂牌以来完成过定向发行股票（含优先股）且发行融资额累计不低于 1000 万元的要求；申请挂牌同时进入创新层，除需要符合财务条件或市值条件以外，还需要满足同时定向发行融资额不低于 1000 万元，以及完成挂牌同时定向发行后，符合全国股转系统基础层投资者适当性条件的合格投资者不少于 50 人的要求。

8）橱架发行

橱架发行是指公司申请定向发行股票，可申请一次核准，分期发行，这样便于公司灵活安排。自证监会予以核准之日起，公司应当在 3 个月内首期发行，剩余数量应当在 12 个月内发行完毕。首期发行数量应当不少于总发行数量的 50%，剩余各期发行数量由公司自行确定，每期发行完毕后 5 个工作日内报证监会备案。

9）监管宽松

募投项目不是定向发行的必要条件，不要求披露具体项目情况，只要求披露募集资金投向；定向发行股份既没有限售要求，也没有时间间隔要求。

2. 什么是挂牌同时定向发行

挂牌同时定向发行，顾名思义，就是拟挂牌公司在申请股票挂牌的同时进行股票的定向发行。这种融资方式既节省费用，又便于公司自主选择融资时点。

根据《定向发行规则》的规定，发行人在申请其股票挂牌的同时，可以申请定向发行股票，发行对象应当以现金认购申请挂牌公司定向发行的股票。发行人在取得证监会核准文件或全国股转公司同意挂牌和发行的书面函件后，履行缴款验资程序，并将本次发行前后的股票一并登记、挂牌。

公司申请挂牌同时定向发行，需要同时遵守挂牌准入和定向发行的相关规则制度。①需要满足股票挂牌相关要求，挂牌是定向发行的基础；②需要满足定向发行相关要求；③申请挂牌公司符合合法规范经营、公司治理、信息披露和发行对象等方面的规定，并且不存在违规对外担保、资金占用或其他权益被控股股东、实际控制人严重损害的情形；④不得出现负面清单情形，本次发行不能导致发行人控制权变动，不能以非现金资产认购本次发行股份，不得在股票挂牌前使用募集资金。

3. 挂牌同时定向发行需要履行哪些程序

1）履行内部审议程序

公司应当在提交挂牌和定向发行申请文件前，就挂牌和定向发行事项履行董事会、监事会、股东大会审议程序，在董事会审议时确认本次股票发行后累计股东是否超过 200 人，以及本次发行对象是否确定。

2）制作并同时提交挂牌和定向发行申请文件

在内部审议程序完毕后，公司需要聘请具有相应资质的主办券商等中介机构出具专项意见，完成申请文件的编制，并委托主办券商向全国股转公司一并提交挂牌和定向发行申请文件。

3）取得全国股转公司同意函或证监会核准文件

全国股转公司对定向发行申请文件进行自律审查，并形成审查结论；需要反馈的，通过业务系统向申请公司和中介机构发出反馈意见。

如果申请公司发行前后股东均不超过 200 人，那么全国股转公司自律审查同意后将出具同意挂牌和定向发行的书面函件；如果申请公司发行后股东超过200 人，那么全国股转公司自律审查同意后将出具同意挂牌和定向发行的自律监管意见，并根据发行人的委托将相关材料报送证监会核准。

4）安排认购事宜

取得同意挂牌和定向发行的书面函件或证监会的核准文件后，如果在董事会决议时发行对象已经确定，申请公司就可以安排后续的认购和缴款事宜；如果在董事会决议时发行对象尚未确定，那么在确定发行对象后，先由中介机构补充出具专项意见，申请公司更新申请文件，再安排认购和缴款事项。在发行认购结束后，申请公司应与主办券商、存放募集资金的商业银行签订募集资金专用账户的三方监管协议，并履行验资程序。

5）办理挂牌相关手续

发行完成后，申请公司应当在提交股票初始登记申请表的同时，提交募集资金专用账户的三方监管协议、验资报告、定向发行重大事项确认函和自愿限售申请材料（如有）等，披露发行情况报告书和主办券商关于发行人是否符合创新层条件的专项意见等文件，将发行前后的股份一并办理初始登记和挂牌交易。

10.4.3 挂牌后定向发行

公司在新三板各层级分层挂牌后，经申请核准，可适量定向发行一部分新股，发行对象是在新三板注册的所有合格投资者，这体现了新三板的持续再融资功能。

新修订的《定向发行规则》允许挂牌公司自办定向发行，无须提供主办券商推荐报告和法律意见书，但必须同时满足以下条件。挂牌公司向实际控制人、前十大股东、董事、监事、高级管理人员和核心员工定向发行股票；连续 12 个月内发行股份未超过公司总股本的 10%且融资总额不超过 2000 万元。

此外，《定向发行规则》还完善了挂牌公司的授权发行机制。基础层挂牌公司授权董事会募集资金总额≤2000 万元；创新层挂牌公司授权董事会募集资金总额≤5000 万元；超过以上限额的定向发行由挂牌公司股东大会决议。

挂牌后定向发行的程序与挂牌同时定向发行的程序相同，不过不需要新进场的挂牌申请。

全国股转公司市场报告数据显示，截至 2020 年年末，新三板挂牌公司累计融资上万次，定向发行融资额约 5300 亿元，共有超过 7000 家公司完成定向发行融资，平均累计融资规模超过 7500 万元。

10.4.4 挂牌后企业债权融资

1．双创债融资

2017 年 7 月，《中国证监会关于开展创新创业公司债券试点的指导意见》出台。截至 2019 年年末，累计有近 70 家新三板公司发布了双创债发行方案，总共成功发行过 27 起双创债，累计融资规模仅为 29.36 亿元。在定向增发新政引发市场升温和精选层公开发行预期火爆的形势下，市场对双创债的关注度有限。不过，双创债发行仍然是新三板公司融资的重要渠道，是新三板市场定向发行以外融资方式的有益补充。

2. 可转债融资

可转债的全称是"可转换债券"或"可换股债券"，在中国香港被称为"可换股票据"，指的是债券持有人可以在一定条件下，按照发行时约定的价格，将债券转换成公司普通股票的债券。可转债融资与中小型企业的风险特点、融资需求相匹配，无论是在企业利润尚未充分释放的发展初期，还是在业绩快速增长的阶段，可转债融资都有助于投资人获得长期投资收益。目前，新三板可转债融资方式主要有双创可转债和非公开可转债。在政策的扶持下，新三板市场发行可转债的公司数量和规模有望实现突破，未来同时兼顾"股性"和"债性"的混合型可转债比例会逐渐升高。

3. 企业债融资

截至 2019 年年末，新三板共有 100 多家公司公布曾发行过各种企业债。其中，同业存单发行数量最多，占总量的六成。银行、证券和租赁公司等金融企业的企业债发行数量占全部企业债发行数量的八成以上，发行规模占总发行规模的九成以上。

4. 中小型企业私募债和私募可转债

自 2015 年 10 月后，我国的中小型企业私募债并入企业债的范畴，不再单独备案。私募债的高级版本，即私募可转债，能够满足企业的融资需求。在企业的私募融资中，有些投资机构会采用可转债方式来投资，在将可转债转换成普通股票后，这些投资机构就有了更稳定的退出渠道。在中国香港买壳上市的过程中，可转债也常被作为换股并购的交易支付工具。

5. 新三板企业股权质押融资

在通常情况下，中小型企业资产少、利润低、偿还能力弱，很难获得银行贷款。而在新三板挂牌后，企业的股权流动性增强，有了市场定价和估值，银行对企业的认可度提高，企业更容易获得股权质押贷款。股权质押手续相对简单，因此受到许多企业的青睐。不过，股价波动导致的平仓和大股东股权质押比例过高所带来的风险，同样不容忽视。

10.4.5　振通检测挂牌同时定向融资，成为第一家挂牌即进入创新层的公司

2021 年 7 月 8 日，四川振通检测股份有限公司（简称"振通检测"）的新三板挂牌仪式在北京举行。振通检测成为 2021 年第一家挂牌即进入创新层的公司，其在申报新三板挂牌的同时实施了一次定向增发融资。

振通检测的主营业务是公路工程质量检测，主要包括以桥梁、隧道、道路、交通安全等为主的现场检测，以及以工程原材料、材料成品和半成品、成品构件为主的材料试验。

2021 年 1 月，振通检测提出挂牌申请。2021 年 4 月，振通检测收到全国股转公司同意挂牌和定向发行的书面函件。2021 年 6 月，振通检测公告挂牌同时股票定向发行已实施完成，以 2.5 元/股的发行价格定向发行 518 万股股票，共募集资金 1295 万元，用于补充流动资金。

振通检测曾被全国股转公司要求"结合 2020 年财务数据补充说明是否仍然符合进入创新层的条件"。对此挂牌问询，振通检测回复称，2019 年、2020 年，公司归属于母公司所有者的净利润分别为 1858 万元、1672 万元，扣除非经常性损益后归属于母公司所有者的净利润分别为 1908 万元、2038 万元，符合进入创新层第一套标准的财务条件。

不仅如此，振通检测的财务数据甚至已经达到了精选层的相关财务指标要求。不过，振通检测此次定向发行 518 万股股票，仅占发行后总股本 5618 万股的 9.22%，融资额也不高，只满足了"不低于 1000 万元"的最低准入要求。振通检测内部人士称，此次挂牌同时发行的市盈率较低，容易稀释股权，在挂牌后市盈率较高时融资会更好。

振通检测披露的财务数据显示，此次定向发行后，按归属于母公司所有者的净利润计算，每股净收益为 0.2976 元，发行市盈率仅为 8.4 倍。2021 年 9 月，振通检测收盘价为 4.18 元，市盈率为 14.05 倍。认购定向发行新股的投资者以 2.5 元/股的发行价格买入，获利高达 67.2%，可见振通检测为投资者留足了股价上涨的盈利空间。后续按照较高的市盈率再次定向发行时，振通检测可用同样数量的股份获得更多融资。

从申请到挂牌，振通检测只用了约 6 个月的时间，可见新三板挂牌融资的周期较短。

第 11 章

中国境内四大 IPO 上市途径和买壳上市方式

　　创业者梦想自己的企业能够在资本的助推下成为上市企业，投资人往往也特别关注所投资的企业能否上市，以便选择合适的方法从资本市场退出。创业者必须了解资本市场的基本情况，研究、策划获得融资后怎样在几年的时间内使企业达到上市条件。本章讲述中国境内资本市场五大层级架构，北交所、科创板、创业板、主板四大 IPO 上市途径，IPO 板块定位，IPO 上市条件，IPO 上市流程，以及境内买壳上市方式。

11.1　中国境内资本市场层级架构和 IPO 板块定位

11.1.1　最新五大层级架构及其主要区别

1. 最新五大层级架构

根据挂牌标准的高低，中国境内的多层次资本市场可分为五大层级架构。

第一个层级：上交所主板和深交所主板市场，也被称为"一板市场"，已有 30 多年的历史。2004 年 5 月，深交所在主板市场内设立中小板，其上市条件基本与主板相同。2021 年 4 月，深交所主板与中小板正式合并。2021 年，我国 A 股共有 524 只新股上市，首发实际募集资金总额达 5466 亿元，其中主板融资规模约为 1962 亿元。

第二个层级：上交所科创板和深交所创业板，这两个市场均独立于主板市场，互相错位竞争，也被称为"二板市场"。2021 年，科创板新股上市 162 只，融资规模约为 2029 亿元；创业板新股上市 199 只，融资规模约为 1475 亿元。

第三个层级：北交所，于 2021 年 11 月 15 日正式开市。原新三板精选层公司整体平移到北交所，新三板创新层公司达到精选层标准的，可直接向北交所申请上市；在北交所上市满一年且符合条件的公司，可转板到科创板或创业板上市。

第四个层级：新三板市场，分为基础层和创新层，是为全国范围内的中小型企业提供股权、债券的转让和融资服务的私募市场。

第五个层级：区域性股权交易市场，是为特定区域内的企业提供股权、债券的转让和融资服务的私募市场。区域性股权交易市场一般以省级为单位，由省级人民政府监管。

目前国内初具规模的区域性股权交易市场有青海股权交易中心、天津股权交易所、齐鲁股权托管交易中心、上海股权托管交易中心、武汉股权托管交易中心、重庆股份转让系统、前海股权交易中心、广州股权交易中心、浙江股权交易中心、江苏股权交易中心、大连股权托管交易中心和海峡股权托管交易中心等。

2. 各层级的主要区别

1）上市标准和条件不同

主板上市标准最高；其他层级的上市标准依次降低，创业板、科创板和北交所采用多套上市标准，包括允许还没有产生净利润的企业上市。

2）发行融资制度不同

主板公开发行实行核准制；科创板、创业板、北交所公开发行实行注册制；新三板和区域性股权交易市场定向发行实行比较宽松的核准制。

3）募集资金和融资方式不同

主板、科创板、创业板均采用 IPO 方式直接上市融资，即通过首次公开发行股票募集资金并挂牌上市；北交所采用向不特定合格投资者公开发行的方式融资并挂牌上市，被称为"小 IPO"；新三板和区域性股权交易市场采用股份代办挂牌交易和定向发行方式进行融资。

4）交易方式不同

主板、创业板、科创板、北交所的股票均采用开盘后自动连续竞价的交易方式；新三板和区域性股权交易市场的股票采用做市、集合竞价和协议转让的交易方式。

11.1.2　四大 IPO 上市途径——北交所、科创板、创业板、主板的最新定位

如上文所述，中国境内四大 IPO 上市途径分别为北交所、科创板、创业板和主板。在上市途径和板块选择上，企业可根据自身的战略规划、发展阶段与板块定位、上市条件的契合度，综合考虑选择哪一个板块上市。

1. 北交所定位

根据证监会于 2021 年 11 月施行的《北京证券交易所向不特定合格投资者公开发行股票注册管理办法（试行）》，北交所定位于"充分发挥对全国股转系统的示范引领作用，深入贯彻创新驱动发展战略，聚焦实体经济，主要服务创新型中小型企业，重点支持先进制造业和现代服务业等领域的企业，推动传统产业转型升级，培育经济发展新动能，促进经济高质量发展"。

北交所积极培育并大力扶持主营业务、发展重点符合国家产业政策和相关要求，"专精特新"特征明显且发展速度快、运行质量高、经济效益好的中小型企业，

尤其是专注于专业细分市场、创新能力强、市场占有率高、市场认可度好、掌握关键核心技术、质量效益优的"排头兵"企业，引导、支持中小型企业提高创新能力和核心竞争力。

北交所上市公司由新三板创新层公司产生，维持新三板基础层、创新层与北交所"层层递进"的市场结构，同步实行证券发行注册制。

另外，在北交所上市满一年且符合上市条件的公司，可以直接申请转板，到科创板或创业板上市。

北交所明确的差异化定位和发展，完善了我国多层次资本市场的建设，拓宽了创新型中小型企业的直接融资渠道。未来，北交所将成为"专精特新"中小型企业进入国内资本市场的主阵地，并培养一批专精特新"小巨人"企业。

2021 年 7 月，工业和信息化部、科技部、财政部、商务部、国资委、证监会联合发布《关于加快培育发展制造业优质企业的指导意见》，明确指出在"十四五"期间，要培育百万家创新型中小型企业，10 万家省级"专精特新"企业，1 万家专精特新"小巨人"企业和 1000 家"单项冠军"企业。力争到 2025 年，梯度培育格局基本成形，更好推动产业基础高级化，产业链现代化，助力实体经济迈向高质量发展。

① "专精特新"中小型企业聚焦实业，做精主业，其主导产品通常有"补短板""锻长板""填空白"的作用，在国内细分行业中拥有较大的市场份额。"专精特新"企业的成长，可以强链、铸链，为国内产业链逐步融入全球创新链赢得更大的主动权。从工信部公布的专精特新"小巨人"企业来看，它们已成为保持制造业基本稳定和提升制造业整体素质的重要发力点，对推动制造业高质量发展具有重要作用。

② "专精特新"中小型企业深耕细分领域，持续性创新投入力度大，在很大程度上解决了产业链技术上的"断点"问题，最终目的是解决"卡脖子"难题。国家要有强大的"链头"企业，在"链身"上也要有一批"专精特新"中小型企业来卡位，"链头"和"链身"缺一不可。

北交所将与上交所科创板一道，对培育、打造专精特新"小巨人"企业和"单项冠军"企业发挥重要作用。

2. 科创板定位

根据证监会于 2020 年 7 月修订的《科创板首次公开发行股票注册管理办法（试行）》，以及上交所于 2020 年 12 月修订的《上海证券交易所科创板股票发行上市审核规则》，科创板定位于"面向世界科技前沿、面向经济主战场、面向国家重大需求。优先支持符合国家战略，拥有关键核心技术，科技创新能力突出，主要依靠核心技术开展生产经营，具有稳定的商业模式，市场认可度高，社会形象良好，具有较强成长性的科技创新企业"。

根据上交所于 2021 年 4 月修订的《上海证券交易所科创板企业发行上市申报及推荐暂行规定》，科创板优先支持符合国家科技创新战略、拥有关键核心技术等先进技术、科技创新能力突出、科技成果转化能力突出、行业地位突出或市场认可度高等的科技创新企业发行上市。申报科创板发行上市的发行人，应当属于下列行业领域的高新技术产业和战略性新兴产业。

① 新一代信息技术领域，主要包括半导体和集成电路、电子信息、下一代信息网络、人工智能、大数据、云计算、软件、互联网、物联网和智能硬件等。

② 高端装备领域，主要包括智能制造、航空航天、先进轨道交通、海洋工程装备和相关服务等。

③ 新材料领域，主要包括先进钢铁材料、先进有色金属材料、先进石化化工新材料、先进无机非金属材料、高性能复合材料、前沿新材料和相关服务等。

④ 新能源领域，主要包括先进核电、大型风电、高效光电光热、高效储能和相关服务等。

⑤ 节能环保领域，主要包括高效节能产品和设备、先进环保技术装备、先进环保产品、资源循环利用、新能源汽车整车、新能源汽车关键零部件、动力电池和相关服务等。

⑥ 生物医药领域，主要包括生物制品、高端化学药、高端医疗设备器械和相关服务等。

截至 2021 年 7 月，311 家科创板上市企业的行业领域分布如下：新一代信息技术领域 108 家，高端装备领域 61 家，新材料领域 33 家，新能源领域 12 家，节能环保领域 26 家，生物医药领域 71 家。上述企业多集中在沿海地区，企业数量排名前五的省市分别为江苏省、上海市、广东省、北京市、浙江省。

3. 创业板定位

根据证监会于 2020 年 6 月发布的《创业板首次公开发行股票注册管理办法（试行）》，以及深交所于同日发布的《深圳证券交易所创业板企业发行上市申报及推荐暂行规定》，创业板定位于"三创四新"，即"深入贯彻创新驱动发展战略，适应发展更多依靠创新、创造、创意的大趋势，主要服务成长型创新创业企业，并支持传统产业与新技术、新产业、新业态、新模式深度融合"。

目前，创业板实行"行业负面清单"制度，原则上不支持以下行业的企业申报创业板上市。①农林牧渔业；②采矿业；③酒、饮料和精制茶制造业；④纺织业；⑤黑色金属冶炼和压延加工业；⑥电力、热力、燃气、水生产和供应业；⑦建筑业；⑧交通运输、仓储和邮政业；⑨住宿和餐饮业；⑩金融业；⑪房地产业；⑫居民服务、修理和其他服务业。

不过，上述办法和规定同时明确，以上行业中与互联网、大数据、云计算、自动化、新能源、人工智能等新技术、新产业、新业态、新模式深度融合的创新创业企业，可以在创业板上市。保荐人应当对该发行人与新技术、新产业、新业态、新模式的深度融合情况进行尽职调查，做出专业判断，并在发行保荐书中说明具体核查过程、依据和结论。这充分体现了创业板服务创新创业的定位。深交所在发行上市审核中，将对以上申报企业的业务模式、核心技术和研发优势等情况予以重点关注，并将根据需要向行业咨询专家库的专家进行咨询。

创业板在上市门槛、监管制度、信息披露、交易者条件、投资风险等方面与主板市场有较大区别，其目的主要是扶持中小型企业，尤其是高成长性企业，为风险投资和私募股权投资建立正常的退出机制，为自主创新国家战略提供融资平台。

创业板在审企业大多处于快速成长阶段。目前，创业板中新一代信息技术、生物医药、新材料和高端装备等领域的上市企业占比近 50%，涌现出一批拥有核心技术和创新能力的优质企业，产业集群效应显著。

4．主板定位

根据证监会于 2020 年 7 月修订的《首次公开发行股票并上市管理办法》，以及上交所、深交所于 2020 年 12 月修订的《上海证券交易所股票上市规则》《深圳证券交易所股票上市规则》，主板定位于"支持相对成熟的企业融资发展、做优做强"。主板市场对发行人的营业期限、股本大小、盈利水平、最低市值等方面的要求标准较高，适合各种行业内的较大型企业、行业龙头、骨干企业，上市企业多为大型成熟企业，具有较大的资本规模和稳定的盈利能力。目前，主板在审企业的利润规模普遍较大。

11.2　上市条件

11.2.1　北交所上市发行条件——4 套标准：净利润、市值、营业收入、研发投入

根据《北京证券交易所股票上市规则》，在新三板连续挂牌满 12 个月的创新

层挂牌公司，若符合北交所上市发行条件，则可以到北交所申请向不特定合格投资者公开发行上市，并且上市条件低于科创板和创业板。

1. 北交所的发行主体条件

根据证监会于 2021 年 10 月发布的《北京证券交易所向不特定合格投资者公开发行股票注册管理办法（试行）》，以及于 2019 年 12 月发布的《全国中小企业股份转让系统分层管理办法》，北交所的发行主体条件如表 11-1 所示（为方便比较，一同列出科创板的发行主体条件）。

表 11-1　北交所和科创板的发行主体条件

发行主体条件	北交所	科创板
主体资格	发行人应当为在全国股转系统连续挂牌满 12 个月的创新层挂牌公司，即依法设立且持续经营 3 年以上的股份有限公司，有限责任公司按原账面净资产值折股整体变更为股份有限公司的，持续经营时间可以从有限责任公司成立之日起计算	① 发行人是依法设立且持续经营 3 年以上的股份有限公司，具备健全且运行良好的组织机构，相关机构和人员能够依法履行职责。 ② 有限责任公司按原账面净资产值折股整体变更为股份有限公司的，持续经营时间可以从有限责任公司成立之日起计算
独立性	① 具备健全且运行良好的组织机构。 ② 具有持续经营能力，财务状况良好。 ③ 最近 3 年财务会计报告无虚假记载，被出具无保留意见审计报告。 ④ 依法规范经营。 ⑤ 不存在主要资产、核心技术、商标等的重大权属纠纷，重大偿债风险，重大担保、诉讼、仲裁等或有事项，经营环境已经或将要发生重大变化等对持续经营有重大不利影响的事项	① 发行人业务完整，具有直接面向市场独立持续经营的能力：资产完整，业务和人员、财务、机构独立，与控股股东、实际控制人及其控制的其他企业间不存在对发行人构成重大不利影响的同业竞争，不存在严重影响发行人独立性或显失公平的关联交易。 ② 发行人主营业务、控制权、管理团队和核心技术人员稳定，最近 2 年内主营业务、董事、高级管理人员和核心技术人员均没有发生重大不利变化；控股股东和受控股股东、实际控制人支配的股东所持发行人的股份权属清晰，最近 2 年实际控制人没有发生变更，不存在导致控制权可能变更的重大权属纠纷。 ③ 发行人不存在主要资产、核心技术、商标等的重大权属纠纷，重大偿债风险，重大担保、诉讼、仲裁等或有事项，经营环境已经或将要发生重大变化等对持续经营有重大不利影响的事项

发行主体条件	北交所	科创板
公司治理	① 按规定建立股东大会、董事会、监事会和高级管理层组成的公司治理架构，制定相应的公司治理制度，并能证明有效运行，保护股东权益。 ② 公司及其控股股东、实际控制人、下属子公司须依法开展经营活动，经营行为合法合规，不存在重大违法违规行为。 ③ 公司的股权结构清晰，权属分明，真实确定，合法合规，股东特别是控股股东、实际控制人及其关联股东或实际支配的股东持有公司的股份不存在权属争议或潜在纠纷。 ④ 企业、下属子公司的股票发行和转让依法履行必要内部决议、外部审批（如有）程序	① 发行人会计基础工作规范，财务报表的编制和披露符合企业会计准则和相关信息披露规则的规定，在所有重大方面公允地反映了发行人的财务状况、经营成果和现金流量，并由注册会计师出具标准无保留意见的审计报告。 ② 发行人内部控制制度健全且被有效执行，能够合理保证公司运行效率、合法合规和财务报告的可靠性，并由注册会计师出具无保留结论的内部控制鉴证报告
相关主体合规性	① 发行人的生产经营符合法律、行政法规和公司章程的规定，符合国家产业政策。 ② 发行人及其控股股东、实际控制人最近 3 年内不存在贪污、贿赂、侵占财产、挪用财产或破坏社会主义市场经济秩序的刑事犯罪；最近 3 年内不存在欺诈发行、重大信息披露违法或其他涉及国家安全、公共安全、生态安全、生产安全、公众健康安全等领域的重大违法行为。 ③ 最近 1 年内，发行人及其控股股东、实际控制人、董事、监事和高级管理人员不存在受到证监会及其派出机构行政处罚，或者因证券市场违法违规行为受到全国股转公司、证券交易所等自律监管机构公开谴责	① 发行人的生产经营符合法律、行政法规和公司章程的规定，符合国家产业政策。 ② 最近 3 年内，发行人及其控股股东、实际控制人不存在贪污、贿赂、侵占财产、挪用财产或破坏社会主义市场经济秩序的刑事犯罪，不存在欺诈发行、重大信息披露违法或其他涉及国家安全、公共安全、生态安全、生产安全、公众健康安全等领域的重大违法行为。 ③ 最近 3 年内，董事、监事和高级管理人员不存在受到证监会行政处罚，或者因涉嫌犯罪被司法机关立案侦查，或者涉嫌违法违规被证监会立案调查，尚未有明确结论意见等情形

2. 北交所公开发行的财务条件

为了与新三板对接，并与科创板、创业板递阶，北交所设定了 4 套标准，总体遵循"市值和财务稳健性要求高低匹配"的原则，具体落实上位法"持续盈利能力"要求，市值标准由低到高梯度设置，财务条件覆盖不同发展阶段、行业类型和商业模式的企业。企业只要符合任何一套标准，就能在北交所公开发行，如表 11-2 所示。

表 11-2 北交所公开发行的 4 套标准和财务条件

标准和相关条件	定位分类	指标组合	公开发行市值条件（亿元）	财务条件
标准一	有稳定、高效盈利模式的盈利型公司	市值+净利润+净资产收益率	≥2	市值不低于 2 亿元，最近 2 年净利润均不低于 1500 万元且加权平均净资产收益率平均不低于 8%，或者最近 1 年净利润不低于 2500 万元且加权平均净资产收益率不低于 8%
标准二	业务增长快且具有盈利能力的成长型公司	市值+营业收入+营业收入增长率+现金流量	≥4	市值不低于 4 亿元，最近 2 年营业收入平均不低于 1 亿元且最近 1 年营业收入增长率不低于 30%，最近 1 年经营活动产生的现金流量净额为正
标准三	研发成果已初步产生业务收入的研发型公司	市值+营业收入+研发占比	≥8	市值不低于 8 亿元，最近 1 年营业收入不低于 2 亿元，最近 2 年研发投入合计占营业收入合计的比例不低于 8%
标准四	市场认可度高且研发创新能力强的创新型公司	市值+研发投入	≥15	市值不低于 15 亿元，最近 2 年研发投入累计不低于 5000 万元
相关条件	资产	净资产额	—	最近 1 年期末净资产不少于 5000 万元
	公司规模	股本总额	—	公开发行后，公司股本总额不少于 3000 万元
	发行规模	发行股本+投资者数量	—	公开发行的股份不少于 100 万股，发行对象不少于 100 人
	流动性	股东数量+公众股东的持股比例	—	公开发行后，公司股东不少于 200 人，公众股东持股比例不低于公司股本总额的 25%；若公司股本总额超过 4 亿元，则公众股东持股比例不低于公司股本总额的 10%

注："市值"是指以挂牌公司向不特定合格投资者公开发行价格计算的股票市值。

11.2.2 从北交所向科创板和创业板转板的条件

1. 从北交所向科创板转板的条件

上交所于 2021 年 3 月发布的《北京证券交易所上市公司向上海证券交易所科

创板转板办法（试行）》明确规定，从北交所向科创板转板的公司，应当符合科创板定位，并满足科创板首次公开发行上市条件，合规性、股本总额、股东人数、累计成交量、公众股东持股比例，净利润、市值或财务指标等满足 5 套标准中的任何一套。转板公司应当是在北交所连续上市一年以上且不存在应当退出情形的公司。转板上市审核时限由 3 个月缩短为 2 个月。

上交所拥有更大的资金池和更多的投资者，转板公司会得到更好的发展。

2. 从北交所向创业板转板的条件

深交所于 2021 年 3 月发布的《深圳证券交易所关于北京证券交易所上市公司向创业板转板办法（试行）》明确规定，从北交所向创业板转板的公司，应当符合创业板定位和首发条件，以及《深圳证券交易所创业板股票上市规则》规定的上市标准等。此外，转板公司应当在北交所连续上市一年以上，并符合股东不少于 1000 人和董事会审议通过转板相关事宜决议公告日前 60 个交易日内股票累计成交量不低于 1000 万股等条件。

深交所拥有更大的融资平台，转板公司同样能够寻求更大的发展。

在审核程序上，由于转板上市不涉及新股发行，因此无须履行注册程序，由上交所或深交所发行上市审核机构对转板上市申请进行审核，出具审核报告，提交上市委员会审议；在时限安排上，与首发上市相比，转板上市的审核时限缩短为 2 个月。

11.2.3 科创板上市发行条件——5 套标准：净利润、市值、营业收入、现金流量、技术优势

1. 境内企业可在科创板上市

根据证监会于 2020 年 7 月修订的《科创板首次公开发行股票注册管理办法（试行）》，以及上交所发布的《上海证券交易所科创板股票上市规则》《上海证券交易所科创板股票发行上市审核规则》，境内企业达到科创板上市条件的，可以申请在上交所科创板上市。

科创板共有 5 套上市标准，除了第一套标准对净利润有较高的要求，其他 4 套标准允许没有净利润的企业在科创板 IPO 上市。

2. 红筹架构企业可在科创板上市

上述办法和规则明确规定，在境外设立红筹架构的企业，可以申请发行股票

或存托凭证并在科创板上市，具体规则如下。

① 营业收入快速增长，拥有自主研发、国际领先技术，同行业竞争中处于相对优势地位的尚未在境外上市的红筹企业，可以申请发行股票或存托凭证并在科创板上市。

② 存在表决权差异安排的发行人申请发行股票或存托凭证并在科创板上市的，其表决权安排等应当符合《上海证券交易所科创板股票上市规则》的规定。

红筹企业在科创板上市，其市值和财务指标应当至少符合下列上市标准中的一项，发行人的招股说明书和保荐人的上市保荐书应当明确说明所选择的具体上市标准。

① 预计市值不低于人民币 100 亿元；

② 预计市值不低于人民币 50 亿元，并且最近一年营业收入不低于人民币 5 亿元。

"表决权差异安排"是指发行人依照《公司法》第一百三十一条的规定，在一般规定的普通股份之外，发行拥有特别表决权的股份。每一特别表决权股份拥有的表决权数量大于每一普通股份拥有的表决权数量，除上市公司章程规定的表决权差异外，普通股份与特别表决权股份具有的其他股东权利完全相同。

发行人特别表决权股份的持有人资格和公司章程关于表决权差异安排的具体规定，应当符合《上海证券交易所科创板股票上市规则》第四章第五节的规定。

例如，每一特别表决权股份拥有的表决权数量不得超过每一普通股份拥有的表决权数量的 10 倍。再如，上市公司股东对下列事项行使表决权时，每一特别表决权股份享有的表决权数量应当与每一普通股份享有的表决权数量相同。①对公司章程进行修改；②改变特别表决权股份享有的表决权数量；③聘请或解聘独立董事；④聘请或解聘为上市公司定期出具审计意见报告的会计师事务所；⑤公司合并、分立、解散或变更公司形式。

根据《上海证券交易所科创板股票发行上市审核规则》，境内发行人申请在科创板上市，其市值和财务条件应当符合如表 11-3 所示的 5 套上市发行标准中的任何一套。

表 11-3　科创板上市发行的 5 套标准

标准和相关条件	指标分类	指标组合	公开发行市值条件（亿元）	财务条件
标准一	盈利能力	市值+净利润+营业收入	≥10	预计市值不低于 10 亿元，最近 2 年净利润均为正且累计净利润不低于 5000 万元，或者预计市值不低于 10 亿元，最近 1 年净利润为正且营业收入不低于 1 亿元

标准和相关条件	指标分类	指标组合	公开发行市值条件（亿元）	财务条件
标准二	公司规模和研发成果产业化程度	市值+营业收入+研发占比	≥15	预计市值不低于 15 亿元，最近 1 年营业收入不低于 2 亿元，并且最近 3 年累计研发投入占累计营业收入的比例不低于 15%
标准三	公司规模和支付能力、偿债能力、运营能力	市值+营业收入+现金流量	≥20	预计市值不低于 20 亿元，最近 1 年营业收入不低于 3 亿元，并且最近 3 年经营活动产生的现金流量净额累计不低于 1 亿元
标准四	公司规模和存续能力	市值+营业收入	≥30	预计市值不低于 30 亿元，并且最近 1 年营业收入不低于 3 亿元
标准五	公司规模和产品核心技术优势	市值+高科创属性	≥40	预计市值不低于 40 亿元，主要业务或产品须经国家有关部门批准，市场空间大，目前已取得阶段性成果。医药行业公司须至少有一项核心产品获准开展二期临床试验，其他符合科创板定位的公司须具备明显的技术优势并满足相应条件
相关条件	公司规模	股本总额	—	公开发行后，公司股本总额不少于 3000 万元
	流动性	发行比例	—	公开发行的股份达到企业股份总数的 25%以上；企业股本总额超过人民币 4 亿元的，公开发行股份的比例为 10%以上

注："市值"是指以公开发行价格计算的股票市值，"净利润"以扣除非经常性损益前后孰低者为准。

3. 支持和鼓励"硬科技"企业在科创板上市

2021 年 4 月，证监会对 2020 年 3 月出台的《科创属性评价指引（试行）》进行了首次修订，支持和鼓励科创板定位规定的相关行业领域中，同时符合下列 4 项指标的企业申报科创板发行上市。

① 最近 3 年研发投入占营业收入比例 5%以上，或者最近 3 年研发投入金额累计在 6000 万元以上。

② 研发人员占当年员工总数的比例不低于 10%。

③ 形成主营业务收入的发明专利达 5 项以上。

④ 最近 3 年营业收入复合增长率达到 20%，或者最近 1 年营业收入金额达到 3 亿元。

采用表 11-3 中"标准五"申报科创板的企业可不适用上述指标④中关于"营业收入"的规定；软件行业不适用上述指标①的要求，研发投入占比应在 10% 以上。

11.2.4　创业板上市条件——3 套标准：净利润、市值、营业收入

根据证监会发布的《创业板首次公开发行股票注册管理办法（试行）》，以及深交所发布的《深圳证券交易所创业板股票发行上市审核规则》，创业板上市条件中的主体资格、独立性、公司治理、相关主体合规性等均与科创板基本相同。

在创业板的 3 套标准中，首次允许还没有净利润的企业 IPO 上市，具体采用"市值+营业收入"考核指标；首次允许红筹企业和存在表决权差异安排的企业上市。创业板上市条件如表 11-4 所示（为方便比较，一同列出主板的上市条件）。

表 11-4　创业板和主板的上市条件

条件	创业板	主板
主体资格	① 发行人是依法设立且持续经营 3 年以上的股份有限公司，具备健全且运行良好的组织机构，相关机构和人员能够依法履行职责。 ② 有限责任公司按原账面净资产值折股整体变更为股份有限公司的，持续经营时间可以从有限责任公司成立之日起计算。	① 发行人是依法设立且合法存续的股份有限公司。 ② 发行人自股份有限公司成立后，持续经营时间在 3 年以上，但经国务院批准的除外。 ③ 有限责任公司按原账面净资产值折股整体变更为股份有限公司的，持续经营时间可以从有限责任公司成立之日起计算。
主体资格	③ 主营业务、控制权和管理团队稳定，最近 2 年内主营业务和董事、高级管理人员均没有发生重大不利变化；控股股东和受控股股东、实际控制人支配的股东所持发行人的股份权属清晰，最近 2 年实际控制人没有发生变更，不存在导致控制权可能变更的重大权属纠纷	④ 发行人最近 3 年内主营业务和董事、高级管理人员没有发生重大变化，实际控制人没有发生变更

条件	创业板	主板
独立性	① 发行人业务完整，具有直接面向市场独立持续经营的能力。 ② 资产完整，人员独立、财务独立、机构独立。 ③ 业务独立：发行人的业务与控股股东、实际控制人及其控制的其他企业间不存在对发行人构成重大不利影响的同业竞争，不存在严重影响独立性或显失公平的关联交易。 ④ 不存在主要资产、核心技术、商标等的重大权属纠纷，重大偿债风险，重大担保、诉讼、仲裁等或有事项，经营环境已经或将要发生重大变化等对持续经营有重大不利影响的事项	① 发行人具有完整的业务体系和直接面向市场独立经营的能力。 ② 资产完整，人员独立、财务独立、机构独立。 ③ 业务独立：发行人的业务独立于控股股东、实际控制人及其控制的其他企业，与控股股东、实际控制人及其控制的其他企业间不得有同业竞争或显失公平的关联交易。 ④ 不存在主要资产、核心技术、商标等的重大权属纠纷，重大偿债风险，重大担保、诉讼、仲裁等或有事项，经营环境已经或将要发生重大变化等对持续经营有重大不利影响的事项
公司治理	① 发行人会计基础工作规范，财务报表的编制和披露符合企业会计准则和相关信息披露规则的规定，在所有重大方面公允地反映了发行人的财务状况、经营成果和现金流量，最近 3 年财务会计报告由注册会计师出具标准无保留意见的审计报告。 ② 发行人内部控制制度健全且被有效执行，能够合理保证公司运行效率、合法合规和财务报告的可靠性，并由注册会计师出具无保留结论的内部控制鉴证报告	① 依法建立健全股东大会、董事会、监事会、独立董事、董事会秘书制度，相关机构和人员能够依法履行职责。 ② 内部控制制度健全且被有效执行，能够合理保证财务报告的可靠性、生产经营的合法性、营运的效率和效果。 ③ 公司章程中明确对外担保的审批权限和审议程序不存在为控股股东、实际控制人及其控制的其他企业违规担保的情形。 ④ 有严格的资金管理制度，不得有资金被控股股东、实际控制人及其控制的其他企业以借款、代偿债务、代垫款项或其他方式占用的情形
相关主体合规性	① 发行人的生产经营符合法律、行政法规和公司章程的规定，符合国家产业政策。最近 3 年内，发行人及其控股股东、实际控制人不存在贪污、贿赂、侵占财产、挪用财产或破坏社会主义市场经济秩序的刑事犯罪，不存在欺诈发行、重大信息披露违法或其他涉及国家安全、公共安全、生态安全、生产安全、公众健康安全等领域的重大违法行为。 ② 董事、监事、高级管理人员不存在最近 3 年内受到证监会行政处罚，或者因涉嫌犯罪被司法机关立案侦查，或者涉嫌违法违规被证监会立案调查，尚未有明确结论意见等情形	① 发行人的生产经营符合法律、行政法规和公司章程的规定，符合国家产业政策。 ② 发行人和董监高最近 36 个月内无重大违法违规行为，或者严重损害投资者合法权益和社会公共利益的其他情形，或者最近 12 个月内没有受到证券交易所公开谴责

续表

条件	创业板	主板
财务指标	① 发行人为境内企业且不存在表决权差异安排的，市值和财务指标至少应符合下列标准中的一项。 最近 2 年净利润均为正且累计净利润不低于 5000 万元； 预计市值不低于 10 亿元，最近 1 年净利润为正且营业收入不低于 1 亿元； 预计市值不低于 50 亿元且最近 1 年营业收入不低于 3 亿元。 ② 采用红筹架构或存在表决权差异安排的企业，市值和财务指标至少应符合下列标准中的一项。 预计市值不低于 100 亿元且最近 1 年净利润为正； 预计市值不低于 50 亿元，最近 1 年净利润为正且营业收入不低于 5 亿元	① 最近 3 个会计年度净利润均为正数且累计超过 3000 万元。 ② 最近 3 个会计年度经营活动产生的现金流量净额累计超过 5000 万元，或者最近 3 个会计年度营业收入累计超过 3 亿元。 ③ 最近一期末无形资产（扣除土地使用权、水面养殖权和采矿权等后）占净资产的比例不高于 20%，最近一期末不存在未弥补亏损。 ④ 内部控制在所有重大方面有效，会计基础工作规范，财务会计报告无虚假记载。 ⑤ 不存在影响发行人持续盈利能力的情形
总股本和发行比例	① 发行后股本总额不低于 3000 万元。 ② 发行后总股本≤4 亿元，公开发行比例必须≥25%；发行后总股本>4 亿元，公开发行比例必须≥10%	① 发行前股本总额不低于 3000 万元。 ② 发行后总股本不低于 5000 万元，公开发行比例必须≥25%；发行后总股本>4 亿元，公开发行比例必须≥10%。 ③ 若公司存在 H 股流通股，则公开发行比例以 H 股、A 股流通股合计值为计算依据

注：“市值”是指以公开发行价格计算的股票市值，“净利润”以扣除非经常性损益前后孰低者为准。

11.2.5　主板上市条件——1 套标准：净利润+现金流量或营业收入

根据证监会修订的《首次公开发行股票并上市管理办法》，以及上交所、深交所修订的相关规则，在主板上市应当符合如表 11-4 所示的条件。

11.2.6　境内四大 IPO 板块上市条件的区别和特点

① IPO 以股本总额 3000 万元为基础标准。北交所、科创板、创业板发行后

股本总额不低于 3000 万元；主板发行前股本总额不低于 3000 万元，发行后不低于 5000 万元。

②我国创业板门槛较高，仅靠净利润达到创业板的上市条件是非常困难的，必须最近 2 年净利润均为正且累计净利润不低于 5000 万元。

③我国主板上市只有 1 套标准，不过要求达到多项财务指标，包括最近 3 个会计年度净利润均为正数且累计超过 3000 万元，最近 3 个会计年度经营活动产生的现金流量净额累计超过 5000 万元或最近 3 个会计年度营业收入累计超过 3 亿元。

④北交所、科创板、创业板有多套标准，允许没有产生净利润的企业 IPO 上市，这为采用市销率倍数法进行估值，并投资早期创业企业的风险资本提供了退出渠道。

⑤没有产生净利润的企业要想上市，必须达到以下最低标准。创业板预计市值不低于 50 亿元且最近 1 年营业收入不低于 3 亿元；科创板预计市值不低于 15 亿元，最近 1 年营业收入不低于 2 亿元，并且最近 3 年累计研发投入占累计营业收入的比例不低于 15%；北交所市值不低于 4 亿元，最近 2 年营业收入平均不低于 1 亿元且最近 1 年营业收入增长率不低于 30%，最近 1 年经营活动产生的现金流量净额为正。可见，企业需要有较高的市值和营业收入才能顺利上市。

⑥"硬科技"创业企业的研发投入达到一定指标，并且最近 3 年营业收入复合增长率达到 20%，或者最近 1 年营业收入金额达到 3 亿元，也可以申请在科创板上市。

11.2.7 "小巨人"，大梦想，丰光精密以"专精特新"身份成功登陆北交所

2021 年 11 月 15 日，万众瞩目的北交所隆重开市，青岛丰光精密机械股份有限公司（简称"丰光精密"）成功上市，成为北交所的首批上市企业之一。北交所的开市，标志着中国"专精特新"企业驶入新赛程。

丰光精密成立于 2001 年 7 月，是一家精密零部件制造商，以精密机械加工、压铸制造为核心技术，为半导体、工业自动化、汽车零部件、轨道交通等领域提供精密零部件。作为行业隐形"小巨人"，丰光精密深耕精密制造领域 20 年，成

为我国产业升级和资本市场成熟发展的见证者、受益者。登陆北交所，标志着丰光精密再一次向核心科技制造发展迈出一大步。

丰光精密在 2013 年完成股改后，成为含少量外资的股份制企业。截至 2020 年 6 月，创始人李军通过两家公司合计持有丰光精密 73.48% 的股份，为丰光精密的实际控制人。2014 年 1 月，丰光精密在新三板基础层挂牌，后来进入创新层。

1. 在资本的推动下，按照"标准一"进入新三板精选层

丰光精密的重要投资人是我国"创业投资家 10 强"之一的达晨财智，达晨财智长期稳居我国创投行业第一阵营前列。2017 年，达晨财智投资丰光精密，投资额为 5000 万元。截至 2022 年 3 月，达晨财智的持股比例为 7.6%。有了著名创投机构的加盟，丰光精密插上了"资本的翅膀"，迅速"起飞"。

2020 年 12 月，经证监会核准，丰光精密发布《丰光精密向不特定合格投资者公开发行股票说明书》（简称"公开发行说明书"），在资本市场服务平台"全景"举行公开发行股票并在精选层挂牌的网上路演。2020 年 12 月 28 日，丰光精密正式进入精选层。丰光精密 2019 年、2020 年营业收入分别为 1.80 亿元、1.83 亿元，净利润分别为 2452 万元、2648 万元。

根据 2020 年丰光精密进入精选层的公开发行说明书，丰光精密的发行价格为 6.39 元/股，发行前市盈率为 34.29 倍，募集资金主要用于工业自动化类精密金属部件扩产项目、半导体制造装备类精密金属部件扩产项目。在本次募集资金投资项目建成并全面达产后，丰光精密预计每年将新增工业自动化领域零部件 804 万件、半导体产品零部件 200 万件，合计约 1004 万件的生产能力。

在资本的推动下，2021 年前三季度，丰光精密实现营业收入 1.95 亿元，同比增长 48.69%，归属母公司股东的净利润约为 4000 万元，同比增长近 60%。近几年，丰光精密的业绩均达到了北交所"标准一"的上市条件。

在登陆北交所后，丰光精密将继续融资发展。目前，丰光精密自主研制的轻负载机器人和谐波减速机已试制成功，不久后将实现量产。

谐波减速机是一种新型传动技术产品，能够精确地将电机转速降到设备所需要的速度，具有传动效率高、精度高、运动平稳等优点，广泛应用于工业机器人、服务机器人、医疗器械、光伏发电、数控机床等领域。

在创始人李军看来，至少同时满足下列条件，精密制造企业才有机会做大做强。投入较多的资本，形成一定的产能规模，这样才有机会占领更大的市场，争取更多的合作；高要求的现场管理能力；研发能力强的团队，包括产品技术研发、生产工艺研发、生产设备研发等方面；有一定比例的熟练技术工人；较强的质量管控能力和及时交付能力；稳定的合作伙伴关系。李军认为："企业如果在这些方面具备优势，基本上就具备了做大做强的基础。"

2. 世界著名企业背后的精密零部件制造商

经过 20 多年的发展，丰光精密坚持创新积累，专注技术研发，从一家单纯的代加工生产商，发展为拥有上千种精密产品，下游行业布局多元化，客户均为细分行业领军企业的精密零部件制造商，主要产品包括精密直线导轨滑块、高速列车减震器主件、真空泵主轴、产业机器人精密配件、精密工业工具零件、汽车安全带装置转轴等。"世界机器人四大家族"之一的安川电机，直线运动系统和各种独特导轨的领先制造商蒂业技凯，世界领先的半导体真空产品和控制系统制造商埃地沃兹，著名工业自动化设备供应商山洋电机，以及我国轨道交通装备供应商中国中车等，都是丰光精密的长期合作客户。

随着工业自动化、汽车和半导体等行业的快速发展，其配套行业（特别是核心零部件的精密制造行业）迎来了广阔的发展前景，丰光精密也因此受益。

对于如何把握未来的发展方向，李军表示，作为北交所首批上市企业之一，丰光精密将抓住北交所成立的重大利好，充分把握成为北交所上市企业的有利机遇，借力资本市场，融资融智，将丰光精密打造为强大的创新主体，向产业链核心拓展，向价值链高端攀升，借助"资本的翅膀"，实现腾飞的梦想。

达晨财智业务合伙人秦政表示："丰光精密所处的高端精密零部件生产制造领域，是半导体、工业自动化、轨道交通等现代工业领域的基础，在整个高端装备制造产业链中起着支撑作用。目前，中国在高端装备领域与欧美相比还有一些差距，大多数精密制造产品仍然依赖进口，很重要的一个原因就是产业链上游精密加工能力不足，无法生产出达到高精度要求的设备和产品。丰光精密经过 20 多年的打磨和积累，下游客户是蒂业技凯、安川电机、埃地沃兹、中国中车等世界 500 强中的龙头企业，其实力经过世界顶尖客户的检验，是国内难得一见的精密制造领域'隐形冠军'。达晨财智投资后，丰光精密除了在原有业务上继续发力，还向下游延伸，助力其达到北交所上市条件。此次借北交所上市的东风，丰光精密的新产品，如谐波减速机等有望实现量产。期待丰光精密实现从'小而美'到'大而美'的转变和战略升级。"

3. "北交所速度"，"专精特新"驶入新赛程

自官宣到开市，北交所以 75 天的落地时间刷出"北交所速度"，国家对中小型企业的政策支持，以及对制度创新、完善多层次资本市场发展的决心和力度可见一斑。

众多中小型企业的地位，曾被生动地总结为一组数字——"56789"，即贡献了 50% 以上的税收、60% 以上的 GDP、70% 以上的技术创新、80% 以上的城镇劳动就业岗位和 90% 以上的企业数量。不过，由于本身所处的发展阶段等原因，中小型企业常常面临"融资难""融资贵"等问题，它们缺乏一个机会。

万得数据显示，从新三板精选层平移过来的 71 家北交所首批上市企业，2021 年前三季度实现归母净利润合计超 44 亿元，同比增长超 33%，营业收入合计超 400 亿元，同比增长超 35%，净利润、营业收入的增速都强于主板和创业板企业，净资产收益率也超过了主板、创业板和科创板企业的表现。这些在各自的细分领域扎实发展的"隐形冠军"，急需更多元化、契合度更高的资本市场环境和制度，为发展注入新活力。于是，北交所应运而生。

按照相关安排，北交所将按照"一个定位、两个关系、三个目标"的基本框架分步推进，坚持服务创新型中小型企业的市场定位；处理好与沪、深证交所，以及区域性股权交易市场的互联互通关系，与新三板现有基础层、创新层的联动关系；实现"通过构建契合创新型中小型企业的基础制度，补足多层次资本市场发展普惠金融的短板""发挥多层次资本市场的关键纽带作用，改善中小型企业直接融资成长路径""培育'专精特新'中小型企业，孵化良性市场生态"三大目标。可以说，北交所的设立，是对"专精特新"企业在直接融资渠道上的一大政策支持，利好其长远发展。

当前，"专精特新"企业主要集中在机械设备、电子和计算机、化工、生物医药、军工等行业，北交所重点关注的方向与此相契合。

20 多年来，达晨财智在"专精特新"领域长期深耕，覆盖范围广泛，一直在智能制造、医疗健康、信息技术和军工等领域深入研究，沿产业链上下游投资具有行业代表性的新兴"硬科技"企业，以深厚的行业积累、颇具前瞻性的眼光和高频互动的生态圈层，精准发现并培育了一批细分产业"隐形冠军"。截至 2022 年 3 月，在 15 个省、市、自治区，达晨财智投资的企业累计有 62 家进入国家级"专精特新"企业名单，累计投资额超过 25 亿元，半数以上项目投资占比超过 5%；累计有 16 家已上市和上市预披露企业，另有 26 家符合北交所上市条件的新三板挂牌企业和未挂牌企业。

达晨财智执行合伙人兼总裁肖冰表示："丰光精密是一家以精益制造、'工匠精神'为本的特色鲜明的企业，代表了我国制造业发展的方向，与北交所扶持'专精特新'、支持中小型企业科技创新发展的定位高度契合。在科技兴国、产业替代升级的大环境中，登陆北交所是企业难得的机遇，可以加速企业借助资本市场的力量实现'跳跃式'发展的步伐，为我国高端装备业做出更多贡献。丰光精密登陆北交所，达晨财智也备受鼓舞，这更加坚定了我们继续长期看好国内市场和企业的信心，坚持深耕行业，投出更多夯实产业基础的'专精特新'企业，持续做好已投'专精特新'企业的投后服务，形成良性互动发展的'专精特新'投资企业矩阵，支持实体经济发展，推动我国经济转型升级。"

"专精特新"企业剑指"卡脖子"难题，北交所引领中小型企业驶入"中国制造""中国创造"新赛程，是加速向科技创新强国迈进的应有之举。

11.3 IPO 上市流程

11.3.1 注册制 IPO 上市流程

IPO 注册制已在美国和日本等发达国家得到推行。该机制强化中介机构和证交所的职责，弱化政府监管部门的发行审批和核准职能，发行机制更加市场化。

中国自 2019 年 7 月和 2020 年 8 月开始，分别在科创板和创业板实行注册制；2021 年 11 月 15 日，北交所开市后直接采用注册制。证监会首次公开发行股票的注册审核工作流程如图 11-1 所示。

以科创板为例，拟 IPO 上市的公司首先要与保荐机构签订协议，开始上市辅导和尽职调查，完善公司治理结构，规范公司行为，履行董事会和股东大会审议程序，就发行数量、定价方式、募集资金用途等事项进行决议；然后正式进入公开发行程序，与原来的核准制相比，这个环节的区别是由证监会核准改为交易所审查并报证监会予以注册；最后由发行人向交易所备案发行承销方案，并完成推介询价、定价发行、上市交易。科创板 IPO 上市的主要法定程序如图 11-2 所示。

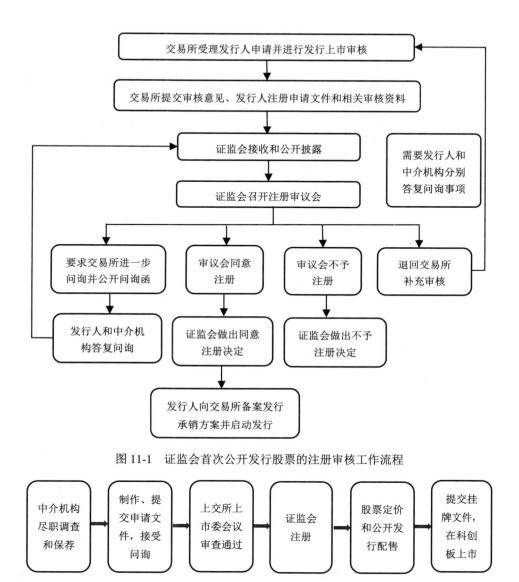

图 11-1　证监会首次公开发行股票的注册审核工作流程

图 11-2　科创板 IPO 上市的主要法定程序

11.3.2　核准制 IPO 上市流程

目前，我国 A 股主板市场仍实行核准制，根据《公司法》《证券法》，以及证监会颁布的规章和各大证交所主板上市规则等有关规定，首次公开发行股票并在主板上市的核准制 IPO 上市流程如图 11-3 所示。

改制和设立 股份有限公司	① 拟定改制方案，聘请中介机构进行可行性论证。 ② 对拟改制资产进行审计、评估，签署发起人协议，起草公司章程等文件。 ③ 设置公司内部组织机构，发起人出资，设立有限股份公司。
尽职调查 和辅导	① 保荐机构和其他中介机构进行尽职调查、问题诊断、业务培训和上市辅导。 ② 完善治理结构，规范公司行为，确定募集资金投向。 ③ 对照发行上市条件，对存在的问题进行整改。
申请文件的 制作和申报	① 公司和中介机构按证监会的要求制作申请文件。 ② 保荐机构进行内核，并向证监会尽职推荐。 ③ 符合条件的公司，由证监会受理申请文件。
申请文件的审核	① 证监会对申请文件进行初审，并征求发行人所在地省级人民政府和国家发改委的意见。 ② 证监会向保荐机构反馈意见，保荐机构组织发行人和中介机构对相关问题进行回复。 ③ 初审结束后进行文件预披露，提交股票发行审核委员会审核。
路演、询价 和定价	① 发行审核委员会审核通过，证监会核准，发布招股说明书。 ② 承销商和发行人组织路演，向投资者推介、询价。 ③ 根据询价结果确定发行价格。
发行和上市	① 按照证监会规定的发行方式公开发行股票。 ② 向证交所提交上市申请。 ③ 办理股份托管和登记，挂牌上市，上市后持续督导，提交发行承销总结。

图 11-3　首次公开发行股票并在主板上市的核准制 IPO 上市流程

11.3.3　影石创新即将登陆科创板，"90 后"大学生的创业融资经验

上交所科创板网站于 2022 年 1 月发布项目动态信息，位于深圳市的影石创新科技股份有限公司（简称"影石创新"）在通过上交所上市委审议后，已正式提交证监会注册。这意味着，首位"90 后"福布斯中国 U30（Under 30，30 岁以下）距敲钟仅一步之遥！在影石创新上市后，多位"90 后"大学生将成为科创板公司最年轻的"敲钟人"。

影石创新科创板 IPO 由中信证券保荐，拟募资 4.6 亿元，募集资金拟投入智能影像设备生产基地建设和深圳研发中心建设项目。[①]

1.　入选专精特新"小巨人"企业名单

影石创新是一家专注于全景智能影像设备研发制造的高科技企业，其凭借过硬的技术创新和产品质量，逐步打破了美国 GoPro、日本理光和韩国三星等国外影像巨头的垄断格局。Greenlight Insights 数据显示，2020 年，影石创新在全球全景相机市场的占有率为 35%，位列世界第一。"Insta360 影石"品牌成为影石创新的代称。

2021 年 9 月，工业和信息化部公示了《建议支持的第二批第一年国家级专精特新"小巨人"企业名单》，全国获批企业共 656 家，影石创新入选。

此次入选表明，影石创新在细分市场的领先地位、品牌影响力、创新能力和产业化能力等方面得到了充分认可，在支撑产业链、供应链，掌握关键核心技术，关键领域"补短板"，以及填补国内国际空白等国家支持的重点方向有所突破。未来，全景智能影像在 VR 直播、智慧安防、自动驾驶、机器人、国防和警务等领域拥有广阔的应用前景，这为影石创新的技术深耕、持续发展和市场开拓带来重大利好。

2.　年轻的"90 后"创业团队

影石创新的创业团队非常年轻，平均年龄仅为 29 岁。

---

① 《Insta360 影石创始人刘靖康创业经验：5 年完成 5 轮融资，凭什么能把全景相机做到全球第一？》，新消费内参，2020.05.14；《FBEC2020 专访 Insta360 影石创始人刘靖康：如何用 5 年实现全景突围》，搜狐网，2020.11.24；《科创板董事长学历大起底》，国际金融报，2021.06.14；影石创新在上交所科创板发布的招股说明书，2022.01.28。

刘靖康，影石创新创始人、董事长，1991 年 7 月出生于广东省中山市，毕业于南京大学软件学院，2014 年开始研发全景相机，2015 年 7 月创立影石创新的前身深圳岚锋创视网络科技有限公司（简称"深圳岚锋"）；曾获第二届中国"互联网+"大学生创新创业大赛亚军和第十届"中国青年创业奖"，2017 年登上福布斯"亚洲 30 位 30 岁以下精英榜"。

陈永强，影石创新联合创始人、首席行政官，1991 年 8 月出生，毕业于齐齐哈尔铁路学院交通运输系，与刘靖康一起创业，2017 年登上福布斯"中国 30 位 30 岁以下精英榜"。

贾顺，影石创新软件研发总监、行业应用中心总监，1992 年 9 月出生，毕业于南京大学软件学院，负责组建、管理软件研发和测试团队。

姜文杰，影石创新研究院负责人，1993 年 11 月出生，毕业于南京大学软件学院，负责组建和管理 50 人左右的高级算法团队。

以上 4 名"90 后"均为影石创新的核心骨干成员，曾在 2016 年共同获得第二届中国"互联网+"大学生创新创业大赛亚军。

影石创新总经理刘亮也很年轻，他出生于 1989 年 3 月，毕业于南京农业大学金融专业，2014 年担任"点我吧"合伙人、副总裁，并联合创建即时物流行业的"独角兽"企业"点我达"，先后获得阿里巴巴、蚂蚁集团、菜鸟物流等企业超过 5 亿美元的投资，后加入影石创新。

截至 2021 年 9 月，影石创新员工共 583 人，39 岁以下员工占 99.14%，其中 18～29 岁员工占 66.21%，30～39 岁员工占 32.93%；本科及硕士以上学历员工占 82.31%；产品和研发技术人员占 46.31%。在已经形成主营业务收入的发明专利中，境内授权发明专利 28 项，境外授权发明专利 3 项，共计 31 项。

3. 影石创新和创始人的传奇故事

近几年，以抖音、快手为代表的短视频逐渐成为人们消遣娱乐和记录生活的新方式，短视频平台已成为新一代自媒体媒介。

强势的短视频需求催生了很多优秀的创作者，同时激发了创作者对运动相机、全景相机等影像设备的需求，影石创新、大疆和美国 GoPro、日本理光、韩国三星等著名影像品牌均从中受益。

与老品牌相比，影石创新年仅 7 岁。不过，从全球全景相机的市场格局来看，与创始人一样年轻的影石创新后来居上。从零起步，仅用 7 年的时间就在一个技术密集型行业将企业做到如今的成绩，不可谓不传奇。

在刘靖康身上有许多"90 后"的标签，如敢想敢做、思维活跃、自立自强等。

早在上大学的时候，他就已经名声在外。2012 年，他在人人网上发布了一篇名为《我盗取了学校 7000 多张学生照片，给各个院系算了张"平均脸"》的日志，不到 20 小时就收获了近 3000 次分享和 3 万多次点击量。刘靖康表示，这个创意并不是为了博眼球，而是为了"预售"一项技术，为病重的老乡募捐。后来，这项技术被腾讯上海研究院收购。

2012 年，刘靖康还根据视频中记者电话采访时几秒钟的按键音破解了 360 董事长周鸿祎的手机号码，一夜走红；李开复也曾邀请他去创新工场做研发项目。

在南京大学学习期间，刘靖康与其他联合创始人相识。他们曾尝试在校园创业，创建了一个服务学生的微信公众号，学生可以通过该公众号查询基于网络爬虫技术获取的考试成绩。他曾发布了一篇名为《如何通过入侵老师邮箱拿到期末考卷和修改成绩》的日志，图文并茂地展示了利用学校系统的漏洞破解老师邮箱的过程。虽然刘靖康在接受媒体采访时强调自己并没有恶意，只是出于好奇，想测试一下漏洞，但是网络的发酵显然超出了他的想象，他为此受到老师的批评，甚至差点儿被开除。

2013 年，刘靖康在南京创立"名校直播"，主要针对清华大学、上海交通大学、南京大学等重点高校进行视频直播，并提出了从视频采集、编辑到直播的系统方案。此时的刘靖康已自主开发了 30 多项技术。在一年的时间内，他带领 20 余人的团队，在全国 6 个城市、9 所名校举办了 200 多场直播，并且成功将业务拓展至企业领域，成立"V 直播"。

这些经历给刘靖康带来了启发和反思，让他坚定了自己的创业想法。在学生时代数次接受记者采访时，刘靖康一直表示："希望将我的作品投入到商业应用中，用技术进行自主创业。"

2014 年，由于不经意间体验了谷歌 Cardboard 智能眼镜，加之在网上看到国外某个团队在澳洲上空拍摄的 360°全景视频，刘靖康决定调整创业方向。他和团队放弃了直播业务，转型研发，在深圳开始了 VR 全景相机领域的创业之旅。

为了获得境外融资，刘靖康和陈永强于 2014 年 7 月搭建了 VIE 架构。2014 年，一段都市传奇般的经典故事上演，刘靖康用 8 分钟讲演商业计划书，通过 40 分钟的谈判，获得了著名投资机构 IDG 资本 100 万美元的天使轮投资。

2015 年，影石创新的前身深圳岚锋正式成立。在短短 7 年间，影石创新依托高水准研发，成为智能影像行业的先驱者和消费级市场的革新者。影石创新拥有专业级 VR 相机、消费级全景和 3D 相机、运动相机、手机配件 4 条产品线，不但能满足用户在不同场景中的多元化拍摄需求，而且将人工智能与影像相结合，引领智能影像新趋势，构建智慧影像新未来。

2019 年 8 月，影石创新推出了质量仅为 18.3g 的"拇指防抖相机"Insta360 GO，可轻松拍摄第一视角，被称为"新一代短视频神器"。2020 年，影石创新与徕卡联合设计了多镜头防抖运动相机 ONE R 1 英寸（1 英寸≈2.54 厘米）版本，共同推出了全球首款搭载徕卡影像技术和 1 英寸传感器的运动相机。影石创新旗下产品接连斩获德国 iF 设计大奖、德国红点设计大奖、日本优良设计大奖等国际著名奖项，并且多次获得美国 CES 创新大奖。

从研发到生产出样机，再到成品畅销，影石创新旗下产品远销 200 多个国家和地区。如今，影石创新的估值已远超 10 亿元，达到了科创板"市值+净利润+营业收入"的第一套上市标准。影石创新主要财务指标如表 11-5 所示。

表 11-5　影石创新主要财务指标

财务指标	2021 年上半年	2020 年	2019 年	2018 年
营业收入（万元）	60 047.46	84 991.72	58 783.74	25 822.65
净利润（万元）	12 252.51	12 041.92	5628.05	1828.70
基本每股收益（元）	0.34	0.33	0.17	0.15
研发投入（万元）	6381.63	10 267.00	9093.84	4025.75
研发投入占营业收入比例（%）	10.63	12.08	15.47	15.59

4. VIE 架构的搭建和拆除

为拓展海外融资渠道，刘靖康和陈永强等人于 2014 年 7 月开始搭建 VIE 架构。

创业团队设立北京岚锋创视网络科技有限公司（简称"北京岚锋"）和南京五十岚数字科技有限公司（简称"南京五十岚"），2 家公司的注册资本均为 3 万元人民币，刘靖康、陈永强、谢梦非分别持股 93.00%、5.00%、2.00%。

创业团队设立离岸公司香港岚锋，注册资本为 1 万港元；设立维尔京群岛公司和开曼岚锋，注册资本均为 1 万美元。通过换股并购，创业团队搭建起境外融资和上市平台。

2015 年 2 月，香港岚锋以货币出资方式设立北京 WFOE（Wholly Foreign Owned Enterprise，外商独资企业），注册资本为 200 万元人民币。随后，北京 WFOE 与南京五十岚、北京岚锋及其全部股东签署一系列控制协议。至此，影石创新形成 VIE 协议控制架构。

2015 年 7 月，北京岚锋以货币出资方式设立深圳岚锋，注册资本为 1000 万元人民币。2017 年 4 月，北京岚锋以货币出资方式，将深圳岚锋的注册资本增加到 3000 万元人民币。2018 年 6 月，北京岚锋再次对深圳岚锋增资 3524 万元人民币。

2018 年 9 月，为了回境内上市，刘靖康、陈永强等人与境外投资人协商，拆除境外架构，注销北京 WFOE、南京五十岚和境外离岸公司，终止了协议控制关系。同时，深圳岚锋新增 5 个外资股东，分别是原离岸公司的境外投资人 CYZone、EARN ACE、QM101、香港迅雷、苏宁润东；新增 3 个员工持股平台内资股东，分别是岚沣管理、岚烽管理、澜烽管理。

根据开曼岚锋与 CYZone、EARN ACE、QM101、香港迅雷、苏宁润东签订的《股份回购协议》《终止协议》《架构重组框架协议》，先由开曼岚锋用其自有资金回购原投资人的股份，再由原投资人将等额资金投入深圳岚锋，使原投资人在深圳岚锋的持股比例与拆除境外架构前在开曼岚锋的持股比例保持一致。至此，影石创新完成架构拆除工作。

5. 历次融资情况

影石创新在上市前共完成 7 轮私募融资，总融资额约 5 亿元人民币，其历次融资情况如表 11-6 所示。

表 11-6　影石创新历次融资情况

融资轮次	时间	融资额	投资机构
天使轮融资	2014 年 9 月	100 万美元	EARN ACE（IDG 资本所属）
A 轮融资	2015 年 3 月	800 万美元	EARN ACE、CYZone、QM101
B 轮融资	2016 年 4 月	1 亿元人民币以上	维尔京迅雷、EARN ACE、CYZone、QM101，维尔京迅雷领投
B+轮融资	2016 年 8 月	数千万元人民币	苏宁润东独家投资
C 轮融资	2018 年 10 月	4050 万元人民币	深圳麦高、厦门富凯
D 轮融资	2019 年 4 月	9196 万元人民币	朗玛五号、朗玛六号、华金同达、芜湖旷沄、汇智同裕
D+轮融资	2019 年 10 月	14 500 万元人民币	中证投资、金石智娱、伊敦传媒、天正投资、利得鑫投、领誉基石

注：1. EARN ACE 为 IDG 资本持有 100%股份的中国香港公司；CYZone 系创业邦在开曼设立的公司；QM101 属于启明创投中国香港公司 QIMING VENTURE 和 QIMING MANAGING；苏宁润东系中国香港公司；迅雷原为维尔京公司，后来转为中国香港公司。

2. 影石创新招股说明书未披露 B 轮融资和 B+轮融资的具体融资额，表 11-6 中该两轮融资额根据境外公司股本变动推算得出。

6. 改制为股份有限公司，掌握企业控制权

从 2018 年 10 月至 2019 年 10 月，影石创新经历了 3 次较大规模的股权转让，投资人 CYZone 和苏宁润东陆续退出，近 20 家投资机构通过受让股权进入影石创新。

2020 年 2 月，深圳岚锋全体股东以其拥有的 52 728.05 万元净资产（截至股

改基准日 2019 年 10 月 31 日）出资，并按照 1:1.4647 的比例折合总股本 3.6 亿元，其余净资产计入资本公积，总股本确定为 3.6 亿股，深圳岚锋整体变更为股份有限公司，更名为"影石创新科技股份有限公司"。

截至上市日前，影石创新共有 27 家股东，第一大股东为北京岚锋，持股比例约为 29.94%；第二大股东 EARN ACE 属于 IDG 资本，持股比例约为 11.32%；第三大股东 QM101 属于启明创投，持股比例约为 9.40%；第四大股东为香港迅雷，持股比例约为 8.73%。

截至 2021 年 12 月 31 日，刘靖康通过持有北京岚锋、岚沣管理，间接持有影石创新 27.5111% 的股份，间接控制影石创新 34.0043% 的表决权，超过股份比例的 1/3，对股东大会需要经 2/3 以上股东通过的事项享有一票否决权。

除了创业团队（7 人）的持股平台北京岚锋持有影石创新 29.9376% 的股份，员工还有另外 3 个持股平台，共持有影石创新 7.7252% 的股份，其中岚沣管理 36 人，持股 4.0667%；澜烽管理 65 人（包括二级持股平台澜烽一号 16 人），持股 3.2534%；岚烽管理 14 人，持股 0.4051%。创业团队和员工的 4 个持股平台共计持有影石创新 37.6628% 的股份。

影石创新上市前的股权架构如图 11-4 所示。

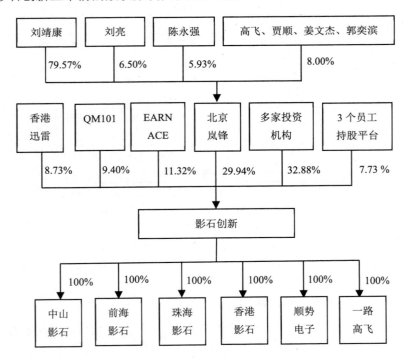

图 11-4　影石创新上市前的股权架构

7. 研发投入一年超过 2000 万元

影石创新的核心技术包括全景图像采集拼接技术、防抖技术、人工智能影像处理技术、计算摄影技术、视频插帧技术等全景技术，均为自主研发，并运用在影石创新的主要产品上。影石创新具备技术先进性，属于新一代信息技术行业中的智能影像消费设备制造企业。

在产品研发方面，刘靖康作为发明人，拥有授权专利共计 74 项。他主持影石创新数十项全景相机产品核心技术的研发和设计工作，其中相当一部分专利已经形成主营业务收入，合计 14.58 亿元，占主营业务收入的比例为 86.81%。刘靖康作为主设计人设计的产品获得多项国际大奖，入选《时代》杂志"2020 年度最佳发明"榜单。2020 年，影石创新在上述新技术、新产品方面的研发投入为 2067 万元。

8. 产品销售位列全球细分市场前三名

影石创新的产品通过线上与线下渠道相结合的方式销往全球各地，在线上主要通过官方商城、亚马逊、天猫、京东等渠道进行销售，在线下通过全球销售网络进行销售，包括 3000 多家零售门店和 50 多座海内外机场，以及 Apple Store 零售店、徕卡旗舰店、佳能金牌店、Best Buy、B&H、顺电等渠道。主营业务收入的 60% 以上来自境外，主要为美国、欧洲等消费能力较强的发达国家和地区。

在市场竞争方面，Greenlight Insights 数据显示，2020 年全球全景相机市场的前三名分别为影石创新、理光、GoPro，各自的市场占有率分别为 35%、28% 和 23%；"Insta360 影石"品牌产品在京东商城运动相机品牌排行榜中位列前三。

9. 上市注册审核并非一帆风顺

与很多企业一样，影石创新的上市注册审核一波三折，经历了暂缓审议、中止审核，补充提交说明材料、整改方案和 2021 年上半年财报等程序。

上交所科创板网站的项目动态信息显示，自 2020 年 10 月 28 日起，上交所开始受理影石创新的上市申请。

科创板上市委于 2021 年 7 月 23 日召开第 50 次审议会议，审议结果是影石创新首发"暂缓审议"。

2021 年 9 月 16 日，科创板上市委发布第 67 次审议会议结果公告，影石创新符合科创板发行条件、上市条件和信息披露要求，"上市委现场问询问题""需进一步落实事项"均为"无"。

然而，2021 年 9 月 30 日，上交所科创板网站的项目动态信息显示，上交所中止了影石创新的发行上市审核。

10. 第一次上会被暂缓审议和中止审核的原因

主要原因是影石创新存在下列需要落实的问题。①公司董事会由 12 名董事组成，相对于公司的规模和业务复杂度，需要解释安排 12 名董事的合理性和必要性，进一步说明对可能存在的"董事会僵局"的解决方案，并请保荐人发表明确的核查意见；②需要补充披露刘靖康作为创始人设立北京岚锋并继而设立深圳岚锋的背景和资金来源，拆除境内外 VIE 架构后刘靖康持有的股份是否清晰明确，是否存在受托持股或其他的利益安排；③需要保荐人审慎评估员工持股平台"岚烽管理""澜烽一号"等未被认定为实际控制人、一致行动人的理由是否合理充分；④员工社保费用缴纳基数显著低于工资总额，需要说明规范员工社保费用缴纳的整改方案，并充分披露相关风险及其对财务报表的影响；⑤募集资金所投项目中，购置较大金额的固定资产是否符合行业惯例，是否因产品技术快速迭代而导致固定资产存在潜在减值风险。

由于落实、解决上述问题需要时间，影石创新上市申请文件中的财务报告已过有效期，需要补充提交。因此，上交所根据《上海证券交易所科创板股票发行上市审核规则》第六十四条（六），中止了影石创新的发行上市审核。

此后，经过反复的问询和回复，影石创新及其保荐机构、会计师事务所、律师事务所陆续完成并提交多份关于上市委审议会议意见落实函的回复，补充法律意见书等文件，并补充提交了 2021 年上半年财报。

2021 年 12 月 13 日，上交所根据《上海证券交易所科创板股票发行上市审核规则》第六十六条、第六十四条（六）所列中止审核情形已消除，恢复了影石创新的发行上市审核，并于同日在上交所科创板网站公开披露了影石创新最新上市申报材料的全部上会稿。

11. 影视创新为科创板带来年轻活力

2022 年元旦，开市进入第三个年头的科创板上市公司总数已达 377 家。

分析科创板公司的创始人，一方面，他们普遍拥有高学历，博士和硕士占 70% 以上，"清、北、复、交"四大名校和国外名牌大学毕业的高才生约占 20%；另一方面，很多科创板公司创始人的年龄已接近 50 岁，"60 后""70 后"占比近 80%，其中，中微公司董事长尹志尧博士出生于 1944 年，到 2022 年已经 78 岁。

科创板公司的创始人往往在某个行业或专业中耐得住寂寞，持续研发和投入，埋头耕耘了二三十年，甚至更长的时间。他们经营着"慢公司"，通过知识和技术的沉淀，培养、创造公司的核心能力，最终修成正果。这与我们听说的某些"80后""90后"在几年内火速创业成功，巨额私募后 IPO 上市，甚至成为"独角兽"

"快公司"的故事形成了巨大反差。

如今，"90 后"创始人刘靖康的影石创新上市，令"科创板不相信年轻有为"成为历史。在不久的将来，"80 后""90 后"必将成为我国"硬科技"领域的主力军。

12. 创始人刘靖康谈创业融资经验

刘靖康在接受垂直产业新媒体"新消费内参"的记者采访时，曾谈到自己的创业经历和经验。本书根据采访，归纳总结出刘靖康的创业融资经验和教训，具体内容如下。

① 目标不明确，盲目创业，什么都做，反而容易什么都做不成。

② 只有技术没有团队是不行的，投资人不敢投资，一个人也很难维系。

③ 即使有好的技术和产品，如果没有想清楚盈利模式，没有找准用户，产品没有高性价比，那么也赚不到钱，公司难以发展。投资人看不到盈利希望，不愿投资，公司难以存活。

④ 在创业初期，成本高、资金少，创业和投资风险都很大，需要有较快的回报，投资人才会感兴趣。

⑤ 找到对的人才很重要。无论是研发，还是国内外零售渠道拓展、线上推广，都需要找到专业人才来研制新技术、新产品，或者制定合适的市场营销策略。

⑥ 影石创新与全球的科技、运动 KOL 长期、深度合作，并与推特、Meta 等合作，相继实现全景照片、超高清全景直播等功能，为全景内容提供传播平台。

⑦ 产品要不断创新。影石创新的产品一直把用户体验放在第一位，不断丰富产品功能，提供更多的创意玩法（如"子弹时间"、移动延时摄影等），帮助用户在"社交 3.0 时代""短视频时代"更方便快捷地拍出高质量的视频内容。刘靖康透露，他对员工最常说的一句话就是"保持创新，保持增长"。

⑧ 进入某个市场，首先要考虑的是目前该市场有多大，是否已经为用户的痛点提供了足够好的解决方案，用户的痛点是否已经被全部解决。如果没有，那么意味着该市场中还有机会，接下来再考虑自己有没有能力抓住机会。

⑨ 想办法降低用户使用产品的学习门槛，预先设定并提供各种应用场景，让用户觉得使用产品是一件轻松的事情。

⑩ 如果产品没有新的挖掘空间，就应挖掘其他需求。刘靖康认为，人的本性是期望低投入、高回报，应该始终围绕这一点研发、迭代产品。

11.4　境内买壳上市

11.4.1　境内买壳上市方式

买壳上市是指非上市公司以拓展融资渠道为主要目的，通过并购手段控股（或相对控股）一家上市公司，从而实现间接上市的方式。从严格意义上讲，"借壳"和"买壳"是两种不同的并购行为。借壳上市的实质是控股母公司（集团公司）借助已拥有的上市公司，通过资产重组，将母公司的优质资产注入上市公司，从而实现集团公司整体上市。

买壳上市也被称为反向收购上市（Reverse Takeover，RTO），其实质是先由非上市公司股东通过收购一家壳公司（上市公司）的股权控制该公司，再由该公司反向收购非上市公司的股权（资产）和业务，使非上市公司成为该公司的子公司，从而实现间接上市。买壳上市的前提是拟买壳上市公司的业绩达到了上市条件。

壳公司也被称为壳资源，是指虽然上市，但是经营状况较差的公司，已经达不到维持上市的标准，准备成为其他非上市公司的收购对象。由于 IPO 上市核准程序复杂，拟上市的公司众多，等待时间较长，因此一些公司采用买壳上市的方式。通过这条路线上市，其实就是通过一系列并购交易和审批核准，将非上市公司的资产和经营业务注入壳公司，从而实现间接上市。

11.4.2　境内买壳上市的运作路径、步骤和方法

境内买壳上市的运作路径可以概括为"选壳—买壳—净壳—价款支付—装壳—融资"，其中有两个最重要的交易步骤。买壳交易，非上市公司股东以收购上市公司股权（或受让上市公司的换股并购对价股权）的形式，绝对或相对控制一家已经上市的股份公司；资产转让交易，上市公司收购非上市公司并控制非上市公司的资产和业务。在实际操作中，以上两个交易步骤的法律文件往往是同时生效、互为前提条件的。

步骤一：选壳，选择目标壳公司。

　　选择壳公司的标准如下。业绩难以维持，所处行业不景气，没有增长前景，只能另寻生路，并且壳公司的大股东愿意转让，主管部门同意批准；股本规模较小，收购小盘股公司的成本低、股本扩张能力强，股权相对集中，易于协议转让，只与一个股东谈判比同时与几个股东谈判更容易，并且保密性更强；壳公司有配股资格，或者拟买壳上市公司的业绩达到了增发和配股资格，上市公司只有连续 3 年平均净资产收益率在 10% 以上（最低为 6%），才有配股资格，买壳上市的主要目的就是配股融资，如果没有增发和配股资格，也就没有买壳的必要了。

　　步骤二：买壳，收购或受让股权。

　　收购股权有两种方式。一种方式是在场外协议收购上市公司大股东持有的股权或受让上市公司的新定向增发股份，这是我国境内买壳上市的主要方式。这种收购方式成本较低，不过操作比较复杂，必须同时得到股权的原持有人和主管部门的同意，以及证监会的批准。另一种方式是在二级市场直接购买上市公司的股票，不过，由于我国 ST（Special Treatment，特别处理）股票常被恶炒，收购成本太高，因此这种收购方式很少被采用。

　　步骤三：净壳，剥离不良资产。

　　对于不良资产较多、效益不佳的壳公司，必须将其原有的不良资产剥离出来，卖给关联公司，将该壳公司变成"净壳"公司。如果壳公司原来的资产较少、业务量不大、亏损较少，那么可以在买壳后逐步剥离不良资产。

　　步骤四：价款支付。

　　目前有 5 种价款支付方式，包括现金支付、资产置换支付、债权支付、混合支付、股权支付（换股并购）。其中，现金支付方式不现实，我国境内较常采用的是股权支付、资产置换支付和"少量现金+股权"的混合支付方式。资产置换支付是指在买壳上市的过程中，并购双方各以一部分资产进行互换的支付方式。

　　步骤五：装壳，资产置换。

　　在剥离不良资产后（或同时），买壳公司得到壳公司支付的股权转让对价股份或现金，将优质资产注入壳公司（交割股权、资产），合并会计报表，提高壳公司的经营业绩，从而拥有增发和配股资格，以便买壳上市后继续融资。

　　步骤六：融资，壳公司更名，运作复牌交易。

　　境内买壳上市的路径如图 11-5 所示。

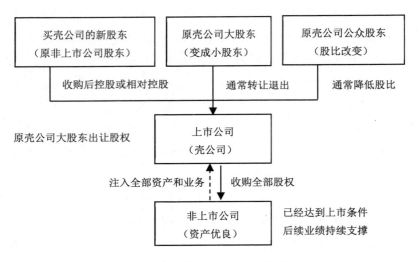

图 11-5　境内买壳上市的路径

典型案例

海通证券买壳上市

在原第一大股东上海实业（集团）有限公司（简称"上实集团"）和第二大股东东方集团的主导下，海通证券股份有限公司（简称"海通证券"）于 2006 年 12 月与原都市股份有限公司（简称"原都市股份"）签署了《吸收合并协议书》，原都市股份以增发新股、换股并购的方式吸收合并海通证券。吸收合并后的原都市股份为存续公司，承继海通证券的全部资产、负债和经营资质，并改名为"海通证券"。

经证监会批准，2007 年 7 月 31 日，原都市股份在上交所正式挂牌，简称"海通证券"。至此，海通证券完成买壳上市，随后定向增发融资 260 亿元。

双方的换股并购方案如下：海通证券的换股价格采用市盈率倍数法进行计算，并参考收益现值法，确定为 2.01 元/股，原都市股份的换股价格以 2006 年 10 月 13 日的收盘价为基准，确定为 5.80 元/股，由此确定海通证券与原都市股份的换股比例为 1:0.347，即每 1 股海通证券的股份换 0.347 股原都市股份的股份。

第 12 章

三大境外上市方式和流程

本章介绍三大境外上市方式，即境外直接上市、境外造壳间接上市和境外买壳上市，具体讲述中国香港、美国、新加坡等国家和地区的上市条件，红筹架构和 VIE 架构的搭建、操作流程、方法，境外买壳上市的路径、架构、步骤、方法，以及境外上市过程中关键问题的解决方案。

12.1 境外直接上市

12.1.1 境外直接上市方式

境外直接上市，即中国境内公司在境外发行外资股，并在境外上市地证交所上市，具体是指中国境内股份有限公司向境外上市地证券主管部门直接申请首次发行股票，经核准或注册后，境外投资者用外币认购在境外发行的外资股，并向境外上市地的证交所申请该外资股上市流通交易。发行外资股获得的融资经境外监管账户汇入中国境内公司，不过中国境内公司原股东持有的股份不能在境外上市。

这里的"境外"是指中华人民共和国领域以外，或者领域以内中华人民共和国中央政府尚未实施行政管辖的地域，如香港、澳门、台湾均属于境外。

境外资本市场主要包括中国香港地区，以及美国、英国、新加坡、加拿大、澳大利亚等国家的证券市场。中国境内公司在香港联交所发行股票并上市被称为"H 股"，在纽约证券交易所（简称"纽交所"）发行股票并上市被称为"N 股"。

境外直接上市通常采用首次公开发行，即 IPO 方式进行，也可以采用美国存托凭证（American Depository Receipt，ADR）方式进行首次发行，并通过境外上市地的证交所向全球投资者发售。

港交所网站披露的市场数据显示，截至 2022 年 6 月 16 日，香港上市公司共2565 家，其中主板上市公司 2219 家，创业板上市公司 346 家；H 股公司共 300家，其中主板公司 284 家，创业板公司 16 家。根据证券交易系统的数据和千际投行编制的《2022 年中概股研究报告》，截至 2022 年 5 月，在美国上市的中概股共384 家，包括大陆、香港、澳门、台湾公司的股票，其中大陆挂牌公司 268 家。

12.1.2 境外直接上市的国内监管条件

境外直接上市方式除了需要满足境外上市地的上市条件，还要受到国内的监管限制，即境内公司申请境外直接上市必须符合境内外双重申请条件。

① 境内条件。证监会监管条件规定，中国境内注册的股份有限公司赴境外发行外资股直接上市，必须满足以下条件，即净资产不少于 4 亿元人民币，过去 1 年税后净利润不少于 6000 万元人民币，并有增长潜力，按合理预期市盈率计算，筹资额不少于 5000 万美元（业界称为"四五六"规定）。无法满足以上条件的公司，不能申请赴境外运作 H 股或 N 股上市。

② 境外条件。公司必须符合上市地证交所的上市主体条件和具体财务条件。中国香港联交所和美国纽交所、美国证券交易所、纳斯达克等资本市场有不同的上市标准和条件。

由于民营中小型企业通常规模较小，很难达到"四五六"规定的条件，因此较少赴境外直接上市。

12.2　境外造壳间接上市

12.2.1　红筹架构境外造壳间接上市

一方面，由于国内上市核准程序复杂，排队企业众多，"千军万马"挤"独木桥"，能在国内成功上市的中小型企业可谓凤毛麟角；另一方面，赴境外发行外资股直接上市会受到监管限制，很少有中小型企业能达到"四五六"规定的条件。因此，境外造壳间接上市和境外买壳上市方式应运而生。

1. 境外造壳间接上市方式

境外造壳间接上市，是指境内公司股东首先在境外上市地，或者在上市地可接受的司法地区（如中国香港、开曼群岛、百慕大群岛等）注册一家离岸公司，作为境外融资和上市平台，由该离岸公司以股权收购等方式取得中国境内公司的股权、资产所有权和全部业务；然后，在境外上市地证交所以离岸公司为主体申请通过 IPO 方式上市融资，也就是红筹架构。

境外造壳间接上市与境外直接上市（H 股、N 股等）的区别有两点：以在境外造的壳公司（离岸公司）为主体申请发行股票，并在境外上市；在离岸公司新发行的股票上市后，原股东持有的股权在限售期结束后可上市交易。

2. 境外造壳间接上市的优势

① 离岸公司作为融资和上市平台，更容易引进境外融资，并将融资资金汇

入境内公司，使离岸公司所属的境内公司得到快速发展；②当离岸公司在境外选择合适的上市地 IPO 上市后，投资机构持有的离岸公司股票在限售期结束后即可在境外股市退出；③在中国香港和避税地维尔京群岛、开曼群岛等世界范围内发展较快的离岸投资中心设立公司主体，转让股权所得基本上不用缴纳任何税款，创始人或投资者在退出时的税款负担基本为零，而且设立方法简单，高度保密；④不受国内监管限制，公司即使达不到"四五六"规定的条件，也可赴境外上市。

3. 红筹架构境外造壳间接上市的操作方法

假设境内公司 A（简称"A 公司"）注册资本为 2000 万元，总股本为 2000 万股。

① A 公司若干名自然人股东按照其在 A 公司的出资比例，在境外注册离岸公司 B（如在维尔京群岛设立 BVI 控股公司，简称"B 公司"）。如果 B 公司首次注册股本也是 2000 万股，那么将 A 公司原股东的出资比例复制到 B 公司。

② 由 B 公司收购 A 公司原股东持有的 A 公司全部股权。至此，A 公司已变为 B 公司的全资子公司。

③ A 公司的资产、负债和业务均已包括在 B 公司的合并会计报表中。

④ B 公司在开曼群岛注册 Cayman 控股公司 C（简称"C 公司"），作为拟在境外上市地证交所挂牌的上市主体。

⑤ C 公司发行的股票由 B 公司股东认购，B 公司股东将其持有的 B 公司全部股权转让给 C 公司。至此，A 公司原股东通过 C 公司全资拥有 B 公司和 A 公司。

⑥ 由 C 公司向上市地证交所申请公开发行新股，通过 IPO 方式在境外证交所上市。

红筹架构境外造壳间接上市的路径如图 12-1 所示。

4. 收购、装壳和股权控制等关键问题的解决方案

方案一：利用混合支付方式。壳公司以收购境内公司的名义增发股票，其中一部分用于募集资金，作为收购境内公司股权的转让价款；另一部分发行代价股票，作为支付给境内公司股东的另一部分价款。这样不但解决了收购境内公司股权的资金问题，而且有效规避了"10 号文"的限制，境内公司股东可以通过设立离岸公司持有壳公司新发行的代价股份来控制境外上市公司。方案一的关键在于壳公司能否发行成功。

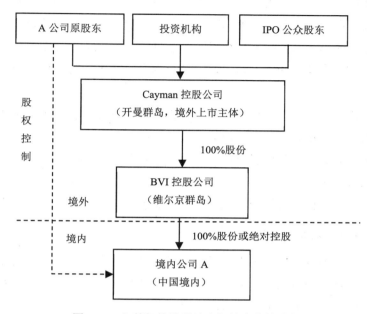

图 12-1　红筹架构境外造壳间接上市的路径

　　方案二：利用过桥贷款。境外投资机构给离岸公司过桥贷款，用该贷款收购境内公司的股权。方案二的关键在于中介机构和投资机构是否有意愿、有能力解决过桥贷款问题。

　　方案三：利用付款时间差分期付款。按照中国法规的要求，境外公司收购境内公司的资金不需要一次性付清，可在 6 个月甚至 1 年的时间内付清，只要支付首期款取得了境内公司的股权，就可以通过股权质押贷款、境外融资和利润分配等途径在境外获得资金，用于支付收购境内公司的尾款。方案三的关键在于解决首期款问题。

12.2.2　VIE 架构境外造壳间接上市

1. VIE 架构方式

　　VIE 架构是一种通过对可变利益实体的协议控制，运作境内公司实现境外上市的方式，也被称为协议控制架构模式。采用 VIE 架构实现境外上市的境内公司有很多，如新东方、新浪、百度等。

在具体操作时，由境内公司原股东按原有持股比例在境外设立离岸公司，并由该离岸公司在中国境内设立 WFOE，将境外投资机构的投资款作为注册资本金注入中国境内的 WFOE。该 WFOE 不实际开展主营业务，而是通过一系列协议控制境内公司的实体业务和财务运营，使该境内公司成为境外离岸公司的可变利益实体。

这种安排可以通过控制协议将境内运营实体的利益转移至境外上市实体，使境外上市实体的股东实际享有境内运营实体产生的利益。

在香港设立壳公司的好处是可以更好地利用税收优惠政策。由于在我国内地和香港之间有避免双重征税的安排规定，因此对香港公司来源于内地的符合规定的股息所得，可以按 5% 的税率征收预提所得税。

2. 采用 VIE 架构的原因

境内公司之所以采用 VIE 架构方式在境外上市，是为了规避"10 号文"的相关限制。该文件将境内公司及其实际控制人为实现境外上市而在境外设立的公司界定为"特殊目的收购公司"，要求境内外当事各方说明关联关系，披露境外实际控制人，不得在境外办理信托或代持股份；以股权支付转让对价的境外公司应为上市公司；境内公司或自然人作为境外离岸公司的实际控制人，不得采用换股并购方式并购境内公司，只允许其以现金方式收购境内公司的股权。另外，境内公司及其股东不能负有商业银行的大额债务，否则可能会被监管部门认为是在向境外转移资产，以逃避债务或洗钱。

在"10 号文"实施后，成功实现境外造壳间接上市的关键之一在于能否顺利通过境内商务部门的审批。

3. VIE 架构的控制协议

VIE 架构的一系列控制协议包括《股权质押协议》《业务经营协议》《股权处置协议》《独家技术咨询和服务协议》《借款协议》等。例如，先由境内公司 A 将其持有的 IP 转让给 WFOE，再由 WFOE 许可境内公司 A 使用，并向境内公司 A 收取 IP 许可使用费等。

自 2019 年后，中国科创板、创业板均已允许符合条件的红筹架构和 VIE 架构离岸公司直接回归境内上市，不必拆除红筹架构或 VIE 架构。

VIE 架构境外造壳间接上市的路径如图 12-2 所示。

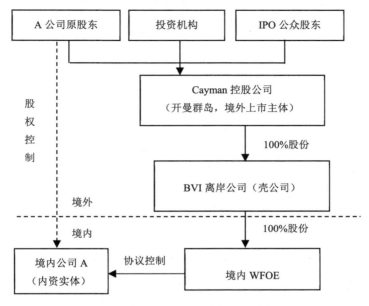

图 12-2　VIE 架构境外造壳间接上市的路径

12.2.3　香港上市条件和程序

1. 香港股票市场层次和定位

香港联交所拥有主板和创业板两个市场，主板定位于为较大型、基础较佳且符合盈利或其他财务标准要求的企业募集资金，创业板定位于为中小型企业融资，其符合主板条件后可转主板上市。

截至 2022 年 6 月 16 日，赴香港间接上市的红筹股共 175 家，其中主板 170 家，创业板 5 家。2021 年前三季度，中国境内在香港联交所上市的十大 IPO 公司分别是快手科技、京东物流、百度、哔哩哔哩、小鹏汽车、理想汽车、携程、东莞农村商业银行、联易融科技、昭衍新药，其中一些公司是从美国回归中国香港双重上市的公司。

2. 香港主板和创业板上市条件

香港联交所结合实际情况，于 2022 年 4 月发布了第 137 次修订的《主板上市规则》和第 72 次修订的《创业板上市规则》，将从 2022 年 8 月 5 日起生效。香港主板和创业板上市条件比较如表 12-1 所示。

表 12-1　香港主板和创业板上市条件比较

比较项目	主　　板	创　业　板
证券类别	股本证券、债务证券、由第三者发行的衍生工具、单位信托基金和投资工具	只接受股本证券和债务证券（包括期权、认股权证和可转换证券）
市场定位	为较大型、基础较佳且符合盈利或其他财务标准要求的公司募集资金	为中小型企业融资，符合主板条件后可转主板上市
双重上市	允许双重主要上市和第二上市，对第一上市和第二上市设定不同的上市要求	同主板
可接受的司法地区	在中国香港、百慕大、开曼群岛等地注册的公司，以及在中国内地注册的公司发行外资股（H 股）	同主板
会计准则	发行人须持续采用下列之一会计准则编制财务报告，不得从一项准则改变为另一项准则：香港会计准则、国际会计准则，或者在交易所准许采用中国企业会计准则的情况下，会计师报告须披露、解释所采用的会计准则与上述任何一项会计准则之间的重大偏离，并具体说明该等偏离所造成的财务影响	发行人须持续采用下列之一会计准则编制财务报告：香港会计准则、国际会计准则或经交易所准许采用中国企业会计准则；已在纽交所或纳斯达克上市，或者将在这 2 个市场的其中之一同时上市的发行人，其会计师报告可采用美国会计原则编制，不过地产和投资类公司除外
财务要求	新申请人必须符合以下 3 项测试中的一项。 ① 盈利测试：最近 1 年股东应占盈利不少于 2000 万港元，其前 2 年累计股东应占盈利不少于 3000 万港元。上述盈利应扣除日常业务以外的业务所产生的收入或亏损。 ② 市值/收入/现金流量测试：上市时市值至少为 20 亿港元，最近 1 个经审计的财政年度的收入至少为 5 亿港元，以及在过去 3 个财政年度营业活动所产生的现金流入合计至少为 1 亿港元。 ③ 市值/收入测试：上市时市值至少为 40 亿港元，最近 1 个经审计的财政年度的收入至少为 5 亿港元	新申请人必须符合下列财务要求。 ① 创业板不设盈利要求。 ② 新申请人上市时，证券与其市值至少为 1.5 亿港元，其中由公众人士持有的股份市值不少于 4500 万港元。 ③ 创业板不设收入要求。 ④ 经营业务有现金流入，前 2 个财政年度合计至少达 2000 万港元
营业记录和管理层	须具备不少于 3 个财政年度的营业记录。 ① 管理层在最近 3 个财政年度维持不变。 ② 最近 1 个经审计的财政年度内公司拥有权和控制权维持不变	须具备不少于 2 个财政年度的营业记录。 ① 管理层在最近 2 个财政年度维持不变。 ② 最近 1 个完整的财政年度内公司拥有权和控制权维持不变

续表

比较项目	主　板	创　业　板
放宽营业记录要求	就"市值/收入测试"而言,若新申请人能够证明其符合下列情况,则香港联交所可接纳其为期较短的营业记录:董事、管理层在新申请人所属业务和行业中拥有至少 3 年令人满意的经验,最近 1 个经审计财政年度的管理层维持不变,主要适用于矿业公司、基础设施公司	若新申请人能够证明其符合下列情况,则香港联交所可接纳其为期较短的营业记录,不过公司拥有权和控制权维持不变:开采天然资源的公司、新成立的基础设施公司
业务竞争	公司的控股股东(持有公司股份 35%及以上者)不能拥有可能与上市公司构成竞争的业务	允许董事、控股股东、主要股东经营竞争业务,不过必须于上市时及其后持续进行全面披露
最低市值	① 新申请人股份和预托证券上市时市值至少为 2 亿港元,用已发行总股本乘以发行价格计算。② 期权、认股权证或类似权利上市时市值至少为 1000 万港元	① 新申请人股份上市时市值至少为 1 亿港元,用已发行总股本乘以发行价格计算。② 期权、认股权证或类似权利上市时市值至少为 600 万港元
最低公众持股量	无论何时,公众都至少持有发行人已发行股本的 25%,其市值不得少于 5000 万港元。上市时的预期市值超过 100 亿港元的发行人,香港联交所可接受 15%~25%之间的较低百分比	无论何时,公众都至少持有发行人已发行股本的 25%,其市值不得少于 3000 万港元。上市时的预期市值超过 100 亿港元的发行人,香港联交所可接受 15%~25%之间的较低百分比
股东人数	上市时至少有 300 名股东(如果符合"盈利测试"或"市值/收入/现金流量测试"),或者 1000 名股东(如果符合"市值/收入测试")。由持股量最高的 3 名公众股东实际拥有的百分比,不得超过上市时由公众人士持有的证券的 50%	上市时至少有 100 名公众股东;由持股量最高的 3 名公众股东实际拥有的百分比,不得超过上市时由公众人士持有的证券的 50%
保荐人委任	新申请人必须委任 1 名保荐人以协助其处理上市申请;新申请人及其董事必须协助保荐人履行职责	同主板

3. 在香港上市的优势

1)国际金融中心地位

香港是国际公认的金融中心,业界精英云集,已有众多中国内地公司和跨国公司在香港联交所上市集资。

2)国际化资本运营平台

香港没有外汇管制,资金流出、流入不受限制,并且税率低、基础设施一流、办事效率较高。在香港上市,有助于内地发行人建立国际化资本运营平台,通过融资实现快速发展。

3)本土市场的特性

香港作为中国的一部分,是内地公司境外上市的首选市场。一些在香港和其他境外证交所双重上市的内地公司，其绝大部分股份买卖在香港市场进行。香港的证券市场既能达到国际标准，又是本土市场的组成部分，内地公司更易融入其中，投资者也更容易了解内地公司的情况。

4）健全的法律体制

香港的法律体制以英国普通法为基础，法制健全。这既为有融资需求的公司奠定了坚实的资金基础，也增强了投资者的信心。

5）国际会计准则

除《香港财务报告准则》《国际财务报告准则》之外，在个别情况下，香港联交所也接纳新申请人采用美国公认会计原则和中国内地会计准则。

6）完善的监管架构

香港联交所的上市规则力求符合国际标准，对上市发行人提出高水准的披露规定，对公司管治要求严格，确保投资者能够从发行人那里获取适时且透明的资料，以便公正评价公司的状况和前景。

7）再融资便利

上市 6 个月后，上市发行人就可以发行新股融资。

8）先进的交易、结算和交收设施

香港的证券和银行业以"健全""稳健"著称，香港联交所拥有先进而完善的交易、结算和交收设施。

9）文化相通，地理位置接近

香港与内地往来十分便捷，语言文化基本相通，便于上市发行人与投资者、监管机构沟通。

正是由于地理位置接近、语言文化沟通方便、上市后再融资便利等优势，香港已成为内地民企境外上市的首选之地。

与在内地上市相比，在香港上市的特点如下。在香港首次公开发行的市盈率比内地市场低，不过，只要符合条件和法规，上市 6 个月后就可以配股和增发股份，获得多次融资机会；只要公司符合上市的基本条件，上市操作时间一般不超过 1 年。

4. 香港允许双重主要上市

香港联交所新修订的《主板上市规则》在原有异地二次上市规定的基础上进行了补充规定。允许合格发行人直接双重主要上市，并且可保留既有的不同投票权和/或 VIE 架构；完善了海外发行人（在中国境外注册、成立且业务以大中华区为重心的发行人）的第二上市制度。这些规定自 2021 年下半年起开始试行，有利于在美国上市的中概股回归中国香港上市。

2020 年 8 月，内地智能电动汽车制造商小鹏汽车在纽交所上市，融资约 15 亿美元。2021 年 7 月，小鹏汽车在香港联交所 IPO 上市，融资约 160 亿港元，成为 2021 年首个在美国纽约、中国香港两地双重主要上市的中概股。

小鹏汽车回港上市，不同于以往较为常见的二次上市，而是采用监管标准更为严格的双重主要上市形式。小鹏汽车 2020 年营业收入为 58.44 亿元人民币，截至 2021 年上半年，小鹏汽车仍处于亏损状态。另一家在美国上市的理想汽车也于 2021 年回归中国香港双重主要上市，融资约 135 亿港元。

5. 香港上市程序

1）主板上市程序和流程

香港主板上市程序和流程分别如表 12-2 和图 12-3 所示。

表 12-2　香港主板上市程序

排期	程序	工作内容和要求
H-25	向香港联交所申请排期	提交排期申请表（A1 表格）。 悉数支付首次上市费。 提交的文件如下。 ① 招股章程的较完备初稿（第 3 个财政年度的账目至少为初稿格式）。 ② 营业记录期间首 2 年的经审计账目。 ③ 发行人于上市后的任何建议关联交易的书面陈述。 ④ 预托协议草本（只限预托证券）。 ⑤ 预托协议的法律意见（只限预托证券）
H-20	提交文件	提交的文件如下。 ① 营业记录期间内尚余期间的集团账目的较完备初稿和任何账目调整表。 ② 公司章程大纲和细则或同等文件的初稿。 ③ 发行人与每名董事、行政人员、监事、保荐人（只限 H 股）所签订合约的初稿
H-15	提交文件	提交的文件如下。 ① 盈利预测备忘录的初稿。 ② 1 份经每名董事、监事按《主板上市规则》附录五 B/H/I 表格的形式填写有关其他任何业务的正式声明和承诺书
H-10	提交文件	提交的文件如下。 ① 《公司条例》所规定的合约。 ② 上市正式通告的初稿。 ③ 认购证券上市申请表的初稿。 ④ 所有权文件或股票的初稿。 ⑤ 关于发行人根据中国法律合法注册成立及其法人身份的法律意见初稿副本（只限 H 股）

续表

排期	程序	工作内容和要求
H-4	正式申请上市	根据《主板上市规则》规定提交正式申请上市的文件
	上市科推荐或拒绝上市申请	若申请被拒绝，则可向上市委员会提出上诉
	推荐上市	—
H	上市委员会进行聆讯	若申请被拒绝，则可向复核委员会提出上诉
	批准上市	在上市委员会聆讯申请后，于实际可行的时间内（必须在上市文件刊发日期或以前），尽快根据《主板上市规则》提交有关文件
	刊发招股章程和正式通告	① 在不迟于预计批准招股章程注册当日上午 11 时将有关文件送达交易所。② 在招股章程刊发后，但在有关证券买卖开始前，将有关文件送达交易所
	证券开始买卖	在香港联交所主板挂牌上市交易

注："H–25"表示香港联交所聆讯日前第 25 个工作日。

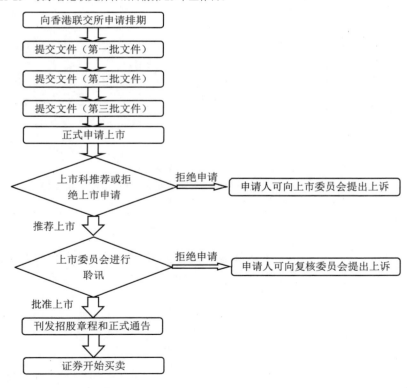

图 12-3　香港主板上市流程

2）创业板上市程序和流程

香港创业板上市程序和流程比主板简单一些，不过需要一次性提交全部申请文件，分别如表 12-3 和图 12-4 所示。

表 12-3　香港创业板上市程序

排期	程序	工作内容和要求
H-25	向香港联交所申请排期	① 提交排期申请表（表 A）。 ② 悉数支付首次上市费。 ③ 提交《创业板上市规则》规定的文件
H	上市科批准或拒绝上市申请	拒绝申请：申请人可向创业板上市委员会提出上诉
	批准上市	在收到原则上批准上市通知后，但在上市文件刊发日期之前，向香港联交所提交有关文件
	刊发招股章程	在不迟于预计批准招股章程注册当日上午 11 时，向香港联交所提交有关文件
	证券开始买卖	在香港联交所创业板挂牌上市交易

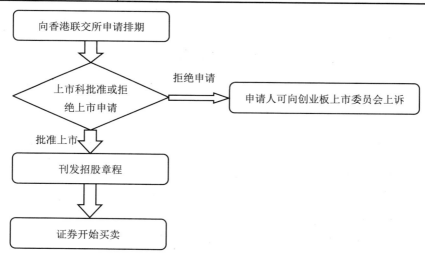

图 12-4　香港创业板上市流程

12.2.4　快手科技赴香港上市融资 483 亿港元，成为 2021 年港股融资额最大 IPO

2021 年 2 月，腾讯支持的短视频平台北京快手科技有限公司（简称"快手科技"）在香港主板上市，发行价格为 115 港元/股，首发 3.65 亿股，随后行使 10%

的超额配售权，共计发行 4.015 亿股，融资总额达 483 亿港元，成为 2021 年港股融资额最大 IPO。

2021 年 2 月 5 日，快手科技首日上市便受到了市场的热烈追捧，开盘价为 338 港元/股，收盘价为 300 港元/股，总市值达 1.23 万亿港元。随后，快手科技股价一路高歌，最高达 417.8 港元/股，总市值一度突破 1.73 万亿港元。

同一时期，快手科技第一大股东"腾讯控股"在香港主板创下股价历史新高，达 739.5 港元/股，总市值超过 7 万亿港元，约合人民币 5.9 万亿元，超过同期"国有六大行"（工、农、中、建、交、邮）的合计市值（人民币 5.69 万亿元）。

1. 上市模式——境外 VIE 架构红筹模式

快手科技赴香港主板上市采用了 VIE 架构红筹模式，上市主体为 2014 年 2 月在开曼群岛设立的离岸公司快手科技（Kuaishou Technology）。

快手科技招股说明书显示，2014 年 7 月，快手科技在北京设立 WFOE 北京达佳互联信息技术有限公司（简称"北京达佳"）。此后，北京达佳通过一系列协议安排，对从事短视频和直播业务的快手科技、从事线上营销业务的北京快手广告有限公司（简称"快手广告"）、从事电商业务的成都快购科技有限公司（简称"成都快购"）等实施控制，并享有上述公司及其所属国内二十多家联营公司绝大部分经济收益。这些协议包括《独家技术咨询和服务协议》《独家购买权协议》《股权质押协议》《授权委托书》等。

招股说明书显示，自 2014 年 6 月至 IPO 前，快手科技共获得 6 轮融资，累计融资额达 48.12 亿美元。在 IPO 前，腾讯控股持股 21.567%，5Y Capital 持股 16.650%，毕业于清华大学软件学院的宿华持股 12.648%，曾在惠普担任软件工程师的程一笑持股 10.023%。宿华和程一笑通过 AB 股模式实际控制了快手科技。

快手科技设立 VIE 架构的原因如下。商务部"10 号文"对股权架构红筹模式有诸多限制；最新《外商投资准入负面清单》规定，外商不能持有主营短视频和直播、广播电视节目制作、网络游戏和增值电信业务公司的股权。所以，即使快手科技、快手广告、成都快购和旗下公司取得了相关经营许可证，也只能采用 VIE 架构红筹模式来上市。[①]

2. 快手科技基本信息和业绩

快手科技招股说明书显示，截至 2020 年 9 月，快手应用的平均日活跃用户达 3.05 亿名，月活跃用户达 7.69 亿名，经营亏损为 98.12 亿元。据此，如果快手科

---

① 快手科技在港交所发布的招股说明书，2020.11。

技不能尽快实现盈利，那么融资额仅能支撑其度过 4 年亏损期。

根据快手科技的招股说明书，2017—2019 年，快手科技的营业收入从 83.39 亿元上升至 391.20 亿元。2020 年前 9 个月的营业收入为 406.77 亿元，2019 年同期为 272.67 亿元；经营活动现金流入净额为 -7.68 亿元，2019 年同期现金流入净额为 61.12 亿元。

快手科技的营业收入主要来自以下两个方面。

① 直播业务收入。2017 年、2018 年、2019 年和 2020 年上半年，快手科技的直播收入分别为 79 亿元、186 亿元、314 亿元和 173 亿元，分别占总收入的 95.3%、91.7%、80.4% 和 68.5%。

② 线上营销服务收入。2017 年、2018 年、2019 年和 2020 年上半年，快手科技的线上营销服务收入分别为 3.9 亿元、17.0 亿元、74.0 亿元和 72.0 亿元，分别占总收入的 4.7%、8.2%、19.0% 和 28.3%。

招股说明书解释，快手科技的亏损之所以扩大，主要是因为致力于扩大用户群、提升用户参与度、提高品牌知名度和发展整体生态系统，导致销售和营销开支占总收入的百分比提高。

为了尽快实现盈利，快手科技开始学习抖音的"团长模式"，在 2020 年 10 月上线了直播带货供应链服务业务"好物联盟"，重视"团长"角色；在 2021 年 9 月举办了招商大会，制定了"平台 90 天内不抽取佣金"的营销优惠策略；在 2021 年 11 月将"好物联盟"升级为"快分销"。这些措施是快手科技壮大"团长"群体、增加电商业务 GMV 的关键。而抖音依靠罗永浩"交个朋友"的直播业务，日活跃用户达 6 亿名，是快手科技的一倍多。

快手科技似乎比抖音更重视直播业务，这不仅因为快手科技看到了这项业务的年增长幅度比较大，更因为快手科技有大量的白牌（没有品牌）商品，这些商品需要由合适的主播来卖。这也是分销业务部负责人盖世所说的"用生态的方式做白牌"的真正含义：分销模式做白牌，直营模式做品牌。

当然，快手科技的招股说明书也提示了投资风险。快手科技将在营销开支和生态系统方面持续增加投入，预计上市后第一年的亏损净额与 2019 年相比有所增加，无法保证在不久的将来实现盈利。

3. 快手科技的"资本泡沫"超万亿元

虽然快手科技在上市之初受到资本热捧，但是好景不长。

快手科技的股价在 2021 年 2 月之后一路走低，最低跌至 65.75 港元/股，仅半年时间，股价便从最高点的 417.8 港元/股大跌 84.26%，市值蒸发约 1.44 万亿港元。2022 年 1 月，快手科技收盘价为 67.55 港元/股，与发行价格相比下降约 41.26%，市值约 2770 亿港元，与最高点相比跌幅达 83.83%，蒸发约 1.42 万亿港元，约合 1.17 万亿元人民币。2022 年春节后，快手科技的股价反弹到 80 港元/股，不过与发行价格相比，仍有 30% 的跌幅。

在 2021 年上半年，包括快手科技在内的所有网络平台公司的总市值已经超过 10 万亿元。针对网络平台经济"野蛮生长"的现象，为了防止资本无序扩张，促进网络平台经济健康发展，自 2021 年 6 月起，市场监督管理部门和网络安全管理部门陆续出台了一系列规范网络平台经济发展的监管法规。资本市场趋于理性，涌动的资本热潮在该领域逐渐降温。

今后，在严格的监管和规范下，相信投资界能够对网络平台公司合理估值、理性投资，避免资本和资源的巨大浪费。试想，如果把几万亿元用于"硬科技"研发，那么将补充多少短板呢？

12.2.5　美国上市条件和程序

1．美国各层次股票市场定位和上市方式

美国证券市场主要包括纽交所、纳斯达克和纽交所中小板。其中，纽交所中小板的前身是美国证券交易所，其在 2008 年被纽交所收购，改名为 NYSE MKT LLC。

纽交所定位于全球各种行业内较成熟的大型企业，如传统制造类、消费类企业；纳斯达克是全球高科技和创业板市场的成功典范，更适合成长型企业，如互联网类、科技类企业；纽交所中小板定位于资本规模小、净利润尚达不到更高标准的企业，涵盖医疗、制造、能源、科技、金融、房地产和其他行业，艾克森石油、通用汽车等就是先在纽交所中小板上市并成长为大企业后，再转板到纽交所上市的。

在美国上市的中国企业有阿里巴巴、百度、京东、网易、新浪、搜狗、携程、虎牙、链家、贝壳找房、新东方、爱奇艺、拼多多、唯品会、58 同城、挚文集团、中通快递、哔哩哔哩、蔚来汽车和腾讯音乐等。

2．上市方式——普通股 IPO 和 ADR 上市

在美国主要有两种上市方式，一是普通股 IPO 方式，二是 ADR 方式。

ADR 是一种约定性的凭证式证明文件，代表外国公司的股份所有权，可以在美国上市交易。每个 ADR 都代表一定数量的、在发行人注册地所在国的基础股

票，如 3 股、4 股等，这些基础股票一般由发行人注册地所在国当地的存托管理人保管。

美国股市允许三级 ADR 通过保荐方式公开发行 ADR，并上市交易。三级 ADR 需要与存托银行签订存托协议，向美国证券交易监督委员会（简称"美国证监会"）提交 Form F-6 和 Form 20-F 表格后，可在纽交所、纽交所中小板、纳斯达克三大证券市场上市。为了在美国发行三级 ADR，发行人还必须提供三级 ADR 注册用的 Form F-1（与美国公司提供的 Form S-1 类似）。

1）为什么一些中国公司在美国选择 ADR 上市

① 根据美国股市相关规定，不允许在美国境外注册的公司在美国上市，除非在美国直接发行外资股。例如，中国公司可以在纽交所直接发行 N 股上市，但是公司现有股东的中国境内股票不能在美国上市，现有股东的旧股可以部分转换成 ADR，与新发行的 ADR 一起上市。

② ADR 上市后股东转股自由度较高，ADR 与基础股票之间可以通过转股相互转换。未来，如果中概股在中国香港上市，并在美国采用 ADR 方式上市，将为投资者在两个市场之间的灵活转换和配置提供条件。

③ 存托银行提供一站式服务，发行人无须与各类中介机构多重沟通，可以节省时间和人力成本。此外，存托银行还提供特色化的增值服务，如专业的投资者关系咨询、发布二级市场最新动态和潜在投资者信息等服务，协助发行人与资本市场沟通。

④ ADR 解决了美国与国外证券交易制度、惯例、语言、外汇管制等不尽相同所造成的交易困难，中国公司无须到美国发行股票，而是通过在美国注册 ADR 私募发行或国际公开发行，实现在美国上市交易。

⑤ 美国股市的各国投资者可以利用 ADR 对外国公司非美元标价的股票进行投资，扩大了各国公司的投资者范围，有利于各国公司获得更多的融资。

截至 2021 年年末，共有超过 100 家中国公司在美国发行 ADR 上市，其中 60 多家公司在纽交所上市，40 多家公司在纳斯达克上市，包括网络平台公司 20 多家，如百度、网易、搜狗、迅雷、陌陌、58 同城、智联招聘、腾讯音乐等；电商和零售业公司 10 多家，如阿里巴巴、京东、唯品会、兰亭集势等；金融服务、新能源、传媒、旅游休闲、出行服务等行业各有近 10 家公司，如拍拍贷、和信贷、晶科能源、携程、前程无忧等。

2）ADR 上市条件，ADR 与普通股的比率

ADR 上市条件与普通股上市条件基本相同，上市交易以 ADR 为单位，股价就是 1 个 ADR 的价格。这导致国内一些人不明白为什么同一家公司中美股价的

差距会那么大。

ADR 与普通股的比率是指每个 ADR 代表的普通股的数量。

假设某中国公司的普通股股价为 10 元人民币/股，在美国股市同类可比公司的普通股股价平均为 6.15 美元/股，按 1:6.5 的汇率换算，约合 40 元人民币/股。这样，上市前 ADR 与普通股的比率应确定为 4:1，即每个 ADR 代表 4 股中国普通股。例如，百度在美国上市的 1 个 ADR 交易单位等于 6 股中国的百度普通股。

3. 纽交所最新上市标准

作为一个全球性的证交所，纽交所接受外国公司 IPO 上市。不过，自 2016 年以来，修改后的纽交所非美国公司上市条件比美国公司的门槛高出很多，而我国许多图书仍然采用十几年前的上市条件，甚至误用很多错误信息。根据 2020 年 8 月 26 日美国证监会批准的修改版《上市公司手册》（*Listed Company Manual*）第 102 和 103 节，纽交所有 3 套最新上市标准，公司三选一即可。纽交所最新上市标准如表 12-4 所示。

表 12-4　纽交所最新上市标准

标准		美国公司	非美国公司
发行标准	最低投资者数量	2000 个持 100 股以上的美国股东，或者共有 2200 个股东，最近 6 个月的月平均交易量为 10 万股，或者共有 500 个股东，最近 12 个月的月平均交易量为 100 万股	在全球范围内有 5000 个持 100 股以上的股东（包括之前已在中国香港、中国内地和其他交易所交易其股票的股东）
	公众持股量	在北美有 110 万股	在全球有 250 万股
	首发公众股市值	首次发行额按市场价格测算不少于 4000 万美元	首次发行额按市场价格测算不少于 6000 万美元
	流通股市值	6000 万美元	1 亿美元
财务标准	标准一：利润	最近 3 个财政年度税前收入总和为 1000 万美元，其中最近 2 年的年税前收入为 200 万美元，第 3 年必须实现盈利	最近 3 个财政年度税前收入均为正且累计不低于 1 亿美元，其中最近 2 年均达到 2500 万美元
	标准二：市值＋收入＋现金流量	全球市值不少于 5 亿美元，最近 1 年收入不少于 1 亿美元，最近 3 年总现金流量为 2500 万美元且每年均为正数	全球市值不少于 5 亿美元，最近 1 年收入不少于 1 亿美元，最近 3 年总现金流量为 1 亿美元且最近 2 年均达到 2500 万美元
	标准三：市值＋收入	上市时市值不少于 2 亿美元	上市时全球市值为 7.5 亿美元，最近 1 个财政年度总收入为 7500 万美元
	资产状况	有形资产净值不少于 4000 万美元	有形资产净值不少于 1 亿美元
	关联公司上市	适用于纽交所已上市的关联公司市值不少于 5 亿美元，经营年限不少于 12 个月	同美国公司标准

标准		美国公司	非美国公司
其他标准	经营历史	3 年	同美国公司标准
	发行价格	≥4 美元/股	同美国公司标准
	公司管治	对公司的管理和操作方面有多项要求	同美国公司标准
	其他有关因素	所属行业的相对稳定性、公司在所属行业中的地位、产品的市场情况、公司前景、募集资金投向等	同美国公司标准

4. 纽交所中小板最新上市标准

纽交所中小板共有 4 套最新上市标准，公司可任选其一，如表 12-5 所示。

表 12-5　纽交所中小板最新上市标准

标准		标准一	标准二	标准三	标准四（a）	标准四（b）
发行标准	最低公众股东数量和持股量	800 名和 50 万股，或者 400 名和 100 万股，或者 400 名和 50 万股	同标准一	同标准一	同标准一	同标准一，并且最近 6 个月的日平均交易量为 2000 股
	流通股市值	300 万美元	1500 万美元	1500 万美元	2000 万美元	2000 万美元
	公司总市值	无要求	无要求	5000 万美元	7500 万美元	无要求
财务标准	盈利状况	上个财政年度税前利润不少于 75 万美元	无要求	无要求	无要求	无要求
	总资产和总收入	无要求	无要求	无要求	无要求	7500 万美元
	股东权益	400 万美元	400 万美元	400 万美元	无要求	无要求
其他标准	经营历史	2 年	无要求	无要求	无要求	无要求
	发行价格	≥3 美元/股	≥3 美元/股	≥2 美元/股	≥3 美元/股	≥3 美元/股
	公司管治	对公司的管理和操作方面有多项要求	同标准一	同标准一	同标准一	同标准一

5. 纳斯达克最新上市标准

纳斯达克市场从高到低分为 3 个层次。纳斯达克全球精选市场的上市标准最高，与纽交所主板竞争大型优质企业上市资源；纳斯达克全球市场属于中间层次，最具代表性，主要服务中型企业，其上市标准比纽交所更为灵活宽松，与纽交所中小板竞争中小型企业资源；纳斯达克资本市场是纳斯达克最早设立的市场层次，上市标准最低，主要服务小微企业。

根据最新的《纳斯达克上市指导手册》，纳斯达克上市先决条件为经营生化、生技、医药、科技（硬件、软件、半导体、网络和通信设备）、加盟、制造和零售连锁服务等行业，经济活跃期满 1 年以上且具有高成长性、高发展潜力者。纳斯达克全球精选市场、全球市场和资本市场最新上市标准分别如表 12-6、表 12-7 和表 12-8 所示。

表 12-6 纳斯达克全球精选市场最新上市标准

标 准		最新上市标准（4 套标准 4 选 1）			
		利润标准	市值+现金流量标准	市值+收入标准	资产+权益标准
发行标准	股东人数	持 100 股以上的美国股东 400 名，或者股东总数在 2200 名以上	同利润标准	同利润标准	同利润标准
	公众持股量和市值	非受限公众持股 125 万股以上，非受限公众持股市值在 4500 万美元以上	同利润标准	同利润标准	同利润标准
财务标准	税前利润	最近 3 个财政年度均为正且累计不少于 1100 万美元，最近 2 个财政年度均不少于 220 万美元	无要求	无要求	无要求
	股东权益	无要求	无要求	无要求	不少于 5500 万美元
	市值	无要求	前 12 个月平均不少于 5.5 亿美元	前 12 个月平均不少于 8.5 亿美元	不少于 1.6 亿美元
	现金流量	无要求	最近 3 个财政年度均为正，并且累计净流入不少于 2750 万美元	无要求	无要求
	总收入或总资产	无要求	前 1 个财政年度总收入不少于 1.1 亿美元	前 1 个财政年度总收入不少于 9000 万美元	总资产不少于 8000 万美元
其他标准	经营历史	无要求	2 年	无要求	无要求
	公司管治	需要	同利润标准	同利润标准	同利润标准
	发行价格	≥4 美元/股	同利润标准	同利润标准	同利润标准
	做市商	3 名	3 名	4 名	4 名

注：维持挂牌条件股价最低为 4 美元/股。

表 12-7　纳斯达克全球市场最新上市标准

标　　准		最新上市标准（4 套标准 4 选 1）			
		利润标准	权益+股本标准	市值标准	资产+收入标准
发行标准	股东人数	400 名	同利润标准	同利润标准	同利润标准
	最低市场流通股	110 万股	同利润标准	同利润标准	同利润标准
财务标准	税前利润	最近 1 个财政年度或最近 3 个财政年度中的 2 个财政年度，税前利润不少于 100 万美元	无要求	无要求	无要求
	股东权益	1500 万美元	3000 万美元	无要求	无要求
	市值	无要求	无要求	全球市值不少于 7500 万美元	无要求
	总资产和总收入	无要求	无要求	无要求	最近 1 个财政年度或最近 3 个财政年度中的 2 个财政年度，总资产和总收入均不少于 7500 万美元
	流通股市值	800 万美元	1800 万美元	2000 万美元	2000 万美元
其他标准	经营历史	无要求	2 年	无要求	无要求
	公司管治	需要	同利润标准	同利润标准	同利润标准
	发行价格	≥4 美元/股	同利润标准	同利润标准	同利润标准
	做市商	3 名	3 名	4 名	4 名

注：维持挂牌条件股价最低为 4 美元/股。

表 12-8　纳斯达克资本市场最新上市标准

标　　准		最新上市标准（3 套标准 3 选 1）		
		利润标准	权益+股本标准	市值标准
发行标准	股东人数	300 名	同利润标准	同利润标准
	最低市场流通股	100 万股	同利润标准	同利润标准
财务标准	税前利润	最近 1 个财政年度或最近 3 个财政年度中的 2 个财政年度，税前利润不低于 75 万美元	无要求	无要求
	股东权益	400 万美元	500 万美元	400 万美元
	市值	无要求	无要求	5000 万美元
	流通股市值	500 万美元	1500 万美元	1500 万美元
其他标准	经营历史	无要求	2 年	无要求
	公司管治	需要	同利润标准	同利润标准
	发行价格	≥4 美元/股	同利润标准	同利润标准
	做市商	3 名	同利润标准	同利润标准

6. 在美国上市的优势

1）活跃的资本市场

美国有活跃的多层次资本市场，每家交易所都有针对无利润企业的上市标准。处于创业发展期的企业，无论规模大小，即使处于亏损状态，在著名投资银行的支持下，也能依靠"高成长性"和"高发展潜力"获得上市机会。美国活跃的资本市场更适合商业模式创新的企业上市融资。

2）管理规范、透明

与其他股市相比，美国股市的管理规范、透明，融资比较安全。美国股市已有 100 多年的悠久运作历史，在管理经验、融资水平和行业成熟度等方面具有很大的优势。对于投资者来说，安全是第一位的。因此，企业赴美上市，有助于让投资者安全地获取更多回报。

3）美国股市全球体量较大、融资机会多

美国股市拥有丰富多元的资金来源和各式各样的融资渠道，没有资金管制，美元可以自由进出，企业的融资机会更多、融资量更大。基于严格规范的交易管理，企业可以获得更多的优质融资机会。

4）观念新潮，更易接受创新商业模式

中国股市通常不太看好商业模式创新、相对"轻资产"的企业，这些商业模式创新的企业更适合在美国上市。

5）渠道开放，再融资灵活

在美国，如果企业业绩良好，那么随时可以发行新股融资，频率不受限制。通常情况下，董事会在决定融资方案后上报监管部门，若 20 天内没有得到回复，则上报材料自动生效；当股价达到 5 美元/股以上时，股东可用所持股份到银行抵押贷款。

6）市值增长空间更大

美国资本市场对"高成长性"非常崇拜，不吝赋予高成长性企业高市值。这对于创业企业（尤其是商业模式创新、增长空间大的企业）来说，是不可多得的平台。

7）上市流程可控程度高，上市可能性更大

美国股市采用注册制，强调发行人必须依法公开各种资料，监管机构的职责是对申报文件的全面性、准确性、真实性和及时性做出形式审查，不对发行人的资质进行实质性审核和价值判断，而是把发行人股票的良莠交给市场判断。注册制的基础是"强制性信息公开披露"原则，遵循"买者自行小心"的理念。

8）资本市场层次丰富，转板更加容易

中小型企业可以先在低一级的市场上市，等做大做强后，再升级进入高一级的市场。从场外交易市场升级进入场内交易市场，通过只需要经过 6～8 周的上市挂牌时间。

　　虽然在美国上市具有很多优势，但是这个过程也很有挑战性，企业的真实业绩、持续盈利能力、对美国法规的遵守程度，企业和股东的诚信，上市团队的专业水平、融资渠道，以及市场状况等，都决定着企业能否进入美国资本市场。

7. 美国上市程序

　　美国 IPO 上市程序和 ADR 上市程序分别如图 12-5 和图 12-6 所示。图中英文缩写的含义分别是 SEC（美国证监会），US GAAP（美国会计准则），PCAOB（美国公众公司会计监督委员会），IAS（国际会计标准）。

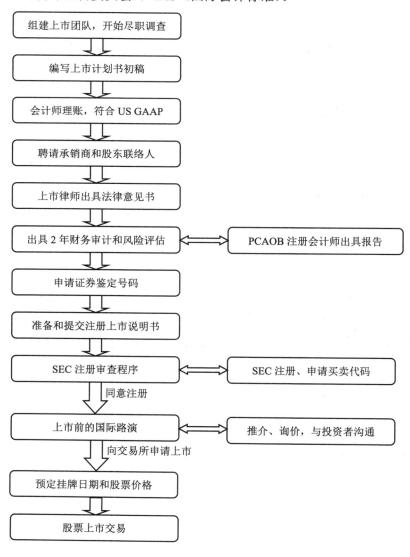

图 12-5　美国 IPO 上市程序

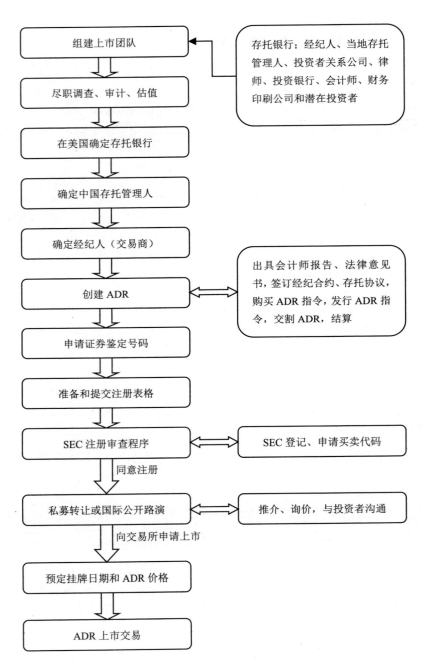

图 12-6　美国 ADR 上市程序

12.2.6　中国企业在选择境外上市地时应考虑的问题

自 2020 年 12 月，美国国会众议院全票通过《外国公司问责法案》，以及 2021 年 SEC 出台该法案的实施细则以来，所有在美国上市的外国公司都必须向 SEC 和 PCAOB 提供审计底稿，这可能导致外国公司泄露大量个人信息和网络信息。事关网络安全和信息安全，中国监管部门一直没有接受美方的上述要求。

根据 SEC 披露的信息，截至 2022 年 8 月 26 日，经 SEC 确认的预摘牌名单中的中概股企业达 159 家，这些企业将于 2023 年下半年开始陆续正式摘牌。在此冲击下，一些中概股企业相继启动回国上市。其中，滴滴出行已于 2022 年 6 月 13 日从纽交所正式退市，暂时改到上市条件和监管要求比较宽松的美国 OTC（over the Counter，场外市场）挂牌交易。滴滴出行发布的退市公告称，公司主动退市，并准备回中国香港上市。事实上，滴滴出行的股价已经从 2021 年 6 月 14 美元/股的发行价跌到 2.3 美元/股，并连续几个月低于纽交所的持续上市挂牌条件（4 美元/股）。也就是说，即使滴滴出行不主动退市，也会很快被强制退市。

令人欣慰的是，2022 年 8 月，中国证监会、财政部与美国 PCAOB 签署了审计监管合作协议，将于近期启动相关合作。此次中美双方签署的合作协议意义重大，暂时缓解了中概股危机。中国证监会有关负责人在答记者问时表示，合作协议对审计监管合作中可能涉及的敏感信息的处理和使用作出了明确约定，针对个人信息等特定数据设置了专门的处理程序，为双方在履行法定监管职责的同时保护相关信息的安全提供了可行路径。

业内人士普遍认为，签署审计监管合作协议符合资本市场监管合作的国际通行做法，有助于避免敏感信息"泛化"，从而让各类投资者可以查阅和交流必要的商业信息，根据相关信息做出恰当的决策。中美双方跨境审计监管合作，能够畅通中国企业赴美上市的渠道，对双方资本市场有利。正如中国证监会有关负责人在答记者问时所讲的那样："保留中概股在美上市，对投资者有利，对上市公司有利，对中美双方都有利，是一种多赢的制度安排。"

中概股的命运能否彻底好转？这还有待继续观察。业内人士向《财经》记者表示，协议声明只是第一步，协议的履行才是真正的考验。

需要指出的是，虽然中美双方都表示已达成共识，但是在有关如何检查审计底稿的程序表述上，双方的措辞有所不同。美国 PCAOB 在声明中称，该机构有权自行选择其需要检查和调查的公司、审计业务、潜在违规行为，无须咨询中国监管部门或由中国监管部门提供意见。中国证监会则表示，美方必须通过中国监管部门获取审计底稿，并在中方参与和协助的前提下对会计师事务所相关人员进行问询。

就在中美双方签署合作协议后不久，美国 PCAOB 主席艾丽卡·威廉姆斯强调："双方协议只是第一步，真正的考验是纸面上商定的文字能否在实践中完全转化。PCAOB 要在 2022 年 12 月做出决定之前对其进行测试。"美国 SEC 主席加里·詹斯勒也在随后的发文中表示："PCAOB 的检查人员要想在 2022 年年底前完成测试，必须在 2022 年 9 月中旬到达现场。"对此，中国证监会表示："如果后续合作可以满足各自监管需求，则有望解决中概股审计监管问题，从而避免自美被动退市。"

2022 年 8 月，《南华早报》源引路透社报道称，阿里巴巴和负责其审计业务的普华永道分别接获 PCAOB 的通知，自 2022 年 9 月开始审计监管。由此，阿里巴巴成为首批在中国香港接受美国 PCAOB 审计监管的中国企业之一。

从中美合作的情况来看，不涉及信息安全和网络安全的中国公司应该可以继续在美上市。从中国证监会的态度来看，只要中国公司遵守国内数据安全和资讯保护的有关规定，中国证监会就支持它们在美上市。从资本市场来看，目前，中国内地科创板、创业板、北交所允许还没有上市的红筹公司回国上市，中国香港放宽了"同股不同投票权"的 AB 股模式公司的上市条件；新加坡放宽了中国公司的上市条件；瑞士和德国证交所允许外国公司发行 GDR（Global Depository Receipt，全球存托凭证）上市。为了规避中美关系的不确定性风险，中国公司应当结合自身的实际情况，综合考虑各上市地的上市条件、上市规则、筹资能力、监管法规、上市费用、维护成本、地理位置和文化背景等因素，在权衡利弊的基础上选择适合自身的上市地。

12.2.7　新加坡上市条件和程序

1. 新加坡股票市场层次和定位

新加坡是全球第三大国际金融中心，政治局势比较稳定。在 2019—2021 年间，2/3 的东南亚风险投资基金聚集于此，国际资本云集新加坡。新加坡融资渠道不断拓宽，新加坡股市更加开放和繁荣。

新加坡政府积极打造创业生态，组织各种面向全球的创业活动，如"新加坡科技创新周"，让创业企业有更多机会与投资者、潜在客户沟通交流。新加坡经济发展局积极协助国际企业落地新加坡，特别重视对创业企业的支持，如"起步新加坡"（Startup SG）计划为在新加坡注册的创业企业和创业者提供平台，获得本地资源的支持，并连接全球创业网络。

如今，在全球前 10 大收益最高的药物中，有 4 种在新加坡生产；世界上每 10 个集成电路芯片中，就有 1 个是在新加坡制造、组装或测试的。商务部《对外投资合作国别（地区）指南——新加坡（2021 年版）》显示，截至 2020 年年末，在新加坡注册的中资企业约有 8500 家。

新加坡只有一个证券交易所，即新加坡证券交易所（简称"新交所"），有两个主要交易板块，即主板和凯利板（Catalist，创业板）。

在新交所上市的公司可自由选择注册地，无须在新加坡有实质业务。出于避税的考虑，海外公司大多选择在百慕大群岛、开曼群岛等地设立离岸公司，作为上市主体公司。

申请公司既可以通过 IPO 方式上市，向大众发行新股或发售现有股份融资，也可以通过特殊目的收购公司（Special Purpose Acquisition Company，SPAC）这一已经上市的"空壳"，以反向收购方式实现上市。

新交所主板定位于发展成熟的企业，包括制造、通信、金融、商贸、科技、地产、环保、消费品、药业、服务业等行业的企业，其中制造业（含电子业）所占比例在 40%以上，已有 20 多个国家和地区的企业在新交所主板挂牌上市，上市申请主体公司的注册地由发行人酌情决定。与亚洲其他国际市场相比，新加坡股市最为国际化。

新交所凯利板定位于处在快速成长阶段的中小型企业，特别适合科技创新、经营模式创新的中小型企业。首次上市的公司必须经由新交所授权的全面保荐人提出，并通过 IPO 方式或特殊目的收购公司反向收购方式实现上市。

新交所还有一个叫作 Global Quote 的交易板块，专门提供国际证券报价、交易服务。GDR 作为代表发行人若干股份的凭证，可以在新交所上市交易。发行 GDR 是已在发行人本国证交所上市的国际性公司在新交所上市筹资的另一种方法，已经在美国、中国香港或其他国家和地区的证交所上市的公司，其 GDR 和存托股票也可以在新交所二次上市。所以，在美国上市的中概股 GDR 可以转到新加坡二次上市，如盛大网络、中国移动、中国铝业、如家酒店等。

2．新交所主板上市标准

寻求在新交所主板上市的公司必须达到准入门槛，包括最低利润、市值水平等。在新交所主板上市的公司必须达到如表 12-9 所示的 3 套标准中的任何一套。

表 12-9　新交所主板上市标准

指　　标	标　准　一	标　准　二	标　准　三
税前利润	最近 1 个财政年度的合并税前利润不低于 3000 万新元	最近 1 个财政年度实现盈利，根据发行价格和招股后已发行股本计算的市值不低于 1.5 亿新元	最近 1 个完整财政年度有营业收入，根据发行价格和招股后已发行股本计算的市值不低于 3 亿新元
市值	无	无	以发行价格计算，公开发行时市值不少于 8000 万新元
股权分布	若市值不到 3 亿新元，则至少 25% 的已发行股份由至少 500 名股东持有（若市值超过 3 亿新元，则股权分布比例为 12%～20%）。 对于第二上市的情况，公司必须在全球范围内有至少 500 名股东。若新交所与第一上市交易所之间并无订立促进股份转移的框架和安排，则在新加坡境内至少有 500 名股东，或者在全球范围内至少有 1000 名股东		
独立董事	对于新加坡境外发行人，须设有至少 2 名为新加坡居民的独立董事		
营业记录	至少 3 年	至少 3 年	至少 1 年
管理层连贯性	3 年	1 年或 2 年，视不同情况而定	无
会计标准	新加坡财务报告准则、国际财务报告准则或美国公认会计原则		
持续义务	有关重大信息披露、定期报告、新增股份发行、公司交易、公司管治指引、关联方交易和公众持股量的规则将持续适用		

注：未达到上述标准的矿产、石油和天然气公司，必须满足下列额外条件。①根据发行价格和招股后已发行股本计算的市值不低于 3 亿新元；②披露其进入生产阶段的计划、重要事件和资本开支情况；③有关资源至少达到推定资源量（矿产）或表外资源量（石油和天然气）；④运营资金必须满足上市后 18 个月的资金需求。

3. 新交所凯利板上市标准

新交所凯利板不设定具体、量化的准入门槛，即公司不需要达到任何利润、营业收入或市值方面的最低要求，上市文件也不需要由新交所审批，公司能否上市和上市后的监管均由新交所授权的全面保荐人直接决定。

申请公司必须向新交所提交发售文件，并在新交所的 Catalodge 网站上发布，为期不能少于 14 天，以征求公众意见。这既为公众提供了反馈意见的渠道，也提供了额外的保障。新交所凯利板上市标准如表 12-10 所示。

表 12-10　新交所凯利板上市标准

利润、营业收入和市值	新交所并未设定任何量化的最低标准，而是由保荐人采用各自的内部交易标准进行选择：矿产公司需要拥有足够的推定资源量，石油和天然气公司需要拥有足够的表外资源量。发行人的商业经营必须有利可图，有良好的发展前景

续表

股权分布	公众持有至少 15%的招股后股本，同时至少有 200 名股东
独立董事	2 名独立董事；对于外国公司，至少 1 名独立董事为新加坡居民
营业状况	不要求有盈利，不过会计师报告不能有重大保留意见，有效期为 6 个月。若发行人无过往业绩可查，则必须证明有项目或产品开发并需要资金，该项目或产品开发必须已经进行过周密的研究论证和成本估算
运营资本声明	IPO 文件中必须包括由发行人的董事和保荐人提供的关于公司为期 12 个月（矿产、石油、天然气类公司为 18 个月）运营资本充足性的声明
公司治理	业务在新加坡的公司，必须有 2 名独立董事；业务不在新加坡的控股公司，必须有 2 名常住新加坡的独立董事，1 名全职在新加坡的执行董事，并且每季开一次会议
持续义务	凯利板不允许第二上市；有关重大信息披露、定期报告、新增股份发行、公司交易、公司管治指引、关联方交易和公众持股量的规则将持续适用。在凯利板上市的公司，上市后需要继续聘用保荐人
转板条件	上市 2 年后，达到主板任何一套上市标准，即可转入主板

注：矿产公司需要拥有足够的推定资源量，石油和天然气公司需要拥有足够的表外资源量；运营资金必须满足上市后 18 个月的资金需求。

4. 新交所上市方式

1）"S 股模式"直接在主板上市

"S 股模式"也被称为"大 S 股模式"，即中国境内企业直接申请在新交所主板发行外资股 IPO 上市。由于采用 S 股模式必须同时符合中国证监会的"四五六"规定和新交所上市标准，因此该模式仅适合大中型企业赴新交所上市。1997 年，中新药业采用该模式在新交所上市，成功发行 1 亿股 S 股，发行价格为 0.68 美元/股，净筹资额近 6800 万美元。

2）境外造壳间接上市

境外造壳间接上市，即中国境内企业设立境外离岸公司，通过搭建红筹架构赴新交所上市。下文将具体讲述四五酒业的上市案例。

3）买壳上市

买壳上市可以避开复杂的 IPO 上市审批程序，手续简单。不过，企业要好好选择壳公司。在新加坡买壳，主要通过收购方式控制上市公司，买壳后通过增发和配售实现再融资，中远投资和招商亚太就是采用买壳方式在新交所上市的。

4）特殊目的收购公司上市

新交所自 2021 年 9 月起，允许"空壳"公司，即特殊目的收购公司上市。企业可以通过特殊目的收购公司，以反向收购方式实现上市。具体内容将在 12.3.2 节中详细讲述。

5）异地二次上市

企业在新交所上市后，可以利用新交所与中国香港市场的对接性，将其作为在香港二次上市的跳板，如越秀投资、大众食品在新交所上市后，通过介绍形式赴中国香港二次上市。

6）"S/A 模式"曲线回归上市

具体有两种"S/A 模式"，"大 S/A 模式"是指先在新交所主板上市，再回国内发行 A 股上市，"小 S/A 模式"是指先在新交所凯利板上市，再回国内发行 A 股上市。"S/A 模式"也被称为"一股两市，曲线回归"。已有采用这种模式的案例，如中国香港 H 股回归 A 股市场的海螺水泥、江西铜业、华能国际、中国石化、广州药业，新加坡 S 股回归 A 股市场的中新药业、天津医药等。

"小 S/A 模式"对国内中小型企业具有一定的现实意义，其突出优点是企业无须在国内排队等待，先在新交所上市获得急需的发展资金，壮大企业，等达到国内上市条件后，再回归 A 股上市。

5. 在新加坡上市的优势

① 新加坡与中国的文化背景有相通之处，是中西文化的交融之地，易于沟通。与其他市场相比，新加坡市场可以对中国企业进行更加充分的了解和公平的评估。

② 新交所推出了新上市规则，以争取更多境外企业前来上市，并且新交所再融资规则宽松，增发、配股灵活，很多企业在新交所上市后的融资额已经超过了 IPO 融资额。

③ 企业在新交所上市售股，可以选择发售新股或由股东出售原有股份。

④ 新加坡没有外汇和资金流动管制，发行新股和出售旧股所募集的资金可以自由流入、流出新加坡。

⑤ 在新交所上市融资，可以选择新元、美元和港元，报表货币可以选择新元、美元和人民币。新交所的股票、GDR 对接亚太地区和美国，可以采用新元、美元、澳元和港元进行交易。

⑥ 新交所允许通过特殊目的收购公司，以反向收购方式实现上市。

⑦ 达到市值标准的公司，在上市 6 个月后的 12 个月内，发起人可出售持股量 50%的股份，投资者退出的规则更宽松。

⑧ 在凯利板上市的独特优势如下。快速上市，上市过程只需要 5～6 个星期；上市费用低廉，新交所收取的首次上市费用最低为 3 万新元，最高为 10 万新元。

6. 新加坡上市程序

新加坡上市程序如图 12-7 所示。

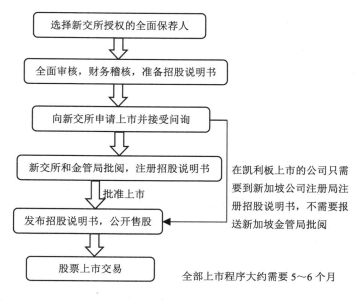

图 12-7　新加坡上市程序

12.2.8　四五酒业在新交所主板 IPO 上市，带动中国省级区域企业赴境外上市

　　河南祥龙四五酒业有限公司（简称"四五酒业"）位于河南省周口市，是河南省酿酒行业重点骨干企业和河南省"八大名酒生产厂家"之一。其前身是河南四五酒厂，在 2005 年河南省"放心白酒"评比中，其"50 度四五老窖"和"46 度四五老酒"以卓越的品质获得综合成绩第一名，荣获"河南放心白酒"称号；2007 年 5 月荣获"河南中华老字号"称号。经招商引资，河南四五酒厂改制为四五酒业。

　　为了赴新加坡上市，四五酒业于 2008 年 2 月在百慕大群岛注册设立离岸公司祥龙控股集团有限公司（简称"祥龙控股"），并在河南省设立河南祥龙四五酒业营销有限公司，通过红筹架构和并购方式，将四五酒业在中国的全部资产和业务注入离岸公司。

　　2008 年 9 月，四五酒业以祥龙控股为主体在新交所 IPO 上市。本次共向公众投资者发售股票 15 625 万股，占已发行总股本的 25%，其中发行新股 15 300 万股，原股东出售旧股 325 万股，总融资额为 4843.75 万新元，当时约合 1.714 亿元人民币。四五酒业计划利用这笔资金中的 3000 多万新元来扩充产能和迁移生产设施，200 多万新元用来提升品牌知名度，100 多万新元用来提高产品和包装设计能力，其余资金作为扩大销售区域的资金和一般营运资本。

四五酒业在新交所主板成功上市，成为河南省首家实现上市的白酒企业，也是中国首家在海外实现上市的白酒酿造企业，还是在新交所上市的首家白酒酿造企业。目前，已经有 10 多家河南省企业在新交所上市。

12.3 境外买壳上市和特殊目的收购公司上市

12.3.1 境外买壳上市方式和程序

境外买壳上市是指境内非上市公司（买壳的公司）通过收购境外上市公司（壳公司）的控股权，实现对境外上市公司的控制，同时通过反向收购方式，将非上市公司的资产和业务注入上市公司，从而实现境外上市的运作行为。

1. 目标壳公司应当具备的条件

①已经上市挂牌；②没有历史债务和诉讼风险；③股权集中，2/3 以上的股权属于少数几个股东，便于谈判；④按时申报财务报表，符合持续挂牌条件；⑤原股东愿意出让股权，让出控股地位；⑥规模较小，总股本不大。

2. 境外买壳上市程序

① 境内公司 A 聘请财务顾问进行尽职调查，策划上市路径和排期。

② 财务顾问组织理账师按照国际会计准则或美国会计准则理账。

③ A 公司提前在境外避税地设立离岸公司 B，作为特殊目的收购公司。财务顾问推荐已经在境外上市的壳公司 C，中介机构对 C 公司进行尽职调查，境外会计师和估值师对境内外公司进行审计和估值，境内律师就境内收购行为出具中国法律意见书。

④ B 公司与 A 公司股东签订股权转让协议，收购 A 公司全部股权，获得中国商务部外商投资企业审批，并在市场监督管理局注册登记，将境内公司变更为外资公司，并将境内资产和业务装入离岸公司。

⑤ 境外律师进行上市资格评估，并设计操作方案，境外律师和会计师对壳公

司进行尽职调查，律师出具"空壳干净"的法律意见书，财务顾问提供壳公司的财务信息，协助境内公司与壳公司签订意向书并向壳公司支付定金。

⑥ 财务顾问协助壳公司报送境外监管机构要求的反向收购审批表格。

⑦ 财务顾问、律师起草离岸公司 B 与壳公司 C 的换股并购协议（反向收购协议），以及进一步的报批表格。

⑧ 离岸公司 B 与壳公司 C 签署换股并购协议，报送买壳文件并披露信息，即由 C 公司以换股方式收购 B 公司全部股权，实现 B 公司境外买壳。

⑨ 资产转移，C 公司从法律上将 A 公司的资产和业务通过 B 公司注入 C 公司，并交割接管，将 A 公司的业务和业绩并入财务报表。

⑩ 财务顾问协助 C 公司向美国证监会或中国香港证监会报送壳公司控制权变更文件及其注入境内资产后的财务报表，说明公司控制权变更情况。

⑪ 财务顾问协助 C 公司向交易所报送更改后的壳公司名称。

⑫ 在获得监管部门的审批或注册后，壳公司更名翻牌，境外买壳上市成功。

3. 境外买壳上市的关键节点

在第八步操作中，应当将 C 公司增发新股和部分增发新股的现金作为收购价款支付给 B 公司及其股东，现金部分作为转让价款，由 B 公司支付给 A 公司的股东，以此完成 B 公司收购 A 公司的外汇支付。这样，在 B 公司将全部股权转让给 C 公司的同时，B 公司的股东持有 C 公司的股权并成为其大股东。境内外两项收购可分步进行，不过协议条款要严格对应，并且以 B 公司成功收购 A 公司的全部股权为 C 公司收购 B 公司股权协议生效的前提条件。

在买壳期间，如果 C 公司能够私募融资，那么可以申请豁免发行，并准备促销材料和路演，组织承销商进行股票分销，融资资金可支付给 B 公司，并作为 B 公司支付给 A 公司股东的股权转让价款。

值得注意的是，壳公司 C 和离岸公司 B 都是股份有限公司，境内公司 A 一般是有限责任公司，A 公司的注册资本价值等同于股权价值。境内外公司在融资、收购或换股并购时，根据各自的估值，股份有限公司以"每股"为单位计算其股票价格，计算单位为"元/股"，有限责任公司以"每元注册资本"为单位计算其注册资本价格，计算单位为"元/每元注册资本"，据此换算融资、收购或换股并购后各方的持股数量。

境外买壳上市的路径如图 12-8 所示。

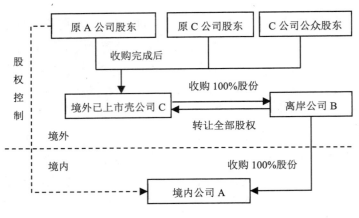

图 12-8　境外买壳上市的路径

4．在香港买壳上市的特殊规定

在香港，如果收购上市壳公司的股份超过 29.90%，那么买方必须按照新版《香港公司收购及合并守则》的规定，以同样价格对壳公司其余所有股东进行全面收购；当控股比例达到 50% 时，需要向壳公司其余所有股东发出无条件全面收购要约。这需要更多的收购资金或更多的换股并购股权，很难操作。因此，在香港买壳上市时，收购壳公司 C 的股份通常不超过 29.90%，超过部分应通过由 C 公司发行可换股债券的方式支付给 B 公司的股东，之后将可换股债券按照约定价格逐步转换成 C 公司的普通股份，从而获得 C 公司更多的控制股权。

在不久的将来，中国香港将与美国一样，可以通过特殊目的收购公司实现并购交易上市，这将成为境内企业赴香港上市的新渠道、新方式。

12.3.2　特殊目的收购公司上市方式和典型案例

1．特殊目的收购公司上市方式

特殊目的收购公司上市是美国、新加坡、中国香港等国家和地区的合法上市方式之一，这种方式集"空壳"上市、海外并购、反向收购、私募融资等于一体，最终达到企业上市融资的目的。

例如，香港最新上市规则规定，特殊目的收购公司是指没有经营业务的发行人，其成立的唯一目的是在预定期间内就收购或业务合并与目标公司进行交易，以便让目标公司上市。

截至 2021 年，已经有一些内地公司通过特殊目的收购公司上市，如开心汽车、优客工场等。不过，由于体量不大，在资本市场中发声较少，因此这些公司在国内的关注度不高。

特殊目的收购公司上市方式发源于澳大利亚和加拿大的矿业公司，后来在更加开放、鼓励创新的美国和英国获得了真正意义上的成功。近年来，通过特殊目的收购公司在美国上市的公司数量屡创新高。

新交所自 2021 年 9 月起，允许特殊目的收购公司上市；中国香港在 2022 年正式推行特殊目的收购公司上市机制。今后，内地公司应当关注香港允许特殊目的收购公司上市启动的相关信息，寻求新的上市渠道。

2022 年 4 月，香港联交所披露，万科集团创始人王石联合发起一家名为 Destone Acquisition Corp 的特殊目的收购公司，其中文名称为"深石收购企业有限公司"，该公司已正式向香港联交所递交了上市申请。

自 2022 年 1 月香港联交所推出特殊目的收购公司上市模式以来，春华资本胡祖六、"体操王子"李宁和阿里巴巴前 CEO 卫哲等接连发起设立特殊目的收购公司，并递交了上市申请。

特殊目的收购公司这一"空壳"只有现金，没有任何业务。其上市后的唯一任务就是找一家有较高成长性和较大发展空间的非上市私有公司，通过增发股票并购私有公司，即进行特殊目的收购公司并购交易，使私有公司与特殊目的收购公司合并为一家公司，私有公司实现上市，私有公司股东成为上市公司股东，特殊目的收购公司的发起人、投资人和私有公司的股东共同获得投资回报。

在美国，特殊目的收购公司发起人的出资额通常为上市募集资金总额的 2% 外加 200 万美元。其中，2% 用于支付承销商在特殊目的收购公司上市时收取的费用，余额用于支付特殊目的收购公司的其他相关费用。

特殊目的收购公司上市与一般公司上市的程序基本相同，首先需要向美国证监会备案，在通过注册审核后进行路演，最后以包销的承销方式公开发售股份，发行的股份主要用于与目标私有公司进行换股并购，实现私有公司上市。

在美国，成立一家特殊目的收购公司，在 3~4 周内即可向美国证监会提交上市申请。在通过审批后 15 日内，特殊目的收购公司即可上市。

2. 通过特殊目的收购公司上市与传统买壳上市的异同

① 特殊目的收购公司本身为"空壳"公司，在注册上市后并无实际业务，属于先行造壳和募集资金的工具，之后通过注册制发行股票，对非上市公司进行并

购，使并购对象成为上市公司。

② 买壳上市方式中的壳公司是已经上市、有实际业务、因经营不善而有意退市的公司，非上市公司收购壳公司从而完成上市，仅需要向美国证监会报批并购文件。

③ 特殊目的收购公司的发起人通常是有相关行业背景和经验的基金管理团队，与其他募集资金的共同基金、对冲基金、大中型投资机构等组建一家在境外上市地上市的"空壳"公司。

④ 通过特殊目的收购公司上市的路径、架构与传统买壳上市的路径、架构基本相同，只不过将"上市公司 C"换成了特殊目的收购公司。

3. 中国香港、新加坡、美国特殊目的收购公司上市条件对比

根据 2022 年的最新上市规则，中国香港、新加坡、美国特殊目的收购公司上市条件的简要对比如表 12-11 所示。

表 12-11 中国香港、新加坡、美国特殊目的收购公司上市条件的简要对比

对比项目	中国香港	新加坡	美国
一、特殊目的收购公司			
股东数量	至少 75 名专业投资者，其中 20 名必须为机构投资者且必须持有至少 75%的待上市证券	无此等限制	无此等限制
最低发行价格	10 港元/股	5 新元/股	10 美元/股
融资规模	首次发行筹集资金总额不少于 10 亿港元，必须 100%存入封闭式托管账户	最低市值为 1.5 亿新元，包括发起人的风险资本和在特殊目的收购公司首次公开发售中筹集的资金，必须 90%存入封闭式托管账户	纳斯达克全球市场最低市值为 7500 万美元，纽交所为 1 亿美元；必须 90%存入封闭式托管账户
并购运作期限	24～36 个月内完成并购	同中国香港	同中国香港
二、继承公司			
基本资格	拟通过特殊目的收购公司上市的继承公司必须符合《主板上市规则》的所有新上市要求	拟通过特殊目的收购公司上市的继承公司必须符合《主板上市规则》的初始上市要求	拟通过特殊目的收购公司上市的继承公司必须符合纳斯达克、纽交所或美国证交所上市规则中的任何一套标准

续表

对比项目	中国香港	新加坡	美国
市值	在签订具有约束力的并购交易协议时，并购目标的公平市值必须至少达到特殊目的收购公司首次发售所筹资金的 80%（8 亿港元）	并购目标的公平市值必须至少为筹集托管款项的 80%（1.2 亿新元）	无此等限制
公众股东	继承公司股份由至少 100 名股东持有，并且已发行股份至少有 25% 由公众人士持有，其中持股量最高的 3 名公众股东的实际持股不得超过 50%	继承公司通过特殊目的收购公司上市时，特殊目的的收购公司已发行股份至少有 25% 由不少于 300 名公众股东持有	纳斯达克全球市场和纽交所至少由 400 名公众股东共持有 110 万股

注：特殊目的的收购公司对目标公司的收购或业务合并被称为"特殊目的的收购公司并购交易"，因特殊目的的收购公司并购交易完成而产生的上市发行人被称为"继承公司"。

4. 特殊目的收购公司上市方式的优势

① 特殊目的收购公司上市方式适合希望上市确定性高和迅速上市的创业企业，越来越多的创业企业选择通过特殊目的收购公司来上市。

② 在并购交易完成前，特殊目的的收购公司已经是上市公司，目标公司不需要经历漫长的 IPO 上市过程，通过被特殊目的的收购公司并购，在并购交易完成时即可实现目标公司上市。

③ 流程简单。目标公司通过特殊目的的收购公司上市，只需要获得特殊目的的收购公司股东的批准，不用在并购交易完成前准备上市材料，避免了一系列烦琐的传统 IPO 上市程序。

④ 很多特殊目的的收购公司会通过定向增发在并购交易交割前进行融资。

5. 特殊目的收购公司上市成功案例

开心汽车是人人网的全资子公司，主营业务为高端二手车经销。2018 年 11 月，中国民生金融控股有限公司在美国纳斯达克发起设立特殊目的的收购公司，即中民七星收购公司，以约 4.54 亿美元收购开心汽车离岸公司 100% 的股份。

2020 年 11 月，优客工场在纳斯达克通过特殊目的的收购公司挂牌敲钟。这是全球第一家共享办公室公司，其并购市值为 7.7 亿美元。

可以说，上述特殊目的的收购公司上市成功案例，为境内公司登陆美国资本市场，以及在未来登陆中国香港、新加坡市场开辟了一条新的道路。

反侵权盗版声明

　　电子工业出版社依法对本作品享有专有出版权。任何未经权利人书面许可，复制、销售或通过信息网络传播本作品的行为；歪曲、篡改、剽窃本作品的行为，均违反《中华人民共和国著作权法》，其行为人应承担相应的民事责任和行政责任，构成犯罪的，将被依法追究刑事责任。

　　为了维护市场秩序，保护权利人的合法权益，我社将依法查处和打击侵权盗版的单位和个人。欢迎社会各界人士积极举报侵权盗版行为，本社将奖励举报有功人员，并保证举报人的信息不被泄露。

举报电话：（010）88254396；（010）88258888

传　　真：（010）88254397

E-mail：dbqq@phei.com.cn

通信地址：北京市万寿路173信箱

　　　　　电子工业出版社总编办公室

邮　　编：100036